사회학적 통찰과 상상

– 한국사회 논술

Sociological Insight and Imagination

배 규 한

교육과학사

추천사 1

류우익 (통일부 장관)

이 책의 저자인 배규한 교수는 내가 믿고 좋아하는 사람입니다. 내가 그를 믿는 것은 지난 20여 년 동안 여러 가지 일을 함께 하면서 얻게 된 우의의 산물인데, 그를 아는 다른 친구들의 의견도 다르지 않을 것입니다. 우리는 대통령자문 21세기위원회(1989-94)에서부터 현 정부의 공직에 이르기까지, 그리고 그 사이에 몇 개 시민단체나 동호인 모임들을 포함하여, 뜻을 같이 하여 크고 작은 여러 가지 일들을 함께 하였습니다.

우리는 머리를 맞대고 상황을 진단하고 일을 기획하고 실제로 추진하면서 많은 토론을 했는데, 그때마다 그의 역할은 빛났습니다. 그는 스스로 아이디어를 많이 가지고 있기도 했지만 언제나 남의 말을 경청하였습니다. 특히 난삽한 토론의 줄기를 잡아 정리하고 조정하는 데에는 아마도 당대에 배규한 교수를 따를 사람이 많지 않을 것입니다. 그것은 그가 전공하는 사회학의 이론과 실제에서 뛰어나고 두루 해박한 지식을 가졌기 때문이기도 하지만, 일에 대한 성심과 함께 다른 사람들을 배려하는 고운 마음씨를 가졌기 때문일 것이라고 짐작합니다.

다음으로 내가 배규한 교수를 좋아하는 이유는 그의 생각이 늘 젊고 미래지향적이기 때문입니다. 그는 내가 아는 가장 뛰어난 미래학자들 가운데 한 사람이고, 또 가장 열성적인 청소년 문제 전문가이기도 합니다. 그런데 더욱 매력적인 것은 그가 타고난 낙천주의자라는 점입니다. 그래서 그와 얘기를 하고 있으면 늘 신선한 충격을 받고, 그의 글을 읽으면 저절로 고개를 끄덕이게 됩니다. 어렵고 힘든 일도 그와 한참 의논하고 나면 눈앞이 환해지는 느낌을 받습니다. 그는 아주 언짢은 일도 기분 좋게 말하는 특별한 재주를 가졌고, 복잡하게 얽힌 사안도 간명하게 설명하는 논리적 힘을 가졌습니다.

배규한 교수가 그동안 언론 매체들에 게재한 글들을 손질해서 책으로 묶어 낸다기에 반가운 마음에 글을 써서 추천하고자 합니다. 나는 복이 많아 이렇게 훌륭한 사람과 오랜 세월을 교우하면서 많은 감화를 받을 수 있었지만, 그럴 기회가 없었던 이들로서는 이 책의 글들을 통해 이 시대의 멘토를 만나고 얘기를 나눌 수 있게 되었습니다.

특별히 배규한 교수가 함께 어울리기를 좋아하는 청소년들은 현실의 토대 위에서 미래를 꿰뚫어 보는 관점과 자신의 생각이나 주장을 전개해 가는 논리를 입체적으로 익힐 수 있을 것입니다. 청춘의 의미를 새기고 야망을 다듬으면서 번민과 고뇌를 풀어갈 수도 있을 것입니다. 특히 통일부 장관으로서 나는 훗날 통일의 주역이 될 우리 젊은이들이 저자의 탁월한 통찰과 풍부한 상상력을 통해 분단의 아픔을 넘어 통일 한국의 모습을 그리고, 거기서 펼칠 꿈을 꾸게 되기를 기대합니다.

내가 믿고 좋아하는 저자 배규한 교수를 그의 독자들도 사랑하게 될 것으로 믿습니다.

추천사 2

서지문(고려대 영문학과 교수)

배규한 교수를 처음 만난 것은 2002년 칼럼니스트들의 모임에서였다. 나중에 안 일로 그때 배규한 교수는 이미 국민대에서 사회과학대 학장을 지냈는데, 무척 젊어 보여서 '소장'에서 '중견'으로 넘어가는 연배인 줄 알았다. 그러나 그의 의견은 언제나 명철하고 중심이 확고한 것이었다. 그리고 모임의 연락책이 필요하다니까 선선히 맡아서 연락을 정확하고 철저하게 했을 뿐 아니라, 일간지에 발표되는 여러 회원들의 칼럼을 일일이 내려 받아 회람시키고, 글을 모아 책을 펴내기도 했다.

2004년에 배규한 교수는 한국청소년개발원 원장으로 부임했고, 나는 자문위원회의 일원으로 배규한 원장의 공직 수행을 곁눈으로나마 일별할 수 있었다. 배규한 원장은 청소년개발원을 청소년들이 마음껏 뻗어 나갈 여건 조성에 기여하는 기관으로 가꾸기 위해 참으로 많은 일을 했다. 당시 국책연구기관 중 직원의 처우가 제일 열악했던 상황을 개선하기 위해 백방으로 노력해서 타 기관 수준으로 끌어올렸고, 박사 연구원들의 연구보고서를 일일이 읽고 첨삭과 조언을 해서 명실공히 우리나라 청소년정책의 선도기관이 될 수 있도록 그야말로 심혈을 기울였다. 기관의 기능과 목표를 명확히 하기 위해 국회에서 법을 고치면서까지 기관 명칭을 "한국청소년정책연구원"으로 바꾸었다.

배규한 원장은 3년 임기를 끝내고 대학으로 돌아갔다가 2009년에 한국학술진흥재단 사무총장직을 맡았고, 학진이 한국과학재단, 국제과학기술협력재단과 통합되어 한국연구재단으로 출범하는 데 큰 역할을 했다. 이어 우리나라 학문발전을 종합적으로 지원하는 한국연구재단의 초대 사무총장직을 맡게 되었다. 그때 나는 예산 3조 원의 이 거대재단이 운신하기 어려운 맘모스가 되지 않고 민첩하게 적절한 지원을 하기 위한 가장 적임자를 선임했으며, 우리나라 학문발전을 위해 아주 잘된 일이라고 생각했다.

그러니까 배규한 총장은 학자로서, 민주시민을 양성하는 교육자로서, 또 국가의 일부 정책을 결정하는 책임자로서 30년 가까이 여러 각도에서 한국사회를 관찰하고 진단하며 나갈 방향을 제시하는 역할을 해 왔다. 이러한 글들을 자신의 네이버 블로그에 모아두었는데 이번에 책으로 묶어 내기로 했다니 매우 경하할 일이다.

블로그의 글에서 알게 된 사실이지만, 배규한 교수는 유신이 선포된 대학 3학년 가을, 암울한 심정에서 청년의 구도를 주제로 한 헤르만 헷세의 지독히 난해한 작품 『유리알 유희』를 읽고 학문의 길로 자기 인생의 가닥을 잡았다고 한다. 청년 시절의 독서에 힘입어서인지 그의 글은 매우 명철하고 논리정연하면서도 부드럽게 전개된다. 여러 편을 계속 읽어도 빡빡하거나 질리지 않으며 쉽게 읽히고 쉽게 이해된다. 그는 사회생활을 순조롭게 하고 국가적 사안에 대한 합의도출을 가능하게 하는 대화의 기능을 매우 중시하며, 오늘날 언어가 거칠어지고 비속화되는데 대해 깊이 우려한다.

군사정권 시절에 청년기를 보낸 많은 사람들처럼 배규한 교수도 우리 사회의 각종 모순 해결에 직접적인 도움이 될 학문으로 사회학을 택했을 것이다. 그는 사회학자로서 한국사회를 포괄적으로, 긴 안목으로 바라보면서 또한 미세하게 관찰하고 분석한다. 그의 관심 폭은 정말 넓다. 이 책의 다양한 내용에서 보듯이, 우리 사회 안에 존재하고 국민의 삶과 장래에 영향을 미치는 것이면 무엇이나 그에게는 깊은 성찰의 대상이 된다.

배규한 교수가 1980년대에 쓴 글을 보면 30대 소장 학자 시절부터 매우 담대하게 군사정권의 제반 정책에 대해 예리한 비판을 해 온 것을 알 수 있다. 공영방송의 편파보도 문제, 유신체제하 반공교육의 문제점, 언론통제 상황에서 언론의 자유와 책임 등에 대해 당시로서는 지극히 위험한 발언을 서슴지 않았다. 산업화와 경제성장에 따른 근로자들의 정치의식 발달을 사회불안 요소로 보기보다는 민주적 복지국가 제도 정착을 위한 시민의식 형성으로 수용할 수 있어야 함을 주장했다.

민주화가 이루어진 후에는 '독재'라는 저항의 대상이 사라지고 다양한 욕구들이 무제한으로 분출되는 상황을 깊이 우려하면서, 구성원 간 가치합의와 상호신뢰로 발전 동력을 회복하기를 염원해 마지않는다. 이 일을 위해 엘리트들이 제 역할을 하지 않고 출세, 편의, 자기 이익을 추구하면서 특권만 누리는 데 대해 비판하면서 국민의 잠재역량을 동원해 낼 수 있는 리더십의 출현을 그리워한다.

배규한 교수는 아마도 한국에서 자신이 봉직하는 대학 신문에 글을 가장 많이 쓴 교수일 것 같다. 나는 고려대학교에 30년 넘게 봉직했고 꽤 많이 쓴 편이지만 영자 신문 기고까지 합쳐도 30편이 안 될 것이다. 그런데 배규한 교수는 벌써 50편을 훌쩍 넘긴 것 같다. 그만큼 배규한 교수의 글에 대한 학생들의 반응이 좋고 스스로도 자신이 봉직하는 학교를 사랑하고 제자들을 이끌어 주고 싶은 마음이 간절함을 입증하는 것 아니겠는가. 학사행정 관련 제언에서부터 오늘날 대학문화의 문제점, '스승'이라는 개념이 사라진 사회에서의 사제관계, 미래창조를 위한 대학인의 사명과 역할 등 모두 20대 청년들에게 절실히 필요한 조언이며 방향 제시이다.

사회학 가운데서도 미래학자인 배규한 교수는 새로운 만능의 도구인 IT 기술의 역기능을 최소화하여 사회발전의 도구로 삼을 방도를 고심하면서, 우리 국민의 가치관을 "아톰에서 비트로," 즉 물질적 가치관에서 비물질적 가치관으로 바꿔 나가자고 제안한다.

배규한 교수가 계절과 연관된 여러 가지 단상을 술회하면서 역사와 동시대인의 삶에 다리를 놓으려 한 글들은 상쾌하다. 민주화 투쟁의 4월, 피로 얼룩진 잔인한 5월, 호국을 생각하게 하는 6월, 헌법 속의 7월 등 각 달에 느끼는 염원과 각오는 북한산의 사계를 선명히 보여 주는 국민대 캠퍼스에서 얻은 심화된 시심과 인문학적 감수성의 소산이 아닐까 싶다. "박쥐와 철새"등 유머감각이 돋보이는 짧은 글들도 신선하다.

즐겁게 깨우침을 터득할 수 있는 이 책의 독자들이 배규한 교수처럼 큰 안목으로 사회를 조망하며 작은 이익을 서로 조정하고 사회를 걱정하는 심성을 닮았으면 한다는 말로 좀 장황한 추천사를 맺으려고 한다. 본문은 이 추천사보다 훨씬 재미있고 영양가 있는 글임을 보증하면서.....

추천사 3

오세정(한국기초과학연구원 원장)

배규한 교수님을 처음 알게 된 것은 1989년 대통령자문 21세기위원회에서였다. 21세기를 바라보며 20세기 말 국가가 준비해야 할 일이 무엇인지를 고민하기 위해 만들어졌던 21세기위원회에서는 40여 명의 각 분야 중견 및 소장 학자들이 모여 5년간 활동하였는데, 당시 나는 과학기술 분과에 속해 있었고 배규한 교수님은 사회문화 분과에 속해 있었다. 활동하는 분과가 다르기 때문에 자주 만날 기회는 없었지만, 전체 회의에서 모여 토론할 때마다 배규한 교수님의 발표나 토론은 매우 간결하면서도 요점을 꼭 찌르는 것으로서 나에게 깊은 인상을 주었다. 특히 전공에 관련된 문제뿐만 아니라 교육, 청소년, 노사관계, 남북통일, 과학기술 등 다양한 이슈에 관한 폭넓은 이해와 관점은 많은 사람들의 감탄을 불러일으켰던 바 있다.

이러한 배규한 교수님의 다양한 관심과 날카로운 해석은 21세기위원회 활동이 끝난 뒤에도 신문을 비롯한 언론의 기고문을 통해서 꾸준히 접하게 되었다. 그때마다 시의적절한 이슈 선택과 복잡한 문제의 본질을 꿰뚫는 남다른 통찰력에 대하여 감탄을 금하지 못하였다.

이 책은 그동안 배규한 교수님이 언론 매체에 실었던 많은 글 가운데 대표적인 것들을 모은 것으로서, 발표한 지 상당히 시일이 지난 글을 읽어도 현재의 한국사회에 주는 시사점에 저절로 고개가 끄떡여지곤 한다. 지금 한국사회가 이념이나 이해관계로 갈라져서 구심점을 찾지 못하고 있는데, 이러한 칼럼집의 출판은 앞으로 우리가 나아가야 할 방향이 무엇인지 다시 한번 생각하게 하는 계기가 될 것이다.

개인적으로 나는 지난 1년 가까이 한국연구재단에서 배규한 교수님과 같이 일하는 즐거움을 누렸다. 2011년 연초 한국연구재단 이사장에 취임하여 업무 파악과 현안 해결에 정신을 못 차리고 있을 때, 2009년 연구재단 출범 때부터 초대 사무총장으로 근무해 오신 배규한 교수님의 명확한 사태 판단과 적절한 조언은 커다란 도움이 되었다. 그 후에도 아무래도 이공계 출신 학자인 내가 쉽게 파악하기 어려운 인문 · 사회 분야 학계의 현안 해결에 배규한 사무총장은 없어서는 안 될 존재이었다. 게다가 언제나 공정함을 잃지 않는 일 처리로 나를 비롯한 모든 재단 구성원들에게 깊은 인상을 주었다. 그는 이 책에 모아 놓은 글들에서 설파한 지식인과 사회지도자의 마음가짐을 실제로 실행해 보여 주었던 것이다.

앞으로도 배규한 교수님은 글과 행동으로 한국 사회의 문제점을 파악하고 그 해결을 위해 실행하는 지식인의 정도(正道)를 보여줄 것으로 기대하고, 그렇게 하실 것이라고 믿어 의심치 않는다.

머리말

20세기 후반 이후 세계는 급격한 사회변동에 따른 문명사적 전환기에 있으며, 한국도 예외는 아니다. 정보통신 분야나 사이버 커뮤니티, 청소년들의 가치관이나 행동양식 측면에서 보면 오히려 세계 어떤 나라보다 더 빨리 변하고 있다. 이처럼 급변하는 시대를 살아온 것은 사회과학도에게 큰 축복이다. 농경사회로부터 산업사회를 거쳐 정보사회에 이르기까지 전혀 다른 모습의 사회를 모두 경험할 수 있었기 때문이다.

지난 26년간 다양한 사회현상을 관찰하며 많은 글들을 써 왔지만 정작 필요할 때 찾아보기가 어려웠다. 그래서 블로그를 만들어 글들을 올리기 시작했는데, 모인 글들을 읽으면서 참으로 기이한 생각이 들었다. 20여 년 전에 벌써 이러한 생각을 했다거나 당시 전망이 거의 예측한 대로 이루어졌기 때문이 아니다. 세상이 완전히 바뀌고 청장년 세대는 이처럼 변했는데, 지배적 가치관이나 사회제도는 아직도 완고하게 남아 있다는 사실이 놀라웠다.

다수 성원들의 가치관이나 행동양식이 변하면 법과 사회제도도 이러한 변화를 반영할 수 있도록 바뀌어야 한다. 사회변동의 내용을 제대로 반영하지 못하면 사회제도의 부적응현상이 나타나고, 구성원들은 뭔가 생활에 불편과 불만을 느끼게 된다. 원래 제도나 문화란 구성원들에게 공기처럼 편안한 것인데, 다수가 맞지 않다고 느껴 저항하기 시작하면 사회에 대한 구성원들의 심리적 일체감 정도가 그만큼 약화되고 사회통합도 취약해진다.

최근 한국사회가 꼭 그러하다. "2040세대의 반란"에 따른 기성 정치권의 몰락, "학교붕괴"로 불리는 공교육의 위기, 고령화와 저출산 및 독신가족 증가에 따른 "가족해체" 현상 등은 각각 정치제도, 교육제도, 가족제도의 심각한 부적응을 보여 주는 신호들이다. 산업화와 정보화 과정에서 한국은 빠른 속도로 서양의 선진국들을 따라왔지만, 이제는 정보사회에 적합한 한국의 새로운 제도를 적극 모색해 나가야 할 때이다.

18세기 중엽 산업화가 시작되면서 많은 혼란이 있었으나, 공장제도, 시장경제, 노동조합, 관료제, 학교교육, 대중언론, 대의민주주의 등을 고안해 내면서 산업사회를 꽃피웠던 것처럼, 이제 정보사회에 부응하는 제도화를 다양한 분야에서 이루어 나가야 한다. 제도는 오랜 세월에 걸쳐 수많은 사람들의 반복적 상호작용을 통해 형성된다. 그러나 베버(Max Weber)나 마르크스(Karl Marx) 등 고전사회학자들의 업적에서 보듯이, 학자들의 창의적 발상과 정교한 이론화 과정이 올바른 방향의 제도화를 촉진할 수도 있다.

이 책은 1985년부터 최근까지 급변하는 한국사회의 다양한 현상들을 관찰하며 "사회학적 통찰과 상상"으로 분석하고 전망한 101개의 "한국사회 논술"을 담고 있다. 신문, 방송, 잡지 등 다양한 매체에 게재되었던 글들이지만, 단순히 발표된 그대로 배열하거나 편집한 것은 아니다. 모든 글들은 현재 시점에서 읽더라도 어색하거나 시의에 어긋나지 않도록 대폭 다듬어졌다.

글들은 10개의 장으로 나누어 배열되었는데, [1장]은 일상생활에서 느낀 이야기들로 시작하여, 산업사회 이후 새롭게 형성되는 정보사회의 가치체계와 의식구조는 어떠해야 할지에 관한 내용들로 구성되었다. [2장]은 사람들 간의 상호작용 양식과 바람직한 인간관계에 대한 글들이다.

[3장]에서는 한국사회의 다양한 갈등형태와 사회해체 위기의 근원을 분석하며, 사회개혁의 올바른 방향에 관하여 전망한다. [4장]에서는 국가적 리더십의 중요성과 지도자상, 엘리트와 언론의 역할 등에 관한 소견을 피력한다.

[5장]에서는 미래세대인 청소년들의 잠재력이 매우 크므로 국가 미래를 위해서는 청소년들의 미래지향적 역량강화와 올바른 청소년정책 수립이 무엇보다 중요하다는 주장을 펼친다. [6장]은 청소년에 대한 올바른 이해와 자녀교육, 평준화 교육과 교육개혁구호의 함정 등을 분석한다.

[7장]은 대학의 본질, 대학의 기능과 역할, 대학인, 대학생활, 대학문화, 대학 교육개혁의 방향 등을 다룬다. [8장]에서는 학생운동의 문제점을 분석하고, 대학공동체와 대학생 자치활동의 나갈 방향을 제시한다.

[9장]은 미래의 개념과 연구방법, 미래연구의 중요성, 미래 사회제도의 방향, 새로운 생활양식과 의식구조에 관한 글들이다. [10장]은 정보사회의 특징과 개인적 차원의 미래준비, 미래창조를 위한 국가적 차원의 정책과 대응방향 등을 다루고 있다.

[부록]으로 5편의 인터뷰를 실었다. 이 글들은 직접 쓴 것은 아니지만 그때그때의 현실분석과 대응방안에 관한 생각을 잘 보여 주며, 또한 기자들의 눈에 비친 모습과 생각도 의미 있을 것 같아 쑥스러움을 무릅쓰고 싣기로 했다.

일견 무모해 보일 정도로 수많은 사회현상들에 대해 나름대로 분석하고 전망해 온 글들을 한 권의 책으로 묶고 보니 한편 걱정스럽기도 하다. 소박한 바람이 있다면, 이 책을 읽어 가는 동안 한국사회를 다양한 각도에서 체계적이고 종합적으로 바라보며, 스스로 생각을 정리하고 표현하는 데 조금이라도 도움이 되었으면 한다. 아울러 정보사회에 부응하는 가치관과 생활양식, 새로운 제도 형성의 과정과 바람직한 방향에 대해 함께 생각해 보는 계기가 되길 기대한다. 사회제도는 모든 사회성원들이 함께 만들어 가는 것이기 때문이다.

오랜 세월 동안 번번이 시의적절하게 귀중한 지면을 내준 다양한 매체 담당자들에게 새삼 감사의 말씀을 드린다. 그리고 부족한 책에 귀한 추천의 글을 써 주신 류우익 통일부 장관님, 서지문 고려대 영문학과 교수님, 오세정 한국기초과학연구원 원장님께 심심한 사의를 표한다. 끝으로, 시장성보다는 청소년들의 사회화와 한국의 미래를 생각하며 이 책의 출간을 결정하고 정성껏 편집해 준 교육과학사의 김동규 사장님과 편집진 여러분께 고마운 마음을 전한다.

2011. 12. 5.

錦江邊 寓居에서 배 규 한

차례

2장 남을 귀하게 여기자 37

3장 사회위기 관리가 중요하다 65

4장 국가지도자는 국민이 만든다

5장 나라의 미래, 청소년을 가꾸자

8장 학생운동은 미래를 지향한다 189

9장 미래는 다른 세상이다 209

CHAPTER 1

일상에서 내일을 꿈꾼다

박쥐와 철새

한여름 뜨거운 햇볕이 쏟아지던 어느 날, 한가롭게 시골 경치를 즐기고 있는데 갑자기 어디선가 '펑, 펑' 하는 폭발음이 들렸다. 6 · 25전쟁의 포성을 기억하는 한 분이 깜짝 놀라며 사방을 둘러보자, 그 동네 사는 분이 과수원에서 까치를 쫓기 위해 쏘는 공포탄이라고 했다. 까치가 농작물에 얼마나 많은 피해를 주는지 마을마다 골머리를 앓고 있다는 것이다. 옛날부터 까치는 반가운 손님을 알리는 길조이며 은혜를 갚는 영물이라고 했다. 사철 어디서나 볼 수 있고 검정 바탕에 흰 선이 아름답다 하여 '국조(國鳥)'로 정하더니 어느 사이에 이처럼 천덕꾸러기가 되었는가.

우리는 동물에 관한 그릇된 고정관념을 많이 가지고 있다. 예컨대 흔히들 곰을 우둔하다고 생각하지만 사실 곰은 후각이 매우 예민하며 움직임도 지혜롭다고 한다. 여우의 경우 왜곡은 더욱 심하다. 여우의 울음은 죽음을 뜻하며, 여우는 무덤을 파서 송장을 먹는다고 알려졌다. 그리고 수많은 설화에서 술수와 조화를 부려 인간을 속이는 사악한 동물로 등장한다. 모두가 사실이 아님은 물론이다. 그런데 미련한 사람을 '곰 같다.'고 하고 간사한 사람을 '여우 같다.'고 하니 곰과 여우로서는 참으로 억울한 일이다.

박쥐는 하늘을 날 수 있는 유일한 포유동물이다. 박쥐가 날 수 있는 것은 앞다리가 날개로 진화했기 때문인데, 날개에 손가락뼈 다섯 개가 남아 있는 것을 보면 나는 데 성공한 후부터 진화가 중단된 것 같다. 그러나 박쥐는 박쥐일 뿐 자기 편의대로 새인 척 하거나 짐승인 척

하지는 않는다. '박쥐 같은 인간'이란 표현은 박쥐를 모욕하는 말이다.

한국은 강과 바다, 산과 들이 아름다워 온갖 새들이 서식한다. 사계절을 함께 하는 텃새도 많지만 철 따라 찾아오는 겨울새, 여름새, 나그네새도 많다. 철새는 자연의 섭리에 따라 무리를 지어 그 먼 길을 질서정연하게 날아간다. '지조 없는 정치인'을 철새에 비유하는 것은 당치도 않다.

아름다운 자연과 공중을 나는 새, 숲 속 먹이사슬의 신비를 보다가 인간 세상의 거짓과 탐욕에 눈을 돌리면 과연 인간이 만물의 영장인지 회의가 든다. 곰, 여우, 박쥐, 철새에게는 각각 그들 나름대로의 삶이 있다. 그들은 모두 자연의 이치에 순응하며 자기에게 주어진 방식대로 살아간다. 인간의 사악한 모습을 아름다운 동물에 비유하는 것은 인간의 만행일 뿐이다. 더 이상 정치인들이 온갖 현란한 말과 자기 합리화로 애꿎은 박쥐와 철새를 욕되게 하는 일이 없었으면 좋겠다.

절망과 희망

테리 폭스는 암으로 다리를 절단했지만 낙심하지 않고 암 연구기금 10만 달러 모금을 위해 '희망의 마라톤'을 시작했다. 의족으로 달리는 그의 모습은 국민적 감동을 불러일으켜 2410만 달러의 기금을 모았다. 조지 실레터는 소아마비, 전염성 단구 증가증, 폐렴에 걸리고 폭발사고로 화상까지 입었지만 시련을 겪을 때마다 더 강해졌으며, 코미디 쇼 제작자로서 에미상 특별상까지 받았다.

토드 휴스턴은 사고로 한쪽 다리를 잃었지만 대학을 우등으로 졸업하고 '수족 절단자 재활센터' 의료책임자가 됐으며, 미국 50개 주의 최고봉 등반에 도전해 비장애인의 최고기록을 35일이나 단축했다. 4세 때 다리가 마비된 윌마 루돌프는 피나는 노력으로 13세가 되자 기우뚱거리면서 달리기 시작했고, 마침내 올림픽에서 3개의 금메달을 땄다.

역경을 뚫고 성공한 사람들의 이야기를 읽다 보면 '과연 인간의 한계는 어디까지인가.' 하는 생각이 든다. 정도의 차이만 있을 뿐 사람들은 누구나 살아가는 동안 이런저런 역경에 부닥친다. 지금 이 순간에도 수많은 사람들이 온갖 종류의 시련을 겪으며 번민하거나 생을 포기하고 있을 것이다. 입시에 실패하여 좌절한 학생이 있는가 하면, 직장이나 재산을 잃고 실의에 찬 사람도 있고, 불의의 사고나 병마의 고통에 시달리는 사람도 있다. 누구에게나 닥치는 크고 작은 시련 가운데 성공하거나 좌절하는 사람의 차이는 단 한가지다. 그것은 상황이나 여건이 아니라 자신의 마음속에 있다.

비록 작은 어려움이라도 절망하는 사람은 결코 이겨낼 수 없으며, 아무리 큰 시련이라도 희망의 끈을 놓지 않는 사람은 결국 승리한다. 사람을 주저앉히는 것은 역경이 아니라 절망이다. 몇 년 전 강원도에 큰 산불이 지나간 후 모든 것이 시커멓게 타버린 모습은 절망적으로 보였다. 그러나 이듬해 봄이 되자 그을린 돌 틈을 비집고 또는 타다 남은 등걸에서 뾰족뾰족 희망의 새싹이 돋아났다. 어떤 절망의 순간에도 희망의 싹은 숨어 있다.

대구지하철 방화 참사 사건은 많은 사람들에게 절망을 느끼게 했다. 안전대책은 고사하고 그토록 엄청난 사건이 일어난 바로 그때에 축소, 은폐에만 급급했던 관련자들을 보면 분노를 느낀다. 화상을 입고 병상에 누워 있는 사람이나 사랑하는 사람을 잃은 유가족들의 심정이야 오죽하겠는가. 그러나 헬렌 켈러는 “시련과 고통을 통해 강한 영혼이 탄생한다.”고 했다. 절망의 순간에, 큰 시련을 딛고, 그만큼 더 극적인 인간승리의 드라마가 더 많이 생겨나길 희망한다.

망각의 위험

인간의 뇌는 우주에서 가장 복잡하고 신비한 구조물로서 약 14억 개의 신경세포와 그 세포에 영양을 공급하는 1000억 개의 교세포로 구성되어 있으며, 그 조합의 가능성은 무려 10조 가지에 이른다고 한다. 두뇌생리학에 따르면 인간의 뇌는 파충류 시대인 약 5억 년 전에 호흡, 맥박 등 생명유지 기능을 담당하는 뇌간을 형성했다. 정서와 동기를 매개하는 뇌의 변연계는 원시 포유류 시대인 2억~3억 년 전에 발달했으며, 언어, 추리, 판단, 심상 등의 고등 기능을 담당하는 대뇌 신피질 층은 약 5000만 년 전에 형성되었다.

뇌를 담고 있는 인간의 머리는 출생 이후 4배의 크기로 자란다. 신생아의 머리는 5세까지 성인의 90%만큼 커지고 10세쯤에 거의 완성된다. 성인 뇌의 무게는 1.2~1.5kg 정도로 대략 체중의 2%에 해당한다. 심리학자들에 따르면 뇌는 3계로 구성되어 있는데, 제1계는 힘의 계 또는 에너지 계로서 욕구, 동기, 의식을 지배하는 작용을 한다. 제2계는 촉각, 청각, 시각적 정보를 받아들여 분석하고 기호를 부여하여 기억으로 저장하는 입력계다. 제3계는 행위를 계획하며 그 의도와 결과를 비교, 판단하는 계획과 출력의 계다.

기억하고 말하고 움직이는 모든 행위는 뇌를 통하여 이루어지므로 뇌가 손상되면 기억을 상실하거나 어떤 행동을 해야 할지 모르게 된다. 아예 몸의 일부나 전체를 움직일 수조차 없게 되기도 한다. 뇌의 기억능력도 놀랍지만 망각기능도 신비롭기만 하다. 마음의 아픈 상처나 필요하지 않은 기억은 세월이 가면 자연스럽게 잊혀진다. 기억뿐 아니라 이러한 망각도 축복이다. 모든 게 잊혀지지 않는다면 어떻게 살아가겠는가. 다양한 학습프로그램은 뇌의 발달을 촉진하려는 것인데, 뇌는 워낙 복잡하고 민감한 기관이므로 섣불리 영향을 미치려 해서는 안 된다. 특히 기억의 일부를 인위적으로 잊으려는 시도는 곤란하다.

매년 12월이면 '망년회'라는 이름의 모임이 수도 없이 이어진다. 망(忘)은 '마음을 잃는다.'는 글자이니 기억을 잊는다는 뜻이다. 한 해를 보내면서 어려웠던 기억을 지워버리고 새해의 각오를 다지는 것은 유익한 일이다. 그러나 나쁜 기억을 잊기 위해 과도한 음주나 흡연 등

억지행동을 하는 것은 매우 위험하다. 강제로 뇌세포를 마비시키다 보면 아예 뇌 전체를 다칠 수도 있기 때문이다. 과음과 흡연은 뇌중풍의 주요한 원인이 된다. 그러므로 망각은 뇌의 자연스러운 기능으로 남겨두고, 무리하지 않게 뇌를 활성화하는 노력만 할 일이다.

4.19의 의미를 되새기자

1960년 4월, 해마다 화신을 띄워주던 남녘 항구도시에서 그 해에는 「정치적 봄」을 갈구하는 민중의 함성을 실어 보냈다. 독재에 항거하며 부정선거를 규탄하던 마산 시민들에 대한 경찰의 발포는 4월 19일 서울거리를 학생과 시민들로 뒤덮이게 했고, 이들을 해산시키기 위한 총성은 끝내 독재정권의 조종(弔鐘)이 되었다. 어느덧 4월의 함성은 잦아지고 일상화되어 4.19라는 이름만 덩그러니 남은 채 그 의미가 바래져 가고 있다.

4.19는 길지 않은 우리나라 민주주의 역사에서 가장 획기적인 사건이었다. 그리고 그것은 단순한 일회적 사건으로 지나간 것이 아니다. 그 이념은 분명 오늘에 이르기까지 그대로 유효하다. 우리나라가 진정한 자유민주주의 체제로 존속해 나가기를 바라는 한, 누구도 4.19를 잊어서는 안 된다. 거기서 역사의 교훈을 배우고, 그 이념을 되새기며 오늘의 정치현실을 직시해야 할 것이다.

4.19는 단순한 '시위사태'가 아니었다. '학생의거'도 아니었다.

일부 집단이 위력이나 기세를 드러내 보이기 위하여 벌인 일도 아니고, 학생들이 어떤 의를 위하여 일으킨 거사도 아니기 때문이다. 4.19는 하나의 '혁명'이었다. 비록 미완성으로 그치긴 했지만, 그 이념이나 진행과정은 분명히 혁명적이었다. 그것은 신분이나 계층의 차별 없이 모든 시민들이 한 마음 한 뜻으로 댕긴 혁명의 불길이었다. 중·고등학생과 대학생, 대학생과 교수, 남과 여, 노동자와 관리자가 함께 참여하였으며, 심지어는 경찰과 군인들까지 동조하였던 것이다.

표면적 목표는 3.15부정선거 규탄과 독재타도였지만, 저변에는 정치적 부조리뿐만 아니라 해방 이후 누적되어 온 사회적 모순과 경제적 불평등, 그리고 국내 정치목적에 이용되어 온 왜곡된 안보 논리, 언론통제 등 가히 전 분야의 혁파(革罷)를 기대하는 국민적 요구가 깔려 있었다. 이것은 혁명 직후 대학생들을 주축으로 하여 전개된 각종 사회운동 형태들로 미루어 쉽게 알 수 있다.

전 국민의 의지로 표출된 4.19혁명의 기본이념은 자유와 평등, 그리고 정의와 평화 등 절대적 가치의 실현으로 압축될 수 있을 것이다. 그러나 유감스럽게도 4.19혁명은 5.16쿠데타에 의해 참모습이 가려지고, 그 역사적 의미조차 희석되어 왔다. 우리는 이제부터라도 4.19혁명을 올바로 평가하고, 그 의미를 되새겨 오늘에 구현해 나가야 한다. 4.19를 통해 표출된 국민의 저항권이야말로 민주주의를 지키고 가꾸어 나갈 최후의 보루이기 때문이다.

사회의 어떤 집단보다 먼저 4.19의 교훈을 새겨야 할 집단은 정치인들이다. 해마다 4월 19일이면 그들은 수유리를 찾아 참배하고 4.19의 의의를 강조하지만, 실제 정치행각은 어떠한가? 진정 국민 무서운 줄 알고 주권재민을 믿는 공복(公僕)으로서의 자세라면, 우리 정치가 '포니자동차보다 못한 수준'에 머물러 있지는 않았을 것이다.

정치인들은, 그들의 후진국 수준에도 불구하고 선진경제를 일구어온 위대한 국민들에게 이제 겸허해져야 한다. 특히 4.19세대임을 자부하는 정치인들은, 주체적 정치집단으로 성숙하여 그 이념을 계승하지 못하고 군부정치 집단에 매몰되어온 스스로의 정치역정에 대해 뼈아픈 자기반성을 해야 할 것이다. 4.19세대임을 입으로만 외치는 것은 현실적 힘에 대한 열등감의 발로였던가? 아니면 자기영달을 추구하기 위한 자기기만이었던가? 그 어느 것도 4.19이념의 계승은 아니다.

5.16쿠데타 이후 계속하여 독재타도와 사회변혁을 주장해온 대학생들은 4.19가 학생운동의 크나큰 성취였음을 자랑하기에 앞서, 그들이 현실을 고발하고 이상적 가치구현을 위해 노력하는 과정에서 어떻게 전 국민적 공감과 지지를 얻을 수 있었는지 되새겨 보아야 할 것이다. 학생운동은 여느 사회운동과 마찬가지로 국민들의 일반적 지지를 바탕으로 할 때만 의미가 있고 소기의 목적도 달성할 수 있기 때문이다.

다시 돌아온 4월. 총선을 앞둔 새 정치의 문턱에서 모두의 가슴에 4.19이념을 아로새김으로써 희망의 5월을 만들어 나가자.

스승의 길

5월은 참으로 따뜻한 달이다. 무르익은 봄 햇살도 따사롭지만, 뾰족뾰족 돋아나는 신록의 느낌은 더욱 따스하다. 5월은 또한 '어린이날'과 '어버이날'을 품고 있어 가족의 훈훈함과 정겨움을 느끼게 한다. 푸르른 5월이 오면 그 누가 마음 설레고 즐겁지 않겠는가? '스승의 날'을 5월로 정한 것은 지당한 일이다. 스승은 부모와 같다고 했으니 스승의 날이 어린이날, 어버이날에 이어지는 것은 당연하지 않겠는가?

해마다 5월 15일이면 어김없이 학교마다 스승의 은혜를 기리는 노래가 울려 퍼지고, 카네이션 꽃바구니가 교탁을 장식한다. 그러나 언제부터인가 스승의 날에 선생님들은 우울하다. '우리는 촌지를 받지 않습니다.'라는 현수막을 교문에 걸게 하고, '스승의 날을 폐지하든지 학년 말인 2월로 옮겨야 한다.'는 논란이 일면서 스승의 날이 민망해진 까닭이다. 또한 체벌을 가하는 교사에 대한 비난이 쏟아지고 심지어는 고소, 고발로까지 이어지며, '선생은 많지만 스승은 없다.'고 매도하는 세태가 두렵기만 하다.

언제부터인가 '선생님'이라는 호칭이 상대방에 대한 존칭으로 아무에게나 붙여지기 시작하면서 '선생님'에 대한 존경도 사라졌다. 산업화 이후 물질주의적 가치관이 팽배하면서 '선생'은 가난한 직업의 대명사처럼 되었다. 아무나 선생이라고 부르는 것처럼, 아무렇게나 선생을 대하게 된 것이다. 물질적 빈곤보다, 사회적 홀대보다 선생의 자리를 더욱 어렵게 만드는 것은 급격한 사회인식의 변화이다.

지식의 생산량이 획기적으로 늘어나고 지식의 대체속도가 갈수록 빨라지면서, 선생의 지식은 더 이상 새롭지 않다. 지식의 근원이 교실을 벗어나 사이버공간 속에 둥지를 틀면서 선생의 권위는 약화될 수밖에 없게 되었다. 현실이 이렇다 보니 '선생 노릇하기 어려워졌다.'는 자조 섞인 한탄이 나오기도 한다. 그렇다고 하여 사회적으로 선생의 중요성이 줄어든 것은 결코 아니다. 선생은 여전히 사람을 사람답게 기르는 스승의 역할을 다하고 있다.

학생을 폭행하는 선생에 대한 기사가 매스컴에 대서특필되지만 묵묵히 자신의 직분을 다하는 선생이 대부분인 것처럼, 선생에게 폭언, 폭행하는 패륜적 행동이 매스컴에 연일 보도되지만 스승의 은혜를 기리는 제자가 대부분이다.

스승의 날이 되면 전화나 메일로 안부를 묻는가 하면 가끔은 조그만 선물을 들고 찾아오는 졸업생들도 있다. 그들은 하나같이 자주 문안드리지 못해 죄송하다고 한다. 수만 명 학생들을 가르쳤는데 겨우 몇 명만이 인사 오는지 서운해 할 일이 아니다. 어느 곳에 있든지, 직접 말하지는 않지만 대다수 졸업생들은 자신의 인생길에서 항상 선생을 기억할 뿐 아니라, 은혜에 보답하지 못함을 늘 죄송스럽게 생각하고 있기 때문이다.

선생의 자리가 정말 어렵고 두려운 것은 스스로 의식하지도 못한 행동이나 무심코 던진 말 한마디가 어느 학생에게는 인생을 좌우할 만큼 큰 영향을 미칠 수도 있다는 사실이다. 흔히 졸업생들이 찾아와 "그

때 선생님의 말씀을 듣고서 유학을 결심하게 되었습니다."라든가 "저도 선생님과 같은 사람이 되고 싶었습니다."라는 말을 들을 때, 특히 그때 어떤 일이 있었는지 기억조차 나지 않을 때면 두려운 생각이 든다. 찾아오지 않은 학생들 중에 선생의 어떤 말과 어떤 행동으로 어떤 영향을 받은 학생이 얼마나 많을지 가늠할 수조차 없기 때문이다.

스승의 날이 있는 5월을 맞이하여 오늘의 나를 길러내신 선생님들을 떠올려 본다. 초등학교 1학년 담임선생님부터 박사논문 지도교수까지 수많은 선생님들이 수없이 많은 것을 가르쳐 주셨고, 다양한 역할모델들이 되어 주셨다.

나는 그 선생님들에게 얼마나 고마워하며 어떻게 감사의 인사를 올렸는가? 갑자기 부끄럽고 너무나 죄송스러운 생각이 든다. 자주 찾아뵙거나 인사드리기는커녕 성함조차 기억하지 못하는 선생님도 계시기 때문이다. 그렇다고 해서 그 선생님들의 은혜에 대한 고마운 마음이 적은 것은 절대로 아니다.

스승의 길은 결코 풍요롭거나 바로 응분의 존경과 감사를 받는 자리는 아닌 것 같다. 물질보다는 사람 사는 도리와 따뜻한 정으로 넘치고, 직접 확인하지는 못하지만 보이지 않는 어느 곳에서 기억조차 하지 못하는 제자들이 보내는 존경과 감사가 배어나는 그러한 길일 것이다.

5월을 보내며

1980년대, 봄만 되면 대학가는 "5월, 그날이 다시 오면"이라는 노래 구절로 가득차곤 했다. 해마다 캠퍼스에 메아리치는 이 '조건절'로 된 가사의 뜻을 헤아리며 온 봄을 다 보내고 종강을 맞았다. 몇 년을 두고 봄마다 다시 기다리던 5월은 무엇을 상징했던가? 대학인들이 5월에 부여한 의미는 긍정과 부정, 희망과 좌절, 환희와 분노가 뒤얽힌 이질적 감정의 병존으로 해석된다.

신록의 5월은 흔히 생명이 약동하는 모습으로 묘사되며, 평화와 질서를 의미한다. 대학인들은 5월에 젊음의 축제를 베풀고 자연과의 교유(交遊)를 마음껏 누린다. 5월에 대학인들은 어린이 같은 천진함과 발랄함으로 푸른 하늘, 환한 세상을 노래하고 싶어 한다. 어버이의 정성과 보살핌같이 지극하고 가없는 신뢰에 찬 모습의 사회를 그려본다.

뿐인가? 하늘 같은 스승의 은혜에 보답하듯, 내 나라 내 민족을 위한 헌신을 다짐하는 5월을 꿈꾸기도 한다. 5월을 기다리는 대학인들의 환상은 무성한 녹음(綠陰)을 기대하는 신록의 희망이요, 이 나라 이 땅에 살고 있음에 감사하는 환희에 찬 모습이며, 모든 사람 모든 것을 긍정적으로 수용하는 믿음이다.

자연의 윤회에서 가장 아름다운 5월의 모습과는 달리, 현대사에서 우리의 5월은 부정과 좌절, 그리고 분노의 계절로 표상화 된다. 자유를 향한 의지는 규율로 대체되었으며, 민주에 대한 열망은 성장의 신화 속에 함몰되었다. 방방곡곡 봄마다 곱게 피는 진달래가 좌경의

핏빛 상징으로 변해오는 가운데, 5월은 꽃가루 대신 최루가스가, 축제의 색종이 대신 격렬한 유인물이 흩날리는 계절로 바뀌었다. 위선과 회유가 난무하던 5월은 어느덧 불신과 한탄, 갈등과 무질서가 지배하는 회한의 투쟁기로 변했던 것이다.

5월의 환상을 좇으며, 다른 한편으로는 5월의 역사적 현실에 분노하고, 기대감의 상실이 가져다 준 좌절에 대해 번민하여 왔다. 그것은 '성년의 날'이 들어 있는 5월에, 아직도 미성년선언을 감수해야만 하는 시민으로서의 고뇌였다. 다시 기다리던 5월, 1987년 5월이야말로 좌절과 분노를 청산하는 '희망과 환희의 달'이 되리라. 그러나 국민들의 기대는 또 한 번 굴절되었다. "민의는 수렴의 대상이 아니라 다만 조작의 대상일 뿐"이라는 거듭된 자각은 아름다운 5월의 허탈감을 더욱 깊게 해 주었다.

'법의 날'로 시작된 5월은 정치폭력배의 난동으로 무법천지가 되었으며, 깊은 사망의 골짜기를 넘어 분출된 박종철 군 고문치사조작사건은 우리 모두를 경악하게 했다. '고문치사'의 충격을 확대 심화시킨 '왜곡조작'이라는 제2의 충격파는, 불신과 갈등의 단계를 넘어, 이 사회의 존립기반에 대한 심각한 우려를 불러일으켰다. 사회성원들 간에 지켜야 할 최소한의 도덕과 규범 및 그것을 수호하고 위반자를 통제해야 할 공권력이 신뢰를 상실할 때, 그 사회는 붕괴될 수밖에 없기 때문이다. 너무나 명백하고 심각한 국민의 우려 앞에서도 국민의 수임자들은 여전히 진실보다 '민심의 무마'에만 급급할 것인가?

화려하고도 슬픈 5월을 보내면서 명심하자. 역사의 교훈을 되새기자. 계절은 자연의 법칙에 따라 오고 가며, 사회는 사회의 법칙에 따라 변화한다. 우리는 자연의 법칙에 따라 5월을 기다리지만, 사회의 법칙은 그 성원들에 의해 결정된다. 누구도 사회의 법칙을 명쾌히 밝힌 바 없지만, 그 기본적 공리는 우리 모두 알고 있다. 개인의 인권이 존중되고 기본적 자유가 보장되는 사회, 진실만이 미덕이 되고 어떤 형태의 거짓도 죄악이 되는 사회, 국민의 뜻에 바탕을 둔 진정한 여론 정치가 이루어지는 사회… 이러한 사회만이 5월의 싱그러움을 누릴 수 있다. 자연의 5월은 기다리면 오지만, 사회의 5월은 그 성원들이 함께 만들어 나가야 한다.

6월 단상

회색 콘크리트와 온갖 인공적 구조들로 가득 찬 도시에 살다 보면 흔히 섬세한 계절의 변화를 느끼지 못한 채 지나게 된다. 더욱이 한국사회 같이 '정치' 또는 '사람 사는 일' 에 시달리다 보면 대자연의 찬연한 질서조차 의식하지 못하기 일쑤다. 다만 인위적인 달력의 숫자를 보며, '벌써 5월이 가고 6월이 왔구나!' 하고 느낄 뿐이다.

6월은 우리에게 5월과 다른 느낌으로 다가온다. 5월이 신록의 현란함과 약동하는 젊음을 느끼게 한다면, 6월은 녹음의 장중함과 그윽한 성숙함을 느끼게 한다. 숫자의 상징성으로 보더라도 5월은 5·16,

5·17, 5·18로 이어지는 개인적 욕망과 갈등의 달이지만, 6월은 6·6, 6·10, 6·25, 6·29 등 자기희생과 국가를 생각하게 하는 달이다.

해마다 6월이면 새삼 옷깃을 여미고 국가에 대하여 생각해 보게 된다. 국내외의 화해분위기 성숙과 민주화 물결을 경계하는 듯, 북한에서도 새삼 '조국애'가 거론되고 있다. 조국애의 근본정신은 김일성 부자에 대한 충성이며, 말로써가 아닌 실천투쟁으로 표현되어야 할 것임을 강조하고 있다. 개인과 국가를 동일시하는 발상에 누구나 실소를 터뜨리지만, 우리도 어떤 의미에서 이와 같이 국가를 의인화하거나 우상화하고 있지는 않는지, 또는 국가라는 추상적 개념을 어떤 특정 집단의 이해관계와 결부시킴으로써 그 의미를 왜곡하고 있지나 않는지 스스로 반성해 볼 일이다.

국가란 모여 사는 개인들의 이해관계를 조정하고 이익을 보호하기 위하여 형성된 성원들 집합체의 공식화된 모습이다. 거기에 무슨 절대적 의미를 부여하거나 실체화하여 개인의 희생을 강요할 때, 국가의 의미는 왜곡되거나 오히려 일부 집단의 이익에 봉사하는 개념으로 전락하기 쉽다. 애국심을 고취하기 위하여 흔히 어떤 인물이나 사건을 극화시켜 본받기를 가르치지만, 그것은 상징적 인물이나 사건일 뿐 반드시 그렇게 하는 것이 애국은 아니다.

생활 속의 애국은 이웃과 더불어 살아가는 공동체적 삶을 실천하는 것이다. 하나의 행동, 하루의 생활이 자기만을 위해서가 아니라 과연 이웃에게 도움이 되는지, 지역사회에 기여하는 것인지 생각하는 가운데 이루어진다면, 그의 삶은 애국하는 일생이 될 것임에 틀림없다. 일마다 국가와 민족을 위하여, 또는 국민의 뜻에 따라 행한다는 사람일수록 알고 보면 자신의 야심을 드러내지 않은 채 개인적 욕망을 채우기 위해 거창한 수식어로 위장한 경우가 많다.

애국은 특정 지도자를 희생적으로 섬기는 것도 아니요, 추상화된 이념을 위해 물불을 가리지 않고 덤비는 것도 아니다. 양심을 지키며 상식에 따라 살고, 이웃과 함께 살아가는 생활이 바로 애국의 길이다.

역사 속의 7월

인간의 품성은 생물학적 선천성과 환경적 후천성에 의해 형성된다. 진화론적으로 보면, 생물학적 선천성처럼 보이는 많은 부분도 사실은 오랜 세월에 걸친 환경의 영향이라고 한다. 개인이 몸담고 살아가는 객관적 환경은 이처럼 중요한 것이다. 그러나 객관적 환경 못지않게 그 환경을 어떻게 인식하며 얼마나 누리고 사느냐 하는 주관적 측면도 중요하다. 예컨대 기후라는 측면에서 보면, 사계절의 변화가 뚜렷한 환경이 신체적으로는 물론 정신적 활동을 위해서도 인간 생활에 가장 바람직하다고 한다. 그러나 계절의 변화를 느끼지 못하고 살아간다면, 사계절의 환경이 주는 축복을 제대로 누리지 못하고 사는 셈이다.

계절의 변화를 누린다는 것은 무엇을 의미하는가? 절기에 맞추어 나오는 야채나 과일을 즐기는 것은 작은 즐거움이다. 나날이 변해가는 산천초목의 모습을 완상하거나, 작년과 금년이 어떻게 다른지 비교해 보는 가운데, 자연의 오묘함과 아름다움을 크게 느낄 수 있다. 계절의 변화에 따라 공중을 나는 새들의 종류나 날갯짓이 달라지는 것을 관찰할 수도 있으며, 풀벌레들의 울음소리나 개미들의 움직임이 다르다는 것도 알게 된다. 무심코 보아 넘기기 쉬운 집 앞의 나무지만, 언제 첫 잎을 내고 언제 꽃봉오리를 맺는지 관찰한다면 해마다 그날을 기다리는 가슴 벅찬 희열을 맛볼 수 있을 것이다.

살아가는 중에 느낄 수 있는 섬세한 기쁨이 환경에만 있는 것은 아니다. 역사에 대한 인식은 시공을 초월하는 새로운 깨달음의 즐거움을 줄 수 있다. 수백 년 전 사람들은 지금 우리가 처한 것과 유사한 상황에서 무슨 생각을 하며 어떻게 대응했는지 생각해 보면, 우리의 고통이 우리만의 것도 아니고 전혀 새로운 것도 아님을 알게 된다. 또한, 수천 년 전 사람들이 지금 우리가 사용하는 물건이나 언어를 그대로 사용했다는 생각을 하면 신비로운 생각까지 든다.

자연이 빚어내는 일 년 사계절은 인간에 의해 다시 열두 달로 구분되는데, 한 달 한 달은 서로 다른 계절의 감각과 더불어 새로운 역사적 사실을 상기하게 만든다. 7월은 짙은 녹음과 탐스러운 복숭아, 참외, 수박, 오이, 토마토 등으로 풍성함을 느끼게 하는 달이다. 쏟아지는 폭우와 장마 사이로 잠깐씩 드러나는 뭉게구름 피어나는 푸른 하늘을 보며, 유쾌한 희망을 떠올리게 된다. 그러나 무엇보다도 역사 속의 7월은 국가와 질서를 생각하게 하는 달이다.

7월 17일은 조선왕조의 건국 기념일이며, 대한민국의 헌법이 제정된 날이다. 국가란 무엇이며, 헌법이란 무엇인가? 국가란 오랜 세월에 걸쳐 공통의 생활 기반을 갖게 된 사람들이 공동의 목표를 달성하기 위해 모인 집합체이다. 헌법이란 그 공동의 목표를 밝히고, 이를 달성함으로써 모든 구성원들이 보다 높은 삶의 질을 누릴 수 있는 원리와 각 구성원들이 지켜야 할 원칙들을 명문화한 것이다. 국가의 모든 구성원들이 지켜야 할 기본적 약속인 셈이다.

국가를 구성할 때 또는 헌법을 만들 때, 각 구성원들은 자신의 이익과 욕망보다 전체 구성원들의 삶을 생각한다. 그것이 바로 모두 함께 잘 살 수 있는 길이기 때문이다. 각자가 자신의 이익과 욕망을 좇게 되면 국가는 유지될 수 없으며, 개인은 공동체라는 삶의 울타리를 잃게 된다. 1948년, 제헌 국회의원들은 나라 없는 민족의 서러움과 어려움을 가슴 깊이 새기고 있었다. 그들은 헌법을 만들면서 나의 이익보다는 모두가 다 같이 잘 살 수 있는 나라를 세워 보려는 일념을 가다듬었을 것이다.

대한민국 헌법을 제정하고 오랜 세월 동안 이 헌법을 바탕으로 우리는 나라를 지켜왔고, 우리의 삶을 가꾸어 왔다. 7월은 바로 그 헌법의 의미를 되새겨 보는 달이다. 그런데 이 7월에 어느 누가 진정 헌법 수호를 생각하고 있는가? 지금 누가 자기 집단의 이해보다 국가 전체의 이익을 생각하고 있는가? 해마다 제헌절을 기념하고 있지만, 유난히 제헌절의 의미를 되새겨 보고자 하는 것은 헌법을 귀하게 여겨야 할 사람들이 오히려 헌법을 유린하고 있기 때문이다.

법을 만드는 사람들이라고 하여 법을 지키지 않아도 되는 것은 아니다. 자기들이 만든 법이 지켜지도록 하려면 스스로 그 법을 존중해야만 한다. 나라는 경제위기에 실업 대란으로 치닫고 있는데, 정치 논리에 빠져 적절한 입법 조치를 취하지 못하고 있는 것은 이익 다툼의 유희일 뿐 헌법의 정신은 아니다. 그리고 법을 집행하거나 적용하는 사람들이라고 하여 법을 어겨도 되는 것은 더더욱 아니다. 자기는 어기는 법을 누구에게 지키도록 요구할 수 있겠는가? 판·검사나 공무원이 법망을 피하여 뇌물을 주고받거나 청탁을 일삼는다면 누가 법질서를 지키겠는가?

배움의 도중에 있는 학생들이라고 하여 법질서를 어겨도 되는 것은 아니다. 사회적으로 소외되고 차별받아 온 노동자들이라고 해도 법을 어길 권리는 없다. 가진 자들의 논리에 승복할 수 없다고 하여 법질서를 깨뜨리면, 그것은 사회 모든 구성원들의 존립 기반을 훼손하는 결과를 초래할 뿐이다. 그들은 자기의 이익을 얻기 위해 또는 자기 집단의 권리를 지키기 위해 부득이하게 법을 어긴다고 주장하지만, 장기적으로 보면 바로 자신의 이익과 자기 집단의 권리를 지켜주는 기반을 파괴하는 것이다.

한국사회가 맞이하고 있는 위기의 근원은 경제 문제를 넘어 보다 본질적인 데 있다. 사회 형성의 기초가 되는 사람들 간의 신뢰가 무너지고, 사람들 간의 상호작용을 가능케 하는 법질서가 파괴되고 있다는 것이 더 큰 문제이다. 경제적 어려움은 우리가 생각을 바꾸고 지혜를 모으면 점차 극복해 나갈 수 있을 것이다. 그러나 사회적 기반이 무너질 때, 나라를 다시 세우는 일은 이보다 훨씬 더 어렵다.

많은 사람들이 한국사회에서 신뢰와 법질서가 무너지고 있는 데 대해 우려하며 위기의식을 느끼고 있다. 그러나 이를 바로 세우려는 노력은 보이지 않는다. 오로지 나라를 이 모양으로 만든 책임이 어느 집단에 있는지 비난하거나, 책임자를 가려내어 죄를 묻는 사후 약방문만 횡행하고 있다. 그러한 책임 공방으로 신뢰와 질서가 회복되지는 않는다.

어려운 때일수록 물질적 욕망과 목전의 이익을 좇기보다 자연 환경의 변화에서 오는 그윽한 기쁨과 역사 속에 배어 있는 선인들의 깊은 철학에서 삶의 보람을 찾을 수 있어야 한다. 헌법을 만들었던 건국 선배들은 나라를 세우기 위해 무엇을 할지 먼저 생각했다. 이제 우리도 이 나라의 앞날을 위해 무엇을 해야 할지 생각하고 실천해 나가야 할 것이다.

산업사회 가치체계의 붕괴

언제부터인가? 기대와 희망 또는 불안과 걱정 속에 그리던 21세기를 맞이하였다. 그러나 21세기라고 해서 사회가 갑자기 달라진 것은 아니다. 사실 21세기의 변화는 수십 년 전부터 시작되었고, 또 앞으로 수십 년에 걸쳐 이루어질 것이다. 당장 느끼지는 못하겠지만, 세월이 지나고 보면 이 시기는 분명히 역사상 대전환의 시대로 기록될 것이다.

20세기의 마지막 10년, 한국은 유난히 혼란스러웠고 많은 것이 무너져 내렸다. 전직 대통령과 고관들의 허위가 줄줄이 드러나면서 권위체계가 무너졌다. 경제가 파국으로 치달으면서 가족이 흩어지고, 교실이 붕괴되면서 스승의 권위도 허물어졌다. 이전에 볼 수 없었던 흉포하고 조직적인 범죄가 만연하고, 온갖 부조리와 부정부패가 곳곳에서 불거져 나왔다. 이러한 사회현상을 목도하면서 많은 사람들은 가치체계의 혼란 또는 붕괴에 대해 우려하고 있다.

사회가 형성되고 유지되는 바탕은 구성원들 간의 상호신뢰이다. 최소한의 신뢰가 없다면 공동체 생활은 불가능하다. 신뢰관계의 근원은 가치체계이다. 사회구성원들이 정체성을 공유하기 위해서는 최소한 선악에 대한 판단, 미추에 대한 인식이 일치해야 하며, 어떻게 행동하는 것이 옳고 어떻게 행동하는 것이 잘못된 것인지 생각이 같아야 한다. 삶의 목표와 의미를 같이 할 때 사람들은 서로 힘을 모으며 함께 살아 갈 수 있다.

일관된 가치체계야말로 사회구성원들에게 공동체의식을 갖게 하는 근원이며, 사회에 질서를 부여해 주는 기반이다. 어떤 사회든 가치체계가 흔들리면 혼란스럽고, 구성원들 간에 갈등이 증폭될 수밖에 없다. 한국사회에 만연한 가치체계의 혼란을 극복하고 건실한 가치체계를 다시 세우기 위해서는 먼저 가치체계 붕괴의 원인을 정확히 진단해야 할 것이다.

한국사회 가치체계 붕괴의 저변에 깔려 있는 가장 직접적인 원인은 서구 문명에 의한 전통적 정신문화의 황폐화이다. 개화기 이후 한국인들은 거센 외세의 바람과 격심한 변화를 겪어 왔다. 자주적인 근대화에 실패하면서 일제의 식민지 정책에 의해 전통사회의 가치관은 급격히 붕괴되었다. 해방 후 다시 미국 문화의 물결 속에 그 뿌리마저 뒤흔들리게 됐다. 한국은 외세와 만나는 과정에서 과학기술의 발달에 압도된 나머지 서구의 물질문명에 안방을 내 주었던 것이다.

가치체계 혼란의 또 한 가지 주요 원인은 1960년대 중반 이후 한국사회가 겪어온 급격한 사회변동의 과정이다. 불과 40여 년 사이에 한국은 농경사회에서 산업사회로 탈바꿈하였고, 다시 정보사회로 진입하였다. 구미사회에서 200년 이상 진행되어 온 변화를 압축하여 경험한 것이다. 이처럼 급속한 산업화와 경제성장을 추구하다 보니 굴절과 파행이 거듭되었다.

산업화 과정에서 지나치게 효율성만 추구한 나머지, 편법과 탈법이 보편화되었을 뿐 아니라 부정부패까지 만연하게 되었다. 더욱이 그것은 사회변화를 이끌어 온 정치 및 경제 분야의 엘리트들에 의해 주도되었다. 엘리트는 한 사회의 규범과 질서를 창출하고, 수범을 통하여 이들을 확산시키는 데 앞장서는 계층이다. 그러면 대중은 이를 추종하게 된다. 그런데 이 정 · 경 엘리트들이 앞장서 법질서를 무너뜨리고 목적달성을 위하여 수단과 방법을 가리지 않았으니, 건전한 가치체계가 유지될 리 없다.

서구 물질문명에 의한 정신적 가치의 황폐화와 성장우선의 급격한 산업화 과정이 가치체계 혼란의 직접적 원인이라면, 20세기 후반 이후 세계적 차원에서 진행되어 온 정보화의 물결은 이러한 변화를 가능하게 한 시대적 배경이다. 정보화의 물결 가운데 가장 충격의 파장이 큰 변화추세는 '세계경제의 글로벌화'였다. 경제의 글로벌화를 추진해 온 힘은 통신기술의 발달에 따른 네트워킹이며, 경제가 거대화, 네트워크화 될수록 국가의 힘은 약화되고 개인 또는 소수 행위자의 힘이 증대되었다.

산업사회에서는 물리학적 모델이나 기계론적 세계관이 통용되었다. 예컨대, 에너지집약적, 직선적, 거시적, 기계적, 결정론 등의 개념이 널리 받아들여졌다. 그러나 정보사회의 글로벌 경제는 거대한 생물체와 같이 자기조직화에 의해 생존하고 진보한다. 정보사회는 정보집약성, 다원성, 미시성, 자기조직성, 내적 균형, 적응성, 포괄성 등의 개념으로 이해되어야 한다. 정보화, 네트워크화, 다원화, 글로벌화 등 세계적 변동 추세에 따라 산업사회의 전통적 가치관은 더 이상 유효성을 상실하였는데, 정보기술 문명에 적합한 새로운 가치관은 채 형성되지 못하였기 때문에 가치체계의 과도기적 혼란 현상이 나타나고 있는것이다.

정보사회의 새로운 가치체계

산업사회는 기계중심의 물질문명 사회였다. 따라서 기계화, 표준화, 효율성, 대량생산, 집단화, 위계적 질서 등의 가치를 중시하였다. 그러나 정보사회에서는 인간의 자율성에 바탕을 둔 개성과 창의력을 존중하며, 수평적 인간관계를 보편화하고, 다양성을 중시한다. 그렇다면 21세기 한국인들의 삶을 건전하고 풍요롭게 할 수 있는 가치체계는 어떠해야 할 것인가?

첫째, 무엇보다 먼저, 새로운 가치체계는 사회의 다원화 추세에 부응하여 다원주의에 바탕을 두어야 한다. 개인과 집단의 자율성이 커지고 생활양식과 의식이 다양해지는 만큼, 미래사회에서 가치관의 다원화는 불가피하다. 흑백논리와 같은 단원적 가치관으로 다원사회를 보면, 혼란과 모순이 가득찬 것으로 보일지 모른다. 그러나 다원사회는 모자이크와 같은 다양성의 조화를 통하여 보다 풍요롭고 아름다운 사회를 이루어 가는 것이다.

사회적으로 가치관이 다원화될 때 각 개인에게 요구되는 것은 가치다원주의 의식이다. 이것은 자신의 가치 못지않게 타인을 존중하는 마음을 의미하며, 다원사회의 기본윤리라고 할 수 있다. 다원주의적 가치관은 성이나 계급, 그리고 인종을 초월하여 전 인류가 함께 만들어 가는 지구촌에서의 삶을 위한 기본적 바탕이 된다.

사회변동의 속도와 폭이 더욱 커질 미래사회에 적응해 나가기 위해서는 개방적이고 관용적인 태도가 중요하다. 개방적 태도란 다른 사람의 의견을 진지하게 들으며 이해하고자 노력하는 자세를 말한다. 이러한 태도는 일상적인 삶에 진취성을 띠게 하며, 새로운 변화에 능동적으로 대처할 수 있는 힘이 된다. 관용성은 타인의 가치관이나 의견이 자신의 것과 다를 경우에도 타인의 생각을 인정하고 그 인격을 존중하는 마음이다. 이것은 다원사회에서 모두가 함께 조화롭게 살아가기 위해 반드시 갖추어야 할 삶의 자세이다.

둘째, 정보사회의 가치체계는 비물질주의에 바탕을 두어야 한다. 산업사회는 대량생산과 대량소비의 시대였다. 물질적 풍요에 대한 과도한 추구는 물질주의적 가치관을 만연시켰으며, 인간관계까지 화폐를 매개로 하는 물적 관계로 전락시켰다. 그러나 정보사회에서는 천연자원이나 하드웨어보다 인적 자원 및 소프트웨어가 더 귀중한 자원이 된다. 정보테크놀로지는 물질보다 인간의 지적 능력을 통하여 생산성을 높일 수 있기 때문이다. 따라서 정보사회에서는 산업사회에 비해 더욱 전문적인 인력을 필요로 하며 양적, 물적 관계보다 질적, 비물질적 인간관계를 훨씬 더 중시해야 한다.

생산의 주된 방식이 기계적 사고와 물리적 관계를 탈피하게 되면서 인간정신에 대한 새로운 인식과 비물질주의적 가치관의 중요성은 더욱 커질 것이다. 그러므로 미래사회에는 다양한 삶의 여러 측면을 종합적으로 담고 있는 문화에 대해 보다 깊은 관심을 가져야 하며, 개인생활에서도 문화적인 삶의 가치를 중시해야 한다.

셋째, 새 천 년의 가치체계는 생명존중의 가치관에 바탕을 두어야 한다. 정보사회는 인간화의 희망인 동시에 비인간화, 비인격화의 위험성을 함께 지니고 있다. 사회의 모든 제도와 조직이 비인간적으로 운용되거나, 전통적 인간관계가 비인격적 관계로 전환될 수 있다는 우려도 나오고 있다. 모든 것이 자동화되는 가운데 인명경시 풍조가 확산될 수도 있다. 그러므로 미래에는 인간존중의 가치관을 보편화해야 한다.

인간존중의 가치는 더 나아가 생명존중으로까지 확대되어야 한다. 인간은 생태계의 한 부분으로서만 존재할 수 있기 때문에, 자연환경이 오염되거나 생태계의 균형이 파괴되면 존립 기반을 잃게 된다. 인간과 인간 사이에는 물론 지구생태계의 모든 동식물을 포함하여 무생물에 대해서까지 진지한 관심을 가질 수 있을 때, 비로소 개개인 모두가 존중받을 수 있을 것이다.

넷째, 사회 모든 구성원들이 절제와 조화의 가치를 내면화해야 한다. 절제를 미래사회의 주요 가치로서 특별히 강조하는 이유는 산업사회가 낳은 환경파괴와 자원고갈의 문제, 그리고 교통 · 통신수단의 획기적 발달에 따른 상호작용의 증가 때문이다. 산업사회의 자본주의 문명은 인간의 욕망을 자극함으로써 수요를 창출해 내고, 경쟁을 통하여 생산성을 높이고 생산량을 증대시켜 왔다. 산업사회의 풍요에 대한 추구는 오히려 지구적 차원의 결핍을 가속화시키고, 인간 삶의 토대인 지구생태계를 파괴해 왔다. 기존의 생활방식과 태도를 바꾸지 않는다면 언젠가 인류는 멸망할 수밖에 없다.

자연과의 관계뿐 아니라 사회성원들 간의 상호작용 과정에서도 절제의 미덕은 대단히 중요하다. 개인적 능력이 신장되고 인권이 존중될수록 스스로 행동을 절제하지 않으면 원만한 인간관계를 유지하기 어렵게 될 것이다. 절제를 통해서만 자연과 조화를 이룰 수 있으며, 절제하는 가운데 다른 사람들과 더불어 살아갈 수 있다. 그러므로 미래사회에서 절제와 조화는 과거와 다른 차원에서 높은 가치를 지니는 삶의 지표가 되어야 한다.

다섯째, 법질서에 대한 존중이 귀중한 사회적 가치로 자리잡아야 한다. 미래사회는 갈수록 복잡해지고 전문화되어 갈 것이다. 사회적 힘의 근원이 다원화되고 다양한 가치가 공존하게 될수록 사회는 구성원들의 합의와 법에 바탕을 둔 민주적 절차에 의해서만 원만하게 작동될 수 있다. 법치주의는 다양한 이해집단 간, 또는 생활양식이 상이한 개인들 사이의 갈등을 조정하고, 개인의 자유를 보장해 주는 사회적 장치로서 더욱 중요한 가치를 지니게 될 것이다. 각자가 자신의 이익을 좇아 최선을 다할 때 전체의 효율성이 극대화되는 자본주의 체제를 유지할 수 있는 근간은 바로 법질서에 대한 존중이다. 이것은 모든 개인이 자신의 권리를 보장받을 수 있는 가장 중요한 방법이기도 하다.

풍요와 절제

세상은 끊임없이 변하고, 사람들이 귀중하게 여기는 가치도 시대에 따라 달라진다. 인류 초기에는 '자연에서의 생존' 이 가장 중요했다. 고대 전제국가 등장 이후에는 '억압으로부터의 자유' 라는 정치적 가치를 위해 수많은 사람들이 목숨까지 바쳤다. 근대에 이르면 '법 앞의 평등' 이 무엇보다 소중한 가치가 되었고, 20세기 들어서는 '물질적 풍요' 에 대한 열망이 시대를 지배해 왔다.

21세기 들어 물질적 가치관에 대한 심각한 반성이 제기되면서 '삶의 질' 에 대한 논의가 활발하다. 모든 사람이 인간답게, 문화적 혜택을 누리며 여가를 즐기고 자아실현의 기쁨을 느끼며 살아가는 것을 사회발전으로 보게 된 것이다.

어떻게 하면 서로 존중하며 높은 삶의 질을 누릴 수 있을까? 그것은 산업사회에서 추구해 온 '개인적 자유의 확대' 와 '물질적 욕구 충족' 만으로는 결코 이룰 수 없다. 물질적 생산이 고도화되고, 생활양식이 다양해질수록 자유와 욕망에 대한 추구는 오히려 사회 질서를 문란케 하며 욕구 불만의 근원이 된다. 사람마다 자기 개성대로 인격적 대접을 받고자 하며, 새로운 고급 상품이 끊임없이 생산되어 누구도 모든 것을 가질 수 없기 때문이다.

현대사회의 많은 문제는 과욕에서 비롯된다. 욕망은 개인과 사회를 발전시키는 동력이 되기도 하지만, 도를 넘을 때는 갖가지 문제의 근원이 된다. 예컨대, 환경오염, 마약, 폭력, 퇴폐문화 등은 일시적 쾌락과 눈앞의 이익 추구에서 나온 것이다. 현대 한국의 사회문제도 대부분 그러하다. 대기업의 부도 사태, 정치인들의 야합과 배신, 공직자의 부정부패, 수험생의 탈선과 자살 등은 모두 지나친 욕심의 결과이다.

인간의 욕망은 블랙홀과 같아서 끝이 없다. 물질적으로 풍부해질수록 욕망도 더욱 커지므로 결코 충족될 수 없는 것이다. 물질적 욕구는 소유를 통해서가 아니라 절제로써만 충족될 수 있다. 그러므로 앞으로는 절제를 통해서만 자유와 풍요를 누릴 수 있을 것이다.

절제란 물질적 차원에만 해당되는 것이 아니다. 절제는 감정 표현이나 다른 사람과의 상호작용에서도 중요하다. 사회가 다원화되고 이해관계가 복잡해질수록 인간관계는 정교하고 섬세해야 하는데, 이것은 서로가 감정을 절제할 수 있을 때만 가능하다. 상대방을 설득하거나 나를 따르게 하려면 힘의 사용을 절제해야 한다.

권력, 금력, 완력, 무력, 기술력 등 무슨 힘이든 절제되지 않은 힘은 동물적 폭력에 지나지 않는다. 폭력은 일시적으로는 상대방을 굴복시킬 수 있지만, 결코 진심에서 우러나오는 동의는 얻을 수 없다. 힘이 난무하는 사회는 인간사회가 아니라, 동물 집단으로의 전락을 의미한다.

어린 시절, 학교 선생님께서는 "어떤 사람이 되느냐보다 어떻게 사느냐가 더 중요하다."고 가르쳐 주셨다. 앞으로 우리는 '무엇을 성취하느냐' 보다 '무엇을 귀중하게 생각하느냐' 에 따라 인생의 성패를 달리하게 될 것이다. 최근 들어, "한국인은 조급하고 성정이 과격하다."는 말을 듣는다. 이제 선조들의 은근과 끈기는 과거의 미덕이 아니라 우리가 본받아야 할 미래의 생활 철학이 돼야 할 것이다.

선현이 강조한 중용이란 지나치지도 않고 부족하지도 않은 행동을 말한다. 지나치지 않기 위해서는 절제할 수 있어야 한다. 자신의 욕망과 감정, 그리고 사회적 힘을 절제하도록 가르치고 그 실천 의지를 길러 주는 것이 교육의 주요한 기능이요, 오늘의 경제적 · 사회적 어려움을 극복해 나갈 길이기도 하다.

신뢰재건의 길

건국 이후 대한민국이 걸어온 길을 뒤돌아보면 감회가 새롭다. 헐벗고 굶주린 농업사회에서 첨단 전자제품을 생산하는 정보사회로 변모하였으며, 보릿고개를 넘어 자동차의 물결이 홍수를 이루는 풍요를 일구어 내었다. 그러나 감상에서 벗어나 현실을 냉정히 보면 대견스러워 할 일만은 아닌 것 같다. 현대사회는 대단히 복잡하고 정교한 하나의 체계이다. 국내 문제나 국제 관계에서 그만큼 치밀한 전문가적 접근과 대응을 필요로 한다. 그런데 한국사회에는 아직도 주먹구구와 우격다짐, 지사적(志士的) 울분과 '하면 된다'는 식의 단순 논리가 횡행하고 있다.

정보사회에 진입하고서도 아직 이처럼 치기(稚氣) 어린 한국사회의 모습은 어디에서 오는 것일까? 그것은 바로 낡은 정치의 틀에 기인한다. 한국에서는 여타 영역에 비해 유난히 정치가 우위를 점하고 있다. 경제나 교육, 문화 영역은 물론 입법, 사법, 행정 영역까지도 정치가 지배한다. 수년 동안의 여론수렴 과정을 거쳐 결정된 사항이라도 정치지도자의 말 한마디면 완전히 뒤바뀔 수 있다. 문제는 그처럼 영향력 있는 정치가 아직도 농경시대의 패러다임에서 벗어나지 못하고 있다는 사실이다. 인간관계와 연고에 따른 의리감, 일인 보스 중심의 파당정치, 이해관계로 맺어진 정경유착, 전문적 분석보다는 즉흥적 대응 등 시대착오적인 행동 양식들이 정치 영역을 지배하면서, 여타 영역에까지 영향을 미치고 있는 것이다.

정치영역이 사회변동의 핵심이 되다보니, 새 정부가 들어서면 으레 개혁과 사정의 회오리가 일어난다. 그러나 한 번도 사정과 개혁이 제대로 된 적이 없다. 번번이 새 정권의 권력 정착에 초점을 둔 표적 사정과 정치 보복으로 끝나고 말았다. 정치가 모든 영역을 지배하는 현실에서 정치가 이러하고 보니, 권위체계가 붕괴되고, 불신이 팽배하며, 저마다 사익을 추구하고, 그 결과로 공동체적 기반이 흔들리게 된 것은 어쩌면 당연한 귀결인지 모른다.

지금 한국에서는 이른바 정치 지도자들에 대한 불신이 팽배해 있다. 사회적 권위체계가 위기를 맞고 있는 것이다. 당장은 경제정책의 근간을 세우고 이를 강력하게 추진해 나가는 일이 시급하다. 장기적으로는 공통의 가치관 정립과 사회적 신뢰성에 바탕을 둔 공동체 회복에 목표를 두어야 할 것이다. 이러한 일을 위해서는 가장 불신받는 집단이긴 하지만 그래도 정치인들에게 주문할 수밖에 없다. 공통의 목표를 설정하고 목표 달성에 필요한 가용자원을 동원하여 추진해 나가는 것이 바로 정치이기 때문이다.

이제 정치의 초점은 미운 자를 찾아내어 응징하는 일이 아니라, 모두를 살리기 위한 정책개발에 두어야 한다. 그리고 개혁은 정치인들의 자기반성, 자기희생, 솔선수범에서부터 시작되어야 한다. 정치인들이 그렇게 할 수밖에 없도록 자극하고 감시하는 역할은, 물론 언론과 지식인을 비롯한 시민들의 몫이다.

통일로 가는 길

'길' 이란 단어는 누구에게나 친근하면서도 깊은 의미를 담고 있다. 시골 동네에 새로 난 '신작로' 를 '한길' 이라 불렀다. 어린 시절, 어머님은 늘 한길에 나가 놀지 말라는 주의를 주셨다. 한길은 자동차가 다니는 길이었다. 뽀얀 먼지를 날리며 멀어져 가는 시골버스는 낯선 곳, 도시에 대한 동경을 싣고 있었다. 지금도 자동차로 여행을 할 때면 늘 '이 길은 어디로 가는가.' 생각하게 된다. 고속도로보다 지방도를 더 좋아하는 것은 굽이굽이 돌 때마다 우리나라의 정겨운 모습을 볼 수 있고, 또 미지의 세계에 대한 호기심을 채울 수 있기 때문이다.

'통일로' 는 구파발에서 문산을 거쳐 판문점으로 이어지는 길이다. 명절이면 어김없이 많은 실향민들이 이 길을 따라 북쪽으로 달린다. '자유의 다리' 를 건너지 못하고 임진각에서 북쪽 하늘을 바라보며 차례를 지낸다. 실향민이 아니더라도 통일로를 달리는 사람이면 누구나 가슴 저미는 안타까움을 느끼며, 통일을 염원한다.

최근 들어 남북한 통일에 대한 기대가 크게 높아지고 있다. 사회주의 붕괴 이후의 세계사적 흐름이나 김일성 사후의 북한 사정으로 미루어 볼 때 전혀 현실성이 없는 것도 아니다. 그러나 오히려 그 가능성이 성큼 다가온 지금, 우리는 통일을 둘러싸고 새로운 갈등과 혼란을 겪고 있다. 천안함이 격침당하고 연평도가 포격을 당했음에도 여전히 북한을 감싸며 남한 정부를 비난하는 사람들도 많다. 그동안 우리는 통일을 너무 낭만적으로 생각하지 않았는지 반성해 볼 필요가 있다.

통일이 한민족 번영의 전제조건이자 토대임에는 틀림없지만, 같은 민족이므로 무조건 통일되어야 한다는 식의 접근은 예기치 못한 갈등을 야기할 수 있다. 또한 통일을 정치적, 군사적 측면에서만 생각해서는 안 된다. 바람직한 통일은 남북한이 사회적으로 통합을 이룩하는 것이다. 사회통합이란 체제 내 각 부분들이 상호의존적 관계로 연결되며, 구성원들이 강한 일체감과 귀속의식을 갖게 되는 것을 말한다. 정치적 통일 이전에 남북한이 사회적 통합의 정도를 높여 나갈 수 있다면 통일을 더욱 앞당기게 될 것이고, 통일 이후에 사회통합을 달성하는 것은 통일을 완성하는 일이 될 것이다.

불과 반세기 동안의 분단이지만, 남한과 북한은 전혀 상이한 체제와 이념 아래 너무나 다르게 살아 왔다. 남북한이 어느 정도의 사회통합도 이루지 못한 채 통일을 맞이한다면 생각보다 훨씬 심각한 혼란과 후유증을 겪게 될 것이다. 남북한 사회가 통합된 통일을 성취하기 위해서는 서로가 다원주의적 관점에서 이해하고 동화해 나갈 수 있어야 한다. 이러한 노력은 체제 차원은 물론 개개인의 인식 차원으로까지 확산되어야 한다.

남북한 양측 모두 상대방의 경제체제에 적응할 수 있는 유연성을 높여 나가야 하며, 정치적 관용의 범위를 확장하여야 한다. 문화적 이질성에 대해서도 서로가 분단시대 문화의 다른 한 부분으로 인정할 수 있어야 한다. 통일에 이르는 길은 무엇보다도 남북한 주민 모두가 한민족으로서의 공동체의식을 회복하는 데 있다. 정치적, 군사적 성과 이전에 한 사람 한 사람 마음속에 서로 이해하고 더불어 함께 살아가려는 따뜻한 마음이 싹터야 한다. 통일운동은 거창한 이념이나 구호가 아니라, 서로에 대한 이해와 신뢰를 가꾸는 데서부터 시작되어야 한다.

CHAPTER 2

남을 귀하게 여기자

인간과 사회

화려하고도 은밀한 꿈에 심취하거나 깊은 밤 홀로 깨어 개인적 번민으로 죽음까지 생각해보는 등 사회로부터 벗어나는 삶의 순간이 있을 수 있다. 그러나 지금까지 우리가 살아 온 날들을 뒤돌아보면 기억의 대부분은 다른 사람들과 관련된 일들로 채워져 있음을 알게 된다. 인간의 일생이란 사회라는 무대 공간에서 펼쳐지는 한갓 배우의 역할이며, 역사라는 사회의 시간적 길이 가운데 극히 일부분에 불과하다.

인간이 살아간다는 것은 사회를 지나는 여행과도 같다. 그러나 이 나그네는 단순히 지나가는 길손이 아니라 사회에 어떤 흔적을 남기며 간다. 다시 말하면 인간은 사회의 피조물이면서 동시에 사회를 만들어 나가는 존재이다. 인간의 본질을 이해하기 위해서는 인간에 의해 만들어져 인간을 구속하는 '사회'와의 관계를 생각해 볼 필요가 있다.

'사회'는 일상생활에서 누구나 가장 흔히 사용하는 단어 중의 하나이다. 그러나 정작 사회가 무엇이냐고 물을 때 선뜻 대답하기는 쉽지 않다. 그것은 사회라는 말이 일상생활에서 다양한 의미로 사용되고 있기 때문이다. 가장 먼저 생각할 수 있는 것은 개인과 대비되는 개념으로서 '개인들의 집합'이란 의미이다. 흔히 "사회란 혼자 사는 것이 아니다."라는 말을 하는데, 이때 사회는 복수의 개인들에 의해 형성된 것임을 뜻한다.

둘째, 사회는 공동체와 대비되는 개념으로서, 어떤 목적이나 이익을 추구하기 위해 의도적으로 모인 사람들의 집단 또는 그것을 지배하는 조직 원리를 지칭하는 용어로 사용될 수 있다. 가정을 떠나 처음으로 사회생활의 어려움에 부딪혀 당황하고 있는 사회 초년생에게 선배가 "사회란 비정한 곳이야."하며 충고할 때의 의미가 바로 이것이다.

셋째, 사회라는 용어는 역사상의 특수한 의미로 사용되기도 한다. "시민사회의 성립"에서와 같이 전제적 속박으로부터 해방된 자율적 개인들의 생활영역을 나타내는 경우가 여기 해당된다.

넷째, "농촌사회" "한국사회" "동양사회" 등에서 보는 바와 같이 사회는 분석적인 차원에서 비교적 독립된 정치 또는 문화적 단위를 나타내는 데 쓰이기도 한다.

이와 같이 사회라는 말은 전후 문맥에 따라 여러 가지 의미로 쓰일 수 있지만, 사회학적 관점에서 일반적인 정의를 내린다면 "상호의존 관계에 있는 인간들의 집합체"라고 할 수 있을 것이다. 그러나 이것이 포함하는 의미는 사회의 본질을 파악하는 관점에 따라 다르게 해석될 수 있다.

사회란 단지 개인들의 모임에 지나지 않으므로 그 자체가 실재하는 것은 아니라고 보는 사회명목론(social nominalism)이 있다. 그러나 사회실재론(social realism)자들은 사회란 물론 개인들로 구성되는 것이지만, 개인들의 특성과는 무관한 그 나름대로의 특성을 지닐 뿐 아니라 개인들의 삶을 좌우하는 구속력까지 갖고 있다고 주장한다. 이처럼 대조적인 두 가지 관점은 모두 개인 또는 사회 어느 한쪽만을 인식의 출발점으로 삼으려는 극단적 태도로서, 사회의 본질을 올바로 이해하는 데는 유용하지 못하다. 보다 중요한 것은 개인과 사회를 서로 떨어질 수 없는 현상으로 인식하고 이들이 상호 어떻게 관련되어 있는지 파악하는 일이다.

우선 사회란 개인과 개인의 '상호작용(interaction)'에 의해 생겨난다고 볼 수 있다. 상호작용이란, 작용이 있고 그에 대한 반작용이 한데 묶여서 이루어지는 "행위의 주고 받음"을 뜻하는 것으로서, 이것이 반복하여 일어나게 되면 어떤 규칙 또는 질서를 나타내게 된다. 따라서 상호작용에 참여하는 사람들 사이에 일정한 유형이 형성되는데, 이렇게 유형화된 상호작용을 '사회적 관계(social relationship)'라고 한다. 사회적 관계는 곧 개인의 사회적 지위(남녀, 약혼자, 부부, 자녀 등)를 낳게 된다.

그리고 다소 추상적이긴 하지만 사회적 상호작용이 규칙적으로 반복되는 과정에서 생겨나는 유형 또는 형식을 '사회제도'나 '사회조직'이라고 부른다. 그 사회조직의 틀 잡힌 모습이 하나의 뚜렷하고 체계적인 뼈대를 지니고 있을 때는 '사회구조(social structure)'라는 개념을 사용한다. 그러므로 사회조직이 형성되는 데는 '상호작용'이 핵심적 요인이라고 볼 수 있다.

요컨대, 인간과 사회는 상호 분리하여 생각할 수 없는 근원적 관련을 맺고 있다. 개인이 있어서 사회가 있는 것도 아니고, 사회가 있어서 개인이 있는 것도 아니다. 인간의 행동이 사회를 창조하는 동시에 인간은 사회에 의해 만들어진다. 그러므로 사회명목론과 사회실재론의 논쟁이란 방법론적 차원에서 문제를 제기할 뿐 존재론적 차원에서는 별다른 의미를 갖지 못한다. 보다 중요한 것은 인간의 행동이 사회구조에 의해 제약받고 있음을 인정하면서, 동시에 인간의 행동이 사회구조를 새로운 방향으로 변화시켜 나갈 수 있음을 인식하는 일이다.

인간과 문화

사회를 개인들의 상호작용에 의해 생겨난 삶의 장(場), 곧 그릇이라 한다면, 문화는 이 그릇에 담긴 내용물이라 할 수 있다. 문화는 사회성원들이 그들의 생활을 통하여 배워 공유하고 따르게 된 전통의 묶음이며 의식(儀式)과 믿음의 총체이다. 다시 말하면, 문화란 사람 사는 모습의 전부, 즉 지식, 믿음, 느낌, 가치관, 행위의 규범 등 상징적이고 제도적인 것뿐만 아니라, 테크놀로지라든가 도구, 의식주의 수단 등 물질적인 것까지 다 포함하는 인간 삶의 형태 또는 생활양식 그 자체라고 할 수 있다.

문화는 인간에 의해 만들어지는 것이다. 인간이 자연환경 속에서 적응하여 생존하기 어려운 갖가지 신체적 약점을 극복하고, 보다 나은 삶을 영위하기 위해 문화를 만든다고 볼 수 있다.

문화는 항상 변화한다. 세대에서 세대로 이어지는 동안 인간들은 과거의 것을 받아들이면서 거기에 나름대로의 창의적 변용을 가미하기 때문이다. 변화의 속도나 폭, 그리고 깊이 등은 시대에 따라 사회마다 다르지만, 낡은 것을 버리고 새 것을 보태는 인간의 문화적 재창조는 끊임없이 이루어진다.

사회의 제도나 조직, 문화 등은 오랜 시간에 걸쳐, 개인의 상호작용 및 지위와 역할에 따른 사회적 관계, 그리고 변화하는 인간 삶의 형태에 의하여 형성된다. 그러나 일단 하나의 틀을 갖추게 되면 개인의 일생을 통하여, 생활의 모든 영역에서 거의 절대적인 영향력을 행사하게 된다. "사람이면 사람인가, 사람이라야 사람이지."라는 유행어는 바로 이러한 의미를 함축하고 있는 것이다. 생물학적인 형태로서 생김새가 사람이라고 하여 다 사람이라고 할 수는 없으며, 다른 개인과의 상호작용에서 의미 있는 사람다움을 나타낼 수 있어야 한다는 말이다.

인간이 "사람다운 사람"으로 변해가는 과정을 '사회화(socialization)'라고 한다. 개인의 입장에서 보면 사회화란 개인적 성장과 발달에 따른 잠재능력을 실현함으로써 자신의 인성(personality)을 형성해 나가는 과정이다. 사회적 관점에서 볼 때 사회화는 개인을 사회의 조직적 생활양식에 적응시키는 문화전수의 과정이다. 다르게 표현하면, 사회화는 결국 개인들 속에 사회의 문화적인 내용들을 심고 일구는 과정이라고 할 수도 있다.

어린이가 성장하면서 부모나 주변 손위 사람들과의 상호작용과정에서 형성하게 되는 자아(self)는 바로 사회적 소산이다. 이 자아 속에는 또 사회생활을 위하여 필요한 행동의 규칙, 다른 사람들이 기대하는 바, 지위에 따른 역할, 옳고 그른 것에 관한 일반적 관념 등이 내면화(內面化)되어 있는데, 이것을 '사회적 자아'라고 한다. 이것으로 인하여 인간은 다른 사람들에게 의미 있는 행위를 할 수 있고, 다른 사람들의 행위를 해석할 수도 있으며, 상호작용이 가능한 사람다운 사람이 되는 것이다.

대부분 사람들은 일상생활이 문화에 의해 좌우된다는 사실을 미처 의식하지 못하고 있다. 공기가 있는 것은 너무나 자연스러운 것이어서 공기의 효능을 의식하지 못하는 것처럼, 문화의 영향이 너무나 광범위하고 깊기 때문에 의식하지 못하는 것이다.

사람은 누구나 먹고 입고 잠을 자야 살 수 있는데, 무엇을 어떻게 먹고 입을 것이며, 언제 어디서 자야 할지 정해주는 것은 문화이다. 뿐만 아니라 문화는 우리에게 어떤 행위가 보람되고 명예로운 것인지,

무엇이 옳고 그르며 아름다운 것인지 결정해 준다. 원하는 바를 달성하기 위하여 무슨 도구를 어떻게 사용해야 할지 가르쳐 주는 것도 바로 문화이다.

이처럼 중요한 것이 문화이지만 여기에 지나치게 구속되면 문화 속에 갇힌 무기력한 수인(囚人)이 된다. 그러나 이 문화에서 벗어나 사회적 기대에 어긋난 행동을 하면 일탈자(deviant)로서 사회적 제재를 받게 된다.

인간은 단순한 로봇처럼 문화적 환경에 수동적으로 반응하는 꼭두각시가 아니라, 스스로 결정하면서 환경에 자신의 자국을 남기는 존재이다. 다시 말하면, 사회의 문화를 받아들임으로써 사람다운 사람으로 성숙하는 존재가 바로 인간이다. 그러나 그것에 도전하고 그것을 수정할 수 있다는 데서 인간의 자율성과 창조의 능력을 발견할 수 있는 것이다. 인간생활을 표준화하고 획일화시키는 산업화·대중화라는 현대사회의 소용돌이 속에서, 인간소외가 짙어질수록 역사적 주체자로서의 고귀한 인간상을 재음미해 보아야 할 것이다.

대화의 사회적 의미

대화(conversation)란 두 사람 이상이 마주 대(對)해 이야기(話)를 주고받는 것을 일컫는다. 이것은 조금 더 포괄적으로, 그리고 학술적 용어로 표현하면, 사회적 상호작용(social interaction)의 한 형태인 의사소통(communication)의 한 가지 방법이다. communication의 어원은 라틴어의 communicare인데, 이것은 "공통되게 하는 것" 또는

"공유함"을 의미한다고 한다. 다시 말하면, 의미를 공유함으로써 서로가 이해할 수 있게 되고 가치 합의를 창출해 내는 과정이 바로 커뮤니케이션인데, 대화는 그것의 가장 구체적이고도 중요한 방법인 셈이다. 이와 같이 대화의 개념을 정리하고 보면, 대화가 지니는 사회적 의미는 비교적 자명해진다.

첫째, 대화는 다른 사람과 상호작용하고자 하는 인간의 본능을 가장 효과적으로 충족시켜줄 수 있는 수단이다. 흔히들 인간을 사회적 동물이라고 하여 고립해서는 살 수 없는 존재라고 한다. 이것은 혼자서 살아갈 수 없는 인간의 신체적 나약함을 뜻하기도 하지만, 그보다는 고독함을 이겨낼 수 없는 인간의 본성을 잘 나타낸 말이다. 다른 사람과의 상호작용이 전혀 없는 고립된 상황이란 일상생활에서는 거의 경험할 수 없는 것이지만, 교도소에 다녀온 사람들의 말로 미루어 짐작해 볼 수 있다. 교도소에서 수인들이 가장 두려워하는 것은 "독방에 보내겠다."는 위협이라고 한다. 독방에 수용되는 것이 어떤 노동이나 체벌보다 더욱 견디기 어렵다는 것이다.

사람들은 대부분 상호작용을 통하여 삶을 영위해 나간다. 상호작용의 전형적인 형태는 교환이나 협동이지만, 경쟁이나 갈등, 강제와 복종, 화해나 동화 어느 것이든지 모두 상호작용의 한 형식이라고 할 수 있다. 어떠한 형태의 상호작용이든 그것은 인간이 살아가는 한 모습이다. 대화는 바로 상호작용을 가능하게 하는 시발점이 될 뿐 아니라, 상호작용을 계속해 나갈 수 있게 하는 가장 중요한 방법이다.

둘째, 대화는 인류의 생존과 인간사회 발전의 매개체이다. 인간사회의 문명은 다른 사람과의 상호작용에서부터 시작되었다. 언어라는 것 자체가 상호작용의 소산이지만, 언어행위에 의한 상호작용은 인간의 상징능력을 더욱 발달시켰고, 결국 문화를 형성하는 바탕이 되었다. 문화가 있음으로 하여 인간은 환경에 적응할 수 있고, 보다 나은 형태의 삶을 꾸려나갈 수 있다. 이러한 문화를 형성하고 축적해 나가며, 환경과 시대에 맞게 변화시켜 나감으로써 우리 생활에 이용할 수 있도록 해 주는 것은 바로 우리의 언어생활이다.

셋째, 인간이 출생 시의 동물적 존재에서 벗어나 인간다운 모습으로 변해가는 사회화(socialization) 과정의 많은 부분은 대화를 통하여 이루어진다. 사회화란 개인적 차원에서 보면 문화의 학습 또는 습득과정이며, 사회적 차원에서 보면 문화의 전수 내지는 사회성원의 양성과정이다. 사회화의 일차적 매개체는 물론 가족이다. 그러나 성장함에 따라서 동년배 집단, 학교, 매스미디어, 직장, 지역공동체, 국가 등으로 다양해지며, 그 과정은 성장기뿐 아니라 일생을 두고 계속된다.

사회화의 결과로 형성된 한 개인의 종합적 모습을 인성(personality)이라고 하는데, 여기에는 그 사회의 문화와 개인의 경험이 반영되어 있다. 이러한 인성 형성 과정의 대부분은 대화를 통하여 이루어진다. 어떤 사람과, 어떤 내용의 대화를, 어떤 방식으로 나누게 되는가에 따라서, 한 개인의 인성이 다르게 형성될 수 있다. 뿐만 아니라 한 사회에서 이루어지는 대화의 방식에 따라 그 사회의 사회적 성격이 다르게 특징지어질 수도 있다.

끝으로, 대화는 인간생활을 더욱 풍부하고 윤택하게 하는 역할을 한다. 한 개인의 삶은 인류의 생존을 위해서나 사회의 발전을 위해서뿐 아니라, 그 자체로서 귀중한 것이다. 그러므로 어떤 사람이 사회에서 어떤 역할을 하며 사회에 얼마나 기여하느냐 하는 것도 중요하지만, 그에 못지않게 중요한 것은 어떻게 살아가며 얼마나 자아실현의 기쁨을 누리느냐 하는 것이다. 여기에는 어떤 절대 기준이 있을 수 없고, 무엇보다 스스로 느끼게 되는 내면적 만족감이 가장 중요하다.

생활의 이러한 즐거움은 흔히 주위 사람들과의 일상적 대화에서 얻어질 수도 있고, 반대로 파괴될 수도 있다. 그러므로 대화는 흔히 생각하듯이 생활의 수단이기도 하지만 그 자체로서 삶의 중요한 모습일 수 있다. 우리는 대화 속에서 하루하루를 살아간다.

대화의 사회적 의미는 무엇인가? 대화는 인간 본능적 욕구의 한 표현이며, 우리 생활을 가능하게 하는 문화를 형성하는 매개체이다. 대화를 통해 사회적 성원으로 성숙해갈 뿐 아니라, 대화 그 자체가 곧 우리 삶의 보람이 될 수 있다. 그러므로 하루하루의 대화, 한 사람 한 사람과의 대화는 모두 소중한 것이다. 한마디 대화가 곧 우리 삶의 기반이요, 보람으로 이어지기 때문이다. 대화의 이러한 사회적 의미를 되새기다 보면, 우리는 일상생활의 대화를 때때로 얼마나 가볍게 여기며, 때로는 어떻게 스스로의 삶을 파괴하는 어리석음을 범하는지 깨닫게 된다.

굴절된 토론문화

우리가 살아가는 사회를 생각해보면 참으로 신기하다. 사람들은 어떻게 서로의 마음을 읽고 이해하며, 상대방의 행동을 예측할 수 있는 걸까? 도대체 사회질서는 어떻게 유지될 수 있는가? 그 대답은 상호작용을 통하여 형성된 '문화'를 공유하고 있기 때문이다.

문화는 오랜 세월에 걸쳐 만들어질 뿐 아니라 인간생활의 전 영역을 포괄하는 광범위한 개념이다. 문화의 가장 중요한 부분은 '언어'이다. 언어행위에 의한 상호작용은 인간의 상징능력을 더욱 신장시켰고, 문화발달의 바탕이 되었다. 언어는 복잡하고 미묘한 사회생활을 가능하게 하고 보다 윤택하게 하는 매개체이다. 언어생활은 삶의 기반일 뿐 아니라 그 자체로서 삶의 보람이 될 수 있다. 그래서 하루하루의 대화, 한 사람 한 사람과의 대화가 모두 소중하다.

한 사회의 언어행태는 곧 그 사회의 문화수준과 삶의 질을 보여주는 지표이다. 한국인들의 언어생활은 어떠한가? 우선 무뚝뚝하다. 인사말이나 감사말에 대단히 인색하다. 그리고 조급하다. 한두 번 의견을 교환하다가 상대방이 이해하지 못하거나 자신과 다른 입장을 나타내면 금방 짜증스러워하며 언성을 높인다. 무뚝뚝한 언어생활은 삶을 건조하게 만들고, 조급한 언어행태는 사회갈등의 원천이 된다.

흔히 한국인은 토론을 할 줄 모른다고 한다. 자기주장만 내세울 뿐 남의 말을 듣지 않는다는 것이다. 국민들의 대표가 모여 나랏일을 의논하는 국회에서조차 고성이 오가는가 하면 몸싸움이 벌어지기 일쑤다. 그리고는 '다수결의 원칙'이라는 이름 아래 힘센 자의 횡포로 끝나고 만다. 다수의 생각이 항상 선(善)이고, 소수 의견은 으레 양보할 수밖에 없는 것으로 되어 있다. 토론이 없는 사회는 발전할 수 없으며, 개인적 삶의 질도 낮아진다.

왜 토론문화가 없는가? 모든 것을 흑백논리로 생각하기 때문이다. 어느 것이 맞고 어느 것이 틀리는지 가리려고만 한다. 두 가지 다

맞거나 더 좋은 제3의 의견이 있을 수 있다는 생각을 하지 못한다. 그리고 사고의 차원이 이분법적 수준에 머물러 있다. 대화 내용에 관한 판단 기준을 "우리 편이냐, 아니냐?"에 둔다. 우리 편의 의견은 좋은 것이고, 남의 편 의견은 좋지 않다고 여긴다. '우리'와 '남'으로 편을 가르는 그 기준 자체가 일시적이고 상대적일 수 있다는 사실을 모른다.

건전한 토론문화가 뿌리내리기 위해서는, 다른 사람의 의견도 소중하며, 다른 의견으로 인해 자신의 의견이 더욱 분명해지고 풍부해질 수 있음을 알아야 한다. 다르다는 것은 사실 많은 경우 동일한 것을 다른 각도에서 본 것일 뿐이다. 기계를 움직이는 톱니바퀴를 생각해보자. 서로 다른 방향으로 밀어주는 두 개의 톱니바퀴는 상반된 일을 하는 것이 아니라, 하나의 기계를 움직이고 있다. 서로 다른 의견을 갖는다는 것은, 알고 보면 상호대립이 아니라 자신을 남과 구분하고 정체성(正體性)을 갖게 해주는 발전의 원동력이다.

사회현상에 관한 한 어느 것이 옳고 어느 것이 틀렸다고 말할 수 없는 경우가 많다. 모든 긍정적 측면은 부정적인 면을 포함하고 있고, 마찬가지로 모든 부정적 측면은 동시에 긍정적인 면을 지니고 있다. 어떤 일에 관해 서로 다른 많은 견해들은 옳고 그른 것으로 구분되는 것이 아니라, 모두가 다양한 관찰들을 의미 있게 만드는 유용한 의견들일 수 있다. 이 경우 누가 더 훌륭한 의견을 갖고 있다기보다는 서로 다른 의견을 갖고 있을 뿐이다.

사회생활은 정교하게 짜인 천과 같다. 사회를 구성하는 요소는 개인이 차지하고 있는 여러 가지 사회적 지위들이며, 이들을 엮어주는 실은 사회적 가치와 규범들이다. 가치는 개인적 행위의 방향을 정해주고, 규범은 그 행위의 기준이 된다. 대부분의 가치나 규범은 절대적 개념이 아니라 상대적인 것이다. 그러므로 개인의 행위 또한 시간과 공간에 따라, 지위와 환경에 따라 달라질 수 있다. 가치와 규범의 상대성, 그리고 '다름'의 당위성과 유용함을 깨달을 수 있다면, 보다 겸허해지고 상대방의 말에 더욱 귀를 기울이게 될 것이다.

과학기술이 발달하고 인간존중 사상이 보편화될수록 사회는 더욱 다양해지고 보다 다원화되어 갈 것이다. 다원사회를 살아가는 지혜는 다른 사람의 입장을 이해하고 그 의견을 소중하게 여기는 것이다. 이것은 '성취'를 추구하기보다 스스로 '절제'하는 자세를 생활화할 때 가능해진다. 물질적으로는 물론 다른 사람과의 상호작용에서도 절제하는 자세야말로 삶을 보다 풍요롭게 하는 올바른 생활태도이다.

연령차별주의와 인간존중

1998년에 교원정년단축을 둘러싼 논쟁이 사회적 쟁점으로 등장했다. 당시 정년 단축을 주장하던 여당의 논리는 고령 교사를 1명 퇴직시키면 그 예산으로 신임 교사 2.7명을 채용할 수 있을 뿐 아니라, 정보화 시대에 부응하는 유능한 젊은 교사채용으로 교단의 활력을 높일 수 있다는 것이었다. 당시 다수 여당은 국회표결을 통해 교원 정년을 65세에서 62세로 낮추었다.

그로부터 불과 2년 후, 이번에는 야당이 다수당이 되어 잘못된 정년 단축을 바로잡아야 한다고 나섰다. 명예퇴직 수당까지 주어 내보낸 교사들을 다시 불러 기간제 교사로 쓰는데도 교원이 부족하니, 정년을

1년 연장함으로써 교원부족 문제를 조금이나마 해결하고, 나아가 땅에 떨어진 교사들의 자긍심도 살려 주어야 한다는 것이다. 여당에서는 조급한 정책변경의 혼란을 우려했지만, 야당에서는 잘못된 정책의 조속한 시정을 주장하였다. 이후 교원들은 자신들의 권리가 침해되었다고 헌법소원까지 청구하였으나 기각되었고, 교원 정년을 둘러싼 입법정책 논란은 아직도 계속되고 있다.

'교원 정년을 몇 세로 하는 것이 적정한가.' 보다 더욱 큰 문제는 백년대계의 교육정책을 이처럼 갈팡질팡 정쟁의 대상으로 삼게 된 근원이 어디에 있느냐는 것이다. 교육문제를 교육 외적 시각으로 접근하는 정치풍토, 무리한 졸속입법 강행 등 여러 가지 원인이 있지만, 여기서 지적하고 싶은 것은 정년 단축을 통해 교육풍토를 쇄신하겠다던 그 '단순함' 이다. 그것은 나이가 많거나 적음에 따라 능력이나 적극성이 결정적으로 다를 것이라는 논리에 바탕을 두고 있다.

그러나 사실은 그렇지 않다. 젊지만 게으르고 무능한 교사도 많고, 환갑이 지났지만 여전히 부지런하고 유능한 교사도 많다. 초 · 중등학교의 개혁을 논의할 때 교사를 무 자르듯 연령으로 자르는 단순하고 쉬운 방법을 택할 것이 아니라, 무능하고 자질이 부족한 교사를 걸러내는 복잡하지만 정교한 장치를 모색하는 것이 옳았을 것이다.

사람을 평가할 때 어느 한 가지 기준에 의존하는 것은 옳지 못하다. 인간은 언제든지 발전하거나 퇴보할 수 있으며, 하나의 특성으로 평가하기에는 너무나 복합적인 존재이기 때문이다. 예컨대, 학력은 특정 시기 개인의 학습경험을 보여주는 것에 불과하므로, 오로지 학력에 의해 사람을 평가하면 '학력차별주의자' 가 된다. 남성과 여성은 45개의 동일한 염색체와 1개의 다른 성염색체를 지니고 있는데, 성으로 사람을 판단한다면 '성차별주의자' 가 아니겠는가? 마찬가지로 연령으로 사람을 평가하면 '연령차별주의자' 가 된다.

'차별주의' 의 덫에 빠지지 않기 위해서는, 인간에 대한 도구적 시각에서 벗어나 인간 존재 자체를 있는 그대로 바라볼 수 있어야 한다. 미래사회는 더욱 다원화되고 인간의 자율성과 창의성을 필요로 한다. 그러므로 새로운 사회에 부응하기 위해서는 다원주의적 가치관과 인간존중의 자세를 가지는 것이 무엇보다 중요하다.

학벌주의 타파

우리나라에서 처음 만난 사람을 판단할 때 가장 먼저 생각하는 기준은 무엇일까? 우리나라 기업들이 신입사원을 채용할 때 가장 우선적으로 보는 조건을 한 가지만 꼽는다면 무엇일까? 그것은 '학벌' 이다. 그만큼 우리나라에서는 학벌주의가 강하다. '학벌주의' 란 개인의 능력이나 인격보다 어느 학교 졸업생인가 하는 사실로 그 사람 전체를 판단하고 평가하는 사고방식을 뜻한다.

학벌주의는 올바른 사고방식인가? 전혀 그렇지 않다. 그것은 한 개인에 대한 지독한 편견이다. 인간은 매우 복합적인 존재이며, 수많은 특성들을 지니고 있다. 그런데 학벌주의는 오로지 '학벌' 이라는 기준 하나로 한 개인의 인격과 삶 전체를 결정해 버리는 것이다. 학벌주의에 근거한 판단은 아주 비합리적이다. 학벌은 어느 특정 시기에 개인이 경험한 하나의 결정적 속성인데, 인간은 끊임없이 변하기 때문이다. 인간은 일생을 통해 계속 사회화를 경험한다. 그러므로 한 개인의 지적 수준이나 신체 능력은 그의 노력과 경험 여하에 따라 얼마든지 달라질 수 있다.

옛날에 사회가 단순하고 변동의 속도가 완만할 때는 학벌주의의 편파성과 비합리성이 상대적으로 크게 문제되지 않았다. 그러나 지금처럼 사회가 복잡하고 빠르게 변할 때 학벌주의는 변화에 대한 사회 전체의 적응력을 크게 약화시키며, 한 개인의 사회적 이동을 부당하게 제약한다. 정보사회에서는 지식이 생산과 사회발전의 가장 핵심적 요소이다. 따라서 자본이나 기계보다 사람의 창의력과 상상력이 중요하고, 물질보다는 정신, 형식보다는 내용, 간판보다는 실력이 발전의 관건인 것이다.

한국사회에 만연하고 있는 학벌주의는 급변하는 정보사회에서 인간 능력의 중요성을 간과하는 비과학성과 단순함의 극치이다. 최근 일부 대기업이나 첨단 벤처기업들이 직원 신규임용 및 승진 시 학벌보다 능력에 따른 인사를 단행하는 것은 아주 신선하고 적절한 조치이다. 또한 사회적으로 학벌타파를 위한 시민운동이 확산되고 있는 것도 바람직한 일이다. 그러나 학벌주의를 타파하기 위해 세칭 일류 학교를 없애야 한다는 주장은 아주 위험한 감상적 발상이다.

1960년대에 사회적 불안이 고조되고 반전사상이 확산되면서 사회주의 이념이 득세하던 시절, 중국에서는 문화혁명을 통하여 엘리트 지식인 격하운동을 전개하였고, 프랑스나 독일에서는 대학 평준화를 단행했다. 그 결과 표면적으로는 사회주의적 평등이라는 목적을 어느 정도 달성한 것 같았지만, 궁극적으로 학문의 질적 수준을 저하시킴으로써 정보사회가 요구하는 지식생산의 기반을 파괴하고 사회적 경쟁력을 잃게 되는 역사적 교훈을 남겼다.

학벌주의 문제의 근원은 일류 학교에 있는 것이 아니다. 그것은 인간을 비합리적 기준에 따라 단순하게 평가하는 우리들의 의식 속에 있으며, 왜곡된 사회 보상체계에 의해 강화된다. 학벌을 타파하기 위해서는 우선 그것이 얼마나 전근대적 기준인지 사회적으로 자각하고, 학벌에 의존하는 평가 및 보상체계를 바로잡는 것이 중요하다. 개인의 역량이나 시장가치를 도외시하는 학벌주의의 뿌리는 그대로 둔 채 '대학 평준화' 라는 신기루를 좇다 보면, 지식기반사회에 요구되는 경쟁력은 잃어버리고 학벌주의의 독버섯은 새로운 형태로 또 다시 자라나게 될 것이다.

가족의 의미와 중요성

대부분의 사람들은 가족의 축복을 받으면서 태어나 가족과 더불어 살다가, 가족의 슬픔에 싸여 일생을 마치게 된다. 삶의 주기에 따라 가족관계나 그 구성이 바뀌긴 하지만, 가족이란 대부분 사람들이 삶을 함께 하는 가장 친숙한 집단이다. 가족은 모든 사회에서 공통적으로 발견되는 보편적 제도이며, 사회의 성립과 유지를 위한 가장 기본적인 단위이다.

시대와 사회에 따라 가족의 형태는 매우 다양한 모습으로 나타난다. 많은 사람들은 현재 우리의 가족제도를 당연한 모습으로 생각하지만, 인류학자들의 연구에서는 상식적으로 생각할 수 없는 가족의 형태이면서도 가족의 기능을 훌륭히 수행하는 가족제도를 많이 볼 수 있다.

지나친 단순화의 위험을 무릅쓰고서 정의를 내린다면, '가족'이란 '혼인, 혈연, 또는 입양의 유대로 맺어진 장기적 결합체로서, 성원들 상호 간의 정서적 및 경제적 부양, 자녀출산과 양육, 그리고 재산과 문화의 세대 간 계승 등에 주된 관심을 가지는 집단'이라고 할 수 있을 것이다. 사회생활에서 가족의 의미와 중요성은 우리가 가족의 특성과 기능 등을 이해할 때 자연히 드러나게 된다.

다른 집단과 구분되는 가족의 가장 중요한 특성은 생물학적 단위인 동시에 사회적 단위라는 점이다. 즉 가족은 이성 간의 성교, 임신, 자녀출산 등의 생물학적 과정을 내포하고 있으며, 동시에 사회적 규범과 문화적 전통 등의 통제단위이기도 하다. 집단으로서 가족의 두 번째 특성은 성(性)과 혈연의 공동체라는 것이다. 가족을 구성하는 부부는 양성(兩性)으로 구성되며, 부모와 자녀는 대부분 혈연관계로 맺어진다. 셋째, 가족은 예외적 경우가 있긴 하지만 한 지붕 밑에서의 동거를 원칙으로 하는 주거공동체이다. 넷째, 다른 사회집단과는 달리 출생에 의하여 소속이 결정되므로 대개는 소속을 바꾸거나 타인과 대체될 수 없는 운명공동체이다. 끝으로, 가족은 개인과 사회의 연결체로서 한편으로는 개인을 그 사회의 문화적 가치와 연결 지으며, 다른 한편으로는 제도적 구조와 결합시킨다.

어느 사회에서나 가족은 이처럼 사회의 존속과 유지에 불가결한 기능들을 수행하여 왔다. 사회구조의 분화와 더불어 많은 기능들이 다른 제도로 분화되어 나갔지만, 가족은 여전히 다음과 같은 중요한 기능들을 수행하고 있다.

첫째, 성(性)행위를 사회적으로 규제한다. 가족제도는 자칫 무질서해지기 쉬운 사회적 혼란을 방지하고, 정당한 방법으로 성욕을 충족할 수 있게 해준다. 둘째, 사회가 존속하기 위해서는 무엇보다 우선 그 구성원을 계속적으로 충원할 수 있어야 하는데, 가족은 필요한 성원의 재생산을 담당하는 제도적 장치이다. 셋째, 어린이를 양육하고 사회화한다. 생물학적으로 볼 때 인간은 다른 어떤 동물보다 미성숙한 상태로 출생하며, 오랜 기간 동안 절대적인 보호와 도움을 필요로 한다. 또한 동물적 존재에서 사회적 존재로 되기 위해서는 그 사회의 문화를 습득하는 긴 사회화 기간을 필요로 하는데, 이러한 과정은 주로 가족을 통하여 이루어진다. 넷째, 가족은 경제의 기본단위이다. 산업사회에서 더 이상 생산의 단위는 아니지만, 일차적 소비단위로서 가족은 여전히 중요한 경제적 의미를 지니고 있다. 다섯째, 생활능력이 없는 성원이나 가까운 친척들을 보호하거나 부양함으로써, 가족은 일종의 사회보장 기능을 수행한다. 여섯째, 가족성원들은 정서적으로 친밀한 유대감을 형성하여, 서로가 사회생활로부터 오는 긴장을 풀고 마음 편히 쉴 수 있게 해준다.

이외에도 가족은 남녀 간의 분업, 사회적 지위 계승 등의 기능을 수행하거나, 친족단위로 정치활동을 하기도 한다. 사회구조가 변하면 가족형태도 새로운 상황에 적응하여 성원들의 인간적 욕구를 충족시킬 수 있도록 변해야 한다. 따라서 한 사회의 가족유형은 그 사회의 경제체제와 긴밀한 관련을 맺게 되는데, 때로는 변화 과정에서 긴장이 발생하기도 한다. 산업화 과정에서 기술적, 경제적 변화 및 이에 따른 문화적 변화는 가족제도에 심각한 긴장을 불러 일으켰다.

가족은 가장 친밀한 원초적 집단으로서 어느 집단보다 강한 정서적 유대와 공리적 이해타산을 초월하는 온정적 관계를 그 특징으로 한다. 따라서 사회생활에서 경쟁이 치열하고 긴장이 커질수록, 가정은 긴장을 풀어주고 노동과 휴식의 리듬을 갖게 함으로써 새로운 에너지를 제공해 줄 수 있어야 한다. 그러나 현대사회에서 가족제도의 긴장은 이러한 가족의 본래적 기능 수행을 어렵게 하고 있다.

가족제도의 위기는 특히 사회성원들로 하여금 제도 외적인 긴장해소를 추구하게 함으로써, 유흥산업의 번창, 청소년의 방황, 흉악범의 급증 등 오늘날 많은 사회문제의 근원이 되고 있다. 인간사회가 공동체적 성격을 상실할수록, 우리는 인간성을 회복하고 삶의 질을 높일 수 있는 새로운 형태의 가족제도를 절실히 필요로 하게 된다. 새로운 가족제도를 모색하고 가족의 고유한 기능을 회복하는 일은 새로운 사회에 적응하기 위하여 우리가 해결해야 할 중요한 과제이다. 이것은 가정의 중요성에 대한 모든 가족성원들의 깊은 인식과 부단한 상호 노력으로써만 가능할 것이다.

남녀 간의 윤리

인간은 이성적 존재이다. 모든 동물은 본능에 따라 행동하지만 인간은 본능을 억제하고 이성에 따라 행동한다. 인간도 물론 처음 태어날 때는 동물에 가까운 행동을 한다. 그러나 자라면서 해야 할 행동과 해서는 안 될 행동을 익히게 된다. 이른바 사회화 과정을 거치면서 동물적 존재에서 사회적 인간으로 성숙해가는 것이다.

두 발로 서서 걷는 일 등 기초적인 것에서부터 일상생활에 필요한 제반 사회적 규범과 고도의 전문지식에 이르기까지 수많은 것을 학습하고 내면화함으로써 동물과는 다른 잘 정제된 문화적 존재, 즉 사람다운 사람이 된다. 윤리란 사람이 지켜야 할 규범과 도리를 말한다.

사회화 과정을 거치면서 사람의 도리를 제대로 배워 행하는 것이 정상이다. 그러나 때로는 제대로 배우지 못했거나 본능에 끌려 사람의 도리를 다하지 못하는 '사람 아닌 사람' 이 있다. 그가 어릴 경우에는 '철이 덜 들었다' 고 하지만, 나이가 들어도 계속 그러할 경우에는 '인륜에 어긋난다' 고 한다. 인륜이란 사람으로서 마땅히 지켜야 할 도덕을 일컫되, 인성을 더욱 강조하여 하는 말이다. 반인륜적 행위가 많아지면, 사회질서가 무너지고 사회를 어지럽히는 여러 가지 사건들이 일어나게 된다. 인륜을 어기는 사람이 다수가 되면 인간사회는 윤리보다 본능이 지배하는 동물 집단으로 전락하고 만다.

사회는 남성과 여성으로 이루어지며, 남녀 간의 관계는 사회를 영속적으로 이어가는 자연적 질서의 기초이다. 그러므로 남자와 여자 사이에도 당연히 지켜야 할 윤리가 있다. 남녀 간의 관계는 이성관계인 동시에 사람으로서의 관계이다. 부부나 연인 또는 그렇게 발전될 가능성이 있는 남녀 간에는 이성 간의 윤리가 지켜져야 한다. 이 경우에도 생물학적 성에 따라 역할을 달리하는 것은 당연하지만, 사회적 행위로까지 확대 적용해서는 안 된다.

남자는 남자다워야 하며 부엌 근처에 얼씬도 하지 말아야 한다거나, 여자는 여자다워야지 바깥일에 나서서는 안 된다는 식의 사고방식은 올바른 윤리가 아니다. 교육 및 생활수준의 향상에도 불구하고 늘어만 가는 배우자 구타나 이혼 사건 등을 보노라면, 시대에 맞는 부부 간의 윤리가 제대로 정착되지 못하고 있다는 안타까움을 금할 수 없다.

우리나라 남녀 간의 윤리에서 더욱 심각한 문제는 동등한 사회성원으로 대해야 할 경우에조차 이성으로 대하는 일이 허다하다는 것이다. 최근 자주 일어나는 직장 내 성차별이나 성희롱 사건 등은 사람으로서의 관계를 이성 간의 관계로 변질시키는 데서 발생하는 것이다.

윤리는 행위의 측면에서 보면 개인이 내면화하고 지켜야 할 개인적 차원의 문제이다. 그러나 개인의 행위란 항상 사회적 상황 속에서 이루어지므로, 어떤 개인의 비윤리적 행위는 바로 그 사회성원들 전체의 일반적 윤리의식과 직결되어 있다. 따라서 윤리는 개인의 문제 일 뿐 아니라 사회적 수준의 문제이기도 하다. 사회가 변하면 윤리도 변한다. 새롭게 전개되는 인간존중의 시대에 맞는 남녀 간의 새로운 윤리를 모색하고, 이에 대한 사회적 공감대를 확산시켜 나가는 노력이 중요하다.

남아선호와 성차별

광활한 우주에도 정연한 질서가 있고, 무심한 자연의 움직임에도 어김없는 이치가 있다. 우주의 질서와 자연적 흐름의 근원을 알 수는 없지만, 이러한 질서가 깨어질 때 무서운 재앙이 닥칠 것임은 누구나 짐작할 수 있다. 인간들의 삶에도 규범이나 법 이전의 원초적 질서들이 있다. 그 중 하나는 남자와 여자가 균형을 이루어 함께 살아가는 것이다. 자연의 법칙에 따르면, 출생 시 "여아 100명당 남아의 수"를 나타내는 출생성비는 106정도이며, 신기하게도 결혼 적령기인 20대에 이르면 성비는 대략 100이 된다.

많이 개선되긴 했지만 한국사회의 출생성비는 여전히 비정상적으로 높다. 이것은 딸보다 아들을 좋아하는 남아선호사상으로 인해 인위적으로 만들어진 결과이다. 남아선호사상은 다른 나라에도 있지만, 이것이 가치관이나 의식의 차원을 넘어 정상적인 성비를 파괴할 정도의 행위로까지 나타나는 경우는 드물다. 한국사회의 남아선호사상은 단순한 문화적 가치관의 결과가 아니라 극심한 성불평등 현상을 반영하는 것이다.

남녀평등은 1948년 건국 헌법에 명시된 이래 꾸준히 개선되어 왔으며, 적어도 법적으로는 남녀가 거의 평등하게 되어 있다. 그러나 성불평등은 법조문 속에 있는 것이 아니라 사회제도와 의식 속에 살아 있다. 남아선호사상을 강화하고 출생성비를 증가시키는 기제는 바로 사회적으로 엄존하고 있는 성차별적 관행과 의식이다.

아들을 낳고 싶다는 것은 개인적 소망일 수 있지만, 인위적으로 무리하게 그것을 이루려는 행위는 사회 안정의 기반을 파괴하고, 심한 경우에는 사회적으로 끔찍한 결과를 초래할 수도 있다. 어떤 학자들은 성비가 지나치게 높아지면 남성에게 특수한 질병이 만연하거나 전쟁이 일어난다는 것을 역사적 사례까지 들어가며 설명한다. 그러나 성불평등의 가장 심각한 결과는 인구의 반을 차지하는 여성이 인간으로서 당연히 누려야 할 평등한 삶의 기회를 박탈당한다는 사실이다. 모든 여성들이 생물학적 차이에 따라 성역할을 수행하는 것이 아니라, 사회적으로 재생산되는 성차별 관행에 따라 불평등한 삶을 살게 된다면,

이것은 만인평등이라는 인류의 이상을 크게 훼손하는 것이다.

사회적으로 성차별이 없어지지 않는 한 남아선호사상은 사라지지 않을 것이며, 성비불균형의 문제도 해소되기 어려울 것이다. 출생성비의 균형을 회복하기 위해서는 무엇보다도 사회적 성차별의 문제를 먼저 해소해야 한다. 성차별은 뿌리 깊은 제도적 차원의 문제이며, 남녀를 불문하고 모든 사회성원들의 의식 속에 존재하는 것이기 때문에 전 사회적 차원의 계획적, 지속적 노력 없이는 개선되기 어렵다. 남아선호사상을 불식하기 위해서는 모든 사회구성원들에게 성역할에 대한 올바른 인식을 심어주어야 한다. 단순히 남녀를 대비하여 성불평등을 부각시키기보다는, 거시적이고 장기적인 차원에서 인간성 존중의 문제로 일반화해야만 남성을 포함한 전 구성원들의 공감을 얻을 수 있을 것이다.

인간의 의식은 사회화 과정을 통하여 지속적으로 형성되기 때문에, 성평등 의식도 전 사회적 차원에서 동시에 이루어져야 한다. 그러므로 모든 사회화 매체에서 인간평등의식을 고취하는 것이 중요하다. 가정과 학교에서 인간평등에 대한 교육을 강화하는 것은 물론, 직장 및 각종 사회교육 프로그램에서도 인간의 존엄성과 성평등에 대한 교육을 지속적으로 해야 한다.

대중에 영향력이 큰 언론매체에서 성에 따른 차별적 내용이 다루어지지 않도록 유의해야 한다. 오늘날 대중매체는 사회화 매체 가운데 가장 큰 영향력을 행사하고 있으나 성에 관한 한 현실을 크게 왜곡 전달하고 있다. 사회를 움직이는 모든 일에 대해 남성 위주로 보도하며, 무절제한 상업주의에 따라 여성을 선정적 내용으로 상품화시킨다. 또한 여성을 평가절하하거나 예속적 상태, 성적 대상물 등으로 묘사함으로써 성차별적 고정관념을 유지 또는 강화하는 데 기여해 왔다. 등장인물의 성비 및 성역할이 왜곡되거나 성이 상품화되는 것을 방지하기 위해서는 언론사에서 자체 지침서나 점검표를 작성하여 모니터링 함으로써 성차별적 프로그램을 개선하는 데 앞장서야 할 것이다.

성차별 의식을 해소하고 자연 상태의 출생성비를 회복하는 일은 이제 단순히 여권신장이나 윤리적 차원의 문제가 아니라, 사회발전과 인류평화를 위한 과업으로 인식돼야 한다. 남녀의 균형과 조화야말로 미래사회의 새로운 질서를 형성하는 기초가 될 것이기 때문이다.

성매매 방지, 법과 사회화

성행위는 인간의 모든 활동 가운데 가장 사적이고 은밀한 영역에 속해 법으로 규제하기 어려운 부분이다. 그러나 동물적 본능에 가까운 성행위야 말로 인간사회의 질서를 유지하는 데 가장 민감하므로 규제하지 않을 수도 없다. 2005년 9월 23일, 기존의 '윤락행위 등 방지법' 을 대체하는 두 개의 특별법, 즉 '성매매 방지 및 피해자보호 등에 관한 법률' 과 '성매매알선 등 행위의 처벌에 관한 법률' (통칭 '성매매방지특별법')이 발효되었다. 전자는 성매매 방지와 성매매 피해자의 자립 지원을, 후자는 성매매 알선 및 인신매매 근절과 성매매 피해자의 인권보호를 주요 목표로 한다.

이 특별법의 시행을 전후하여 뜨거운 논쟁이 있었다. 본능과 도덕의 영역을 법으로 규제하기 어려우며 더 큰 부작용을 낳을 수도 있다는 반대론과, 이미 도덕과 규범의 울타리를 넘은 성매매 현실을 강력히 규제해야 한다는 찬성론이었다. 시행 이후, 성매매방지특별법은 성매매가 범죄라는 사회적 인식을 제고했을 뿐 아니라, 인권 사각지대에 있던 피해여성 구제의 토대를 마련했다는 점에서 일단 긍정적으로 평가된다. 그러나 집결지의 성매매는 줄었지만, 한쪽을 누르면 다른 쪽이 부풀어 오르는 '풍선효과' 등으로 변칙적인 성매매가 기승을 부리게 되었다는 부정적 평가도 많다.

특별법 시행으로 성매매를 단기간에 근절할 수 있을 것으로 기대했다면 참으로 순진한 생각이다. 반대로 성매매 문제를 특별법까지 만들어 규제할 필요는 없다고 생각했다면, 그 실태와 심각성을 너무나 모르는 낭만주의자다. 성매매 여성과 업주들 수천 명이 '성 노동자의 날' 집회까지 열어 생존권 보장을 외치는가 하면, 조건만남, 스폰카페 등 신종 인터넷 성매매가 만연하고, 주택가까지 침범하는 방문 성매매에 노래방, 비디오방, 피부관리 등 온갖 이름의 변태영업이 성행하는 현실은 무력화되다시피 한 '윤락행위 등 방지법'의 재판을 우려하게 한다.

문제의 핵심은 특별법 시행이 잘 됐느냐 못 됐느냐가 아니라, 법 시행의 어려움과 부작용을 어떻게 보완하느냐에 있다. 성매매는 음습한 곳에 피어나는 독버섯과 같아 잘라도 계속 돋는다. 그러나 햇빛 비추고 바람 통하면 독버섯은 절로 사라진다. 성매매는 인간의 동물적 욕망과 자본주의의 황금만능 토양에서 자란다. 집결지를 단속하고 행위를 처벌하는 것은 독버섯을 하나하나 잘라내는 것과 같다. 그것은 물론 중요하며 범위가 좁으면 효과적일 수도 있다. 따라서 성매매방지

특별법에 따른 단속과 처벌은 당연히 계속돼야겠지만 그것만으론 부족하다.

흔히들 인간은 '사회적 동물'이라고 한다. 또는 '정치적' '경제적' 동물이라고도 한다. 이 말은 인간이 근본적으로 '동물'임을 전제하면서, 동시에 다른 동물과 달리 사회적, 정치적, 경제적 행위를 하는 존재임을 강조하는 것이다. 동물과 다를 바 없는 인간이 본능을 억제하고 서로 의지하거나 질서를 지키는 사회적 존재로 성숙해 가는 과정을 '사회화'라고 한다. 사회화 과정에서 인간은 가치관을 형성하고 규범을 내면화하며 법과 제도를 배운다. 그러나 법은 공적 영역의 행위를 규제할 뿐 사적 영역의 행위는 가치와 규범에 따라 자발적으로 이루어진다. 즉, 인간의 대부분 행위는 법이 아니라 내면화된 규범과 그가 처한 상황에 따라 결정된다.

그러므로 인간의 동물적 욕망과 수요-공급의 자본주의 논리에 따른 성매매를 모두 법으로 다스리는 것은 불가능하다. 가난과 유해환경이 가출을 낳고, 가출청소년이 성매매로 이어지는 안타까운 현실을 보며, 이제는 법의 차원을 넘어 보다 근본적이고 장기적인 대응책을 마련해야 한다. 먼 것 같지만 인간을 인간답게 만드는 사회화 과정 및 가족, 학교, 미디어 등에 대한 분석과 개선이야말로 성매매 문제 해결의 지름길이 될 것이다.

CHAPTER 3

사회위기 관리가 중요하다

국가적 의제는 무엇인가?

얼마 전 다양한 분야의 전문가 30여 명이 모여 브레인스토밍(brain storming: 상호 간 격의 없는 토론을 통하여 추구하는 답을 모색해 가는 미래연구의 한 기법)을 한 적이 있다. 주제는 "지금 국가적 차원에서 전략적으로 다루어야 할 가장 중요한 의제(national agenda)는 무엇인가?"였다. 경기회복, 교육개혁, 세제혁신, 기술개발, 국가안보 등 많은 의제들이 제안되었지만, 필자는 그 무엇보다도 '사회적 신뢰 구축'이 가장 시급하고 중요한 과제임을 강조하여 많은 공감을 얻었다.

경제문제가 심각하고 정치혼란이 큰 이 때, 당장 급한 것 같지도 않은 사회적 신뢰가 과연 그토록 중요한가? 신뢰는 사회의 벼릿줄과 같다. 사회는 사람들 간의 기본적인 신뢰를 바탕으로 형성되며, 신뢰가 무너지면 사회는 유지될 수 없다. 그때는 질서에 따라 움직이는 사회가 아니라 '정글의 법칙'이 지배하는 '만인에 대한 만인의 투쟁' 장소가 되고 만다. 이처럼 중요한 '신뢰'가 최근 한국사회에서 소리 없이 무너져 내리고 있으니 어찌 '국가 의제'가 아니겠는가?

과거에는 어린이들에게 거짓말하면 안 된다고 가르쳤다. 그러나 지금은 어른들이 어린이에게 거짓말의 본을 보이고 있다. 온갖 탈법과 편법으로 돈을 벌고 자녀를 유학 보내는가 하면, 일가족 도둑팀도 등장한다. 주차위반 스티커를 발부하거나 시험부정행위 학생을 적발하면 열이면 아홉은 '억울하다.'고 하소연한다. 다들 하는데 자기는 조금 했을 뿐이라는 것이다. 신용카드는 신뢰를 바탕으로 발급되는 것인데 신용불량자가 전체 성인의 20%에 육박하고 있으니 이런 불신사회가 어디에 또 있겠는가?

일반 대중은 그렇다 치더라도 법과 규범을 창출하고 수범을 통해 정착시켜 나가야 할 엘리트 집단에 대한 신뢰도 사라졌다. 요즘 누가 국회의원이나 장관의 말을 믿는가? 으레 당리당략적 또는 책임회피용 발언으로 치부해 버리고 만다. 민주국가에서 국민이 신뢰하고 의지하는 양대 기둥은 정부와 언론인데, 대한민국에서는 이들이 서로 왜곡이니 조작이니 하며 진실게임을 벌이고 있으니, 세상에 국민은 누굴 믿어야 할꼬?

19세기 이후 산업화의 물결이 세계적으로 확산되면서 경제성장의 가장 중요한 요소가 '자본' 이라는 데 이견이 없었다. 그러나 20세기 들어 물적 토대 보다는 행위 주체인 사람이 더 중요하다고 하여 '인적 자본' 을 강조했다. 21세기 지식정보사회가 되면서 이제는 '사회적 자본' 의 중요성을 강조하는 학자들이 늘어나고 있다.

정보사회에서는 네트워크가 중요하다. 물류 유통뿐 아니라 상호작용이나 조직의 운용까지도 모두 네트워크를 통해 이루어지기 때문이다. 생산에 필요한 원자재나 시장에서의 합리적 행동만이 경제를 발전시킨다는 이론은 어느새 시대에 뒤떨어진 주장이 되었다. 미래 선진화의 핵심은 도덕, 규범, 협동, 상부상조 등과 같은 사회적 자본이라고 한다. 사회적 자본의 핵심은 바로 구성들 간의 신뢰이다.

후쿠야마(Francis Fukuyama)는 1995년에 벌써 "공통의 규범을 바탕으로 서로 믿고 존중하며 자발적으로 협력하게 만드는" 신뢰야말로 자유민주주의 시장경제를 살리는 핵심요소라고 갈파했다. 사회적 신뢰는 선진국 진입의 전제조건이며, 그 수준이 곧 선진국의 척도가 될 것이라고도 했다. 그의 주장이 새삼 굉음이 되어 머리를 울리는 것은 최근 한국사회를 보면서 느끼는 두려움 때문이다.

신뢰 구축이 선진국 진입의 관건이라면, 우리가 소득 2만 불 문턱에서 근 10년 이상 답보하고 있는 것은 바로 사회적 신뢰가 허약하기 때문인가? 신뢰가 무너지고 사회가 해체된다는 것은 결국 나라가 망한다는 뜻인데, 나라가 어떻게 망한단 말인가? 그러나 역사적으로 보면 망해 없어진 나라는 수없이 많고, 그들 가운데 다수가 외부 침략보다는 내부의 부패와 타락에 의해 서서히 몰락해 갔던 것이다.

그렇다면 지금 우리는 선진국 진입을 위해서든 나라를 지키기 위해서든 국가적 차원에서 사회적 신뢰 회복에 나서야 할 것이다. 이것이야말로 온갖 개혁이나 미래설계보다 더 시급한 '국가 의제' 가 아니겠는가?

'개혁' 어디로 가고 있나?

1960년대 컴퓨터 산업의 획기적 발달과 더불어 세계적으로 사회변동이 급류를 타기 시작했다. 미래학자들은 새로운 변동추세를 '정보화' 라 명명했고, '정보화' 는 새로운 패러다임의 사회를 형성할 혁명적 변화가 될 것이라고 전망했다. 1980년대 중반까지만 해도 '제3물결', '새로운 현실' 등 미래를 그려보는 학자들의 책 이름 정도로만 여기던 변화를 일반인들이 피부로 느끼게 된 것은 소련을 비롯한 사회주의 국가들이 붕괴되면서부터이다. 세계를 지탱하던 냉전 체제의 틀이 무너지는 것을 보며, 정보통신의 발달과 생산성의 획기적 발달이 가져온 현실세계의 변화를 실감하게 된 것이다.

1990년대 들어 WTO체제가 등장하면서 이러한 인식은 더욱 심화되었다. 세계 각국은 생활영역 곳곳에 밀려오는 정보화의 거센 물결을 맞이하여 '변하지 않으면 망한다'는 위기감에서 적응노력을 가속화했다. 이때부터 '개혁'은 세계적 화두가 되었다. 선진국-후진국, 자본주의-사회주의를 막론하고, 어디서나 개혁의 깃발을 들고 변화의 격랑을 헤쳐나가기에 부심하고 있다.

한국도 1994년경부터 개혁이 시대적 과제임을 절감하고, 국가적 차원에서 개혁을 추진해 왔다. 교육개혁, 사법개혁, 정치개혁, 경제개혁, 의식개혁 등 수많은 구호가 등장하였다. 이제는 그동안 국가적 차원에서 추진해 온 개혁에 대해 한번쯤 평가해 보아야 할 때이다. 과연 우리는 변화의 본질을 올바로 파악하고, 바람직한 방향으로 개혁을 추진해 왔는가? 이렇게 계속하면 새로운 패러다임의 정보사회, 다원사회에 잘 적응해 나갈 수 있겠는가?

결론부터 말하면, '혹시 개혁을 잘못하고 있지 않나' 하는 우려를 금할 수 없다. 개혁이 지향해야 할 궁극적 방향을 잊어버린 채 표피적 문제에 대응하거나, 때로는 개혁을 특정 집단의 정치적 목적 달성에 이용해 온 측면도 없지 않다. 세기적 과제가 되고 있는 개혁을 지엽적, 정치적 시각에서 접근하다 보면, 시대적 격랑을 헤쳐 나가지 못하고 국가가 좌초하게 되는 결과를 초래할 수도 있다.

교육개혁은 지금처럼 각급 학교가 교육부의 틀에 따라 추진하고, 매년 평가를 통하여 행·재정적 지원을 차등화하면 자율성, 다양성, 창의성을 높이는 방향으로 나갈 수 있을까? 자칫하면 기대와는 반대로 오히려 타율성, 획일화, 규격화를 초래하지나 않을까? 초·중등교원의 정년 단축이나 연금법 파동 등에 따른 교원사회의 동요는 교육개혁에 어떤 영향을 미칠 것인가?

사법개혁은 정치권력으로부터 자유로운 재판, 검찰의 중립화 등 공정한 제도 마련을 목표로 진행되고 있는가? 지금 추진하고 있는 정치개혁은 진정 국민을 위한 장기적 시각에서 논의되고 있으며, 권력구조는 여당 수뇌부에서 결정하면 되는 것인가? 국민적 여망과는 달리 파당적 이해관계에 따라 선거제도를 손질하거나, 개헌문제를 정권적 차원에서 다루지는 않을까?

경제개혁과 구조조정은 과연 한국 경제의 체질을 튼튼하게 하는 방향으로 가고 있는가? 과거와 같이 정치적 이해와 친소관계에 따라 어떤 기업은 쇠락하고 어떤 기업은 승승장구하는 새로운 유착비리는 없는가? 새 시대를 위한 의식개혁은 이루어지고 있는가? 한때 관변운동으로 지탄받던 '새마을운동'이나 '자유총연맹'같은 단체들을 쇄신하여 운영하면 효과가 있을까? 지방자치단체마다 지부를 설치하여 반관반민 형태의 개혁을 추진해 나가면 국민들에게 미래지향적 의식을 고취할 수 있을까?

새 시대의 물결이 이미 우리를 덮치고 있는데, 과연 우리는 올바른 방향으로 헤쳐 나가고 있는지 걱정이 앞서다 보니, 수많은 의문이 머리를 어지럽힌다. 정책입안자들도 이러한 고민을 하고 있을까?

검찰 위기, 사회 위기

이○○, 10여 일째 국정감사장과 언론을 뒤덮으며 나라의 기틀을 흔들고 있는 이름이다. 43세, 1977년 K상고 졸업, 버스회사 경리로 취직, '80년 지입차량 운영, 가스충전소 사업, 건설업을 거쳐 '96년 부동산개발 사업, '97년 주식거래, '99년부터 기업사냥 등으로 1천억원대의 재산을 모았다. 이 정도의 약력과 축재과정만 보아도 누구나 그가 정상적인 사업가가 아님은 쉽게 알 수 있다.

사업수완보다 더욱 놀라운 것은 법망을 빠져나가는 李씨의 능력이다. 29차례(또는 68차례)나 검찰에 입건되고도 단 한 번 벌금형을 받았을 뿐이다. 검찰이 죄 없는 사업가를 증거도 없이 마구잡이로 입건했거나, 李씨가 검찰과 법원을 좌지우지하고 있거나, 둘 중의 하나다. 그렇지 않고는 법치주의 국가에서 있을 수 없는 일이다.

2000년 5월, 李씨는 6백억 원대의 횡령 및 주가조작 혐의로 구속되었다가 하루만에 석방됐다. 장기간 내사 끝에 긴급 체포한 피의자를 바로 다음날 풀어줘야 했다면, 이 사건을 담당한 '특수부'는 이름과 달리 형편없는 무능집단이거나 부패집단, 둘 중의 하나다. 그렇지 않고는 달리 설명할 길이 없다.

상식으로 도저히 납득할 수 없는 李씨의 행적은 동창생, 향우회, 거액 로비 등 상식을 뛰어넘는 행태로 그 실체를 드러내고 있다. 고교 동창생인 전 폭력조직의 보스를 통해 수십억 원의 로비자금을 정·관계 인사들에게 바치고, 국정원과 금융감독원 간부들에게도 수천만 원씩의 돈을 주었다고 한다. 뿐만 아니라 유명 룸살롱 10여 곳을 돌며 지속적으로 공무원·검찰간부·변호사 등을 접대해 왔다고 한다.

1997년부터 검찰 및 정·관계 인사들의 리스트를 만들어 관리해 왔다는 李씨의 영향력은 한국의 공권력을 마비시켰다. 2000년 5월 구속 즉시 석방된 과정을 보면, 검찰총장과 법무장관까지 지낸 변호사가 담당 검사장에게 "억울함이 없도록 잘 검토해 달라." 는 전화를 했으며, 그 검사장은 담당 특수부장에게 "내가 잘 아는 사람이니 알아서 하라."는 지침을 주었다고 한다. 과연 검찰이 동향 선배의 전화 한 통으로 구속결정을 번복할 수 있는가?

검찰뿐 아니라 전 국세청장 및 현 장관, 국회의원, 검찰총장의 동생까지 로비의혹을 받고 있다. 李○○스캔들은 유례를 찾기 어려운 '권력형 비리사건' 이라 할만하다. 그러나 진짜 문제는 李씨가 아니라 동창생·동향인이라는 비공식적 인간관계와 수천만 원 또는 수억 원씩의 돈에 마비돼 버린 우리들의 '엘리트' 집단이다.

엘리트에게는 권력과 명예와 부가 주어진다. 그것은 그들이 사회의 질서를 창출하고 유지하며 국가를 이끌어 나갈 막중한 책무를 지고 있기 때문이다. 국가기관이 폭력집단과 다른 것은 권력의 속성에 있다. 폭력집단에서는 보스가 자기 이익을 위해 부하들을 끌어 모아 권력을 창출하지만, 국가 권력은 공익을 위해 국민들이 엘리트에게 일시적으로 위임한 것이다. 따라서 엘리트 집단은 사익보다 공익을, 개인보다 사회를 우선 걱정해야 한다.

李씨 스캔들을 두고 검찰 및 여권 일부에서 '검찰의 위기' '정권의 위기' 를 우려하는 모양이다. 그러나 대다수 국민은 '나라' 를 걱정한다. 일반 서민은 나라의 장래를 생각하는데, 온갖 특혜를 누리는 엘리트들이 자기 집단의 위기만 걱정해서야 되겠는가? 특히 검찰은 사회정의와 질서를 위해 모든 사람이 지켜야 할 법을 집행하는 기관이다. 법을 수호하는 기관인 검찰이 신뢰를 잃으면 무엇으로 사회질서를 유지하겠는가?

그동안 검찰은 정치적 사건이 터질 때마다 '공정성'을 의심받으며 '정치검찰'이라는 비판을 받아 왔다. 이제 검찰이 연고와 로비에 흔들리는 '부패검찰' 이란 비판까지 받게 된다면, 그것이 어찌 검찰만의 위기이겠는가? 지금 검찰은 '검찰의 위상'을 걱정할 때가 아니다. 자기 존립의 바탕인 '사회'가 붕괴되고 있음을 심각하게 우려해야 한다. '정직'이 최선의 방책이다. 검찰은 연일 대서특필하는 언론을 서운하게 생각할 것이 아니라, 사회를 지키기 위해 모든 것을 밝히고 환부를 도려내는 자기 혁신의 길을 가야 한다. 엘리트는 개인의 자리에 연연하지 않으며, 사회를 위해 자기 몸을 던져야 한다.

민주화 길목에서

한국사회는 1960년대 이후 급속한 산업화 과정에서 많은 변화를 겪었다. 산업구조의 급격한 변화에서 배태된 갖가지 충격과 부작용을 극복하면서 신흥공업국의 선두주자로 일컬어지게 되었다. 1980년대에 한국사회는 또 하나의 커다란 전환기를 맞이하였다. 1960년대의 '근대화' 만큼이나 유행어가 된 '민주화'의 길목에 서게 된 것이다.

근대화가 정치 엘리트에 의해 주도되었던 반면, 민주화는 국민적 요구에 의해 진행된다는 점에서, 무엇을 어떻게 해야 할지 각 분야의 모든 구성원들이 더욱 슬기를 모아 나가야 할 것이다. 먼저 여기에 이르기까지 숱한 고난과 희생을 치르고 헌신한 분들을 기억하고, 숙연한 마음가짐으로 민주화에 대한 의지와 신념을 다져야 할 것이다.

민주화란 개헌이나 정권교체와 같은 정치적 제도의 변화만을 뜻하는 것은 아니다. 경제나 교육의 영역까지도 포함하는 사회제도 모든 영역에서의 총체적인 변환을 의미하는 것이다. 모든 사회제도는 상호 밀접한 관련을 맺고 있어 서로 영향을 주고받으며 함께 변화한다. 따라서 민주화란 몇 가지 법률의 개정이나 기구개편 또는 지도자의 교체로 달성되는 것이 아니다.

민주화는 모든 성원들의 상호작용 유형이 바뀌고 제반 사회적 관계가 재설정됨으로써, 각 제도영역의 규범과 문화가 바뀔 때 비로소 달성될 수 있는 것이다. 결국 민주화란 사회 전 영역에 '집중적 권위'가 '분권적 자율'로 대체되고 '비인간적 효율성 중심'의 사고가 '인간중심'으로 바뀌는 것이다.

우리가 그토록 갈구하던 민주화의 길목에서 '우리의 소원'을 달성하기 위해 우리는 무엇부터 해야 할 것인가? 먼저 정부당국자 및 사회의 지도적 계층에서는 민주화의 토대를 마련한 국민적 합의에 화답하여, 각 분야에서 제도적 개선을 이루어야 한다. 정부는 공권력 개입을 최소화하고, 각 영역의 자율성을 최대한 보장해 주는 방향으로 법제 및 조직을 개편해 나가야 한다. 경영자를 비롯한 사회 각계 관리계층에서는 권위적인 명령하달식의 사고방식에서 탈피하여, 개별 성원들의 전문성과 인격을 최대한 존중하는 관리방식으로 전환해 나가야 한다.

구체적으로는 특히 언론의 자유, 사법부의 독립성 확보, 노동자 계층의 인간성 회복 등이 선결과제일 것이다. 이러한 제도개선에는 혼란과 시행착오가 따르며 집단 간의 이해도 상충되기 마련이다. 그렇다고 하여 바로 민주화에 등을 돌리고 구질서의 안정으로 회귀해서는 안 된다. 이러한 과정은 오랜 비민주로부터 민주화를 이룩하기 위한 일시적 진통임을 직시하고, 경험을 축적하면서 하나씩 배워 나가야 한다. 민주화의 과업은 어느 특정인이나 특정계층의 시혜(施惠)에 의한 것이 아니라, 산업화의 과실인 경제성장과 국민의식 수준의 향상에 따른 시대적 요청이기 때문이다.

사회제도의 변화는 사회성원들 개개인의 의식과 행위양식의 변화에 의해 시작되고 또 뒷받침되어야 한다. 따라서 민주화의 대명제를 앞에 두고 국민 한 사람 한 사람은 확고한 주권의식을 가지고 법제 개편의 추이를 계속 주시하면서, 각자의 영역에서 자율의 능력을 키우고 또 발휘해 나가야 한다. 민주를 지향하는 민주시민으로서의 훈련은 무엇보다 먼저 아집에 사로잡히지 않으며 독선과 폭력을 휘두르지 않는 가운데서 시작된다.

과거의 경직된 사회관에 준거하여 본다면, 최근의 첨예한 갈등과 법질서를 뛰어넘는 현상에서 사회해체의 위기감을 느낄 수도 있다. 또 다른 시각에서 보면, 과거의 타율적 질서에 위축되었던 움츠림은 그런 식으로 분출될 수밖에 없다고 생각할 수도 있다. 그러나 새 시대의 개막을 위해서는 서로가 냉철한 상황인식과 공정성의 바탕 위에서 이해하며 타협의 길을 모색해 나가야 한다. 정당하지 않은 공권적 폭력을 포함하여, 어떤 폭력이든 폭력적인 모든 것은 민주화를 가로막는 제1의 공적임을 되새김으로써 진정한 민주화의 길에 모두 함께 동참해 나가야 할 것이다.

민주화운동 평가의 형평성

'민주화운동 관련자 명예회복 및 보상심의위원회'(이하 '위원회'로 약칭함)는 2002년 4월 27일 '전국교직원노동조합(전교조)' 해직교사 1천 1백 39명과 세칭 '동의대 사건' 관련자 46명을 민주화운동 관련자로 인정하기로 결정했다. 두 안건 모두 찬반양론이 팽팽한 가운데 똑같이 찬성 5, 반대 3, 기권 1명으로 의결됐다.

위원회는 이례적으로 "법이 금지한 노조의 결성과 단체가입을 가입 당시에 소급해 이를 민주화운동으로 인정한다는 것은 교육의 특별관계성에 반하고 국민의식에도 합치하지 않는다."는 소수 의견도 함께 공개했다. 또한 "동의대 사건 관련자들에게 방화치사상 등 유죄가 선고되기는 했지만 살인에 고의가 없었다."고 설명했다. 이것은 그동안 위원회 내부적으로 의결 반발, 일부위원 사퇴, 발표 연기 등 1년 여에 걸쳐 진통을 겪어온 것만큼이나 그 결과에 대해서도 사회적 파장이 클 것임을 짐작하게 한다.

김대중 정부에서 제정된 '민주화운동 관련자 명예회복 및 보상 등에 관한 법률'에 따르면, 국가는 1969년 8월 7일(3선 개헌 발의일) 이후 민주화운동 중 사망 또는 행방불명된 사람의 유족에게 1억 원, 부상 또는 질병을 앓은 자에게 최고 9천만 원, 구금자에게 최고 7천만 원, 해직자에겐 최고 5천만 원의 보상금을 지급하도록 돼 있다.

위원회는 2000년 8월부터 활동을 시작했으며, 2002년 4월까지 3천 5백 여 명을 민주화운동 관련자로 인정했다. 그동안 위원회는 '적극적 · 전향적 자세 결여'라는 항의와 '민주화운동의 지나친 포괄적

해석'이라는 비판을 동시에 받아왔다. 특히 학생운동이나 노동운동 관련자들의 경우 이견의 간극이 컸다. 전교조 해직교사들의 경우 심의 과정에서도 격론이 있었지만, 앞으로도 다음과 같은 쟁점을 둘러싼 사회적 논란은 계속될 것으로 예상된다.

첫번째 쟁점은 민주화운동의 범위를 어디까지 인정할 것이냐 하는 점이다. 국가 차원의 인정 및 보상은 사회 전 분야에 큰 영향을 미쳤거나 대다수 국민에게 혜택을 준 행위에 대해 제한적으로 이뤄져야 한다. 전교조는 "인간화 교육실천을 위한 참교육 운동"을 지향하는 노동조합이다. 노동운동은 사회적 약자의 권익보호를 위해 인정되는 것으로서 기본적으로 민주화운동과 궤를 같이한다. 전교조 해직교사들의 민주화 공로를 인정한다면, 유신정권의 강압적 노동통제에 저항하다 희생된 수많은 노동자들, '부마항쟁 사태'로 인한 희생자들, 1987년의 6.29 선언을 이끌어 낸 대학생과 지식인 및 시민의 공로는 어떻게 할 것인가?

둘째, 전교조에 참여하지 않은 여타 교원에 대한 평가문제다. 전교조는 실정법을 초월한 노조운동을 전개했고, 여타 교원은 법질서 내에서 교육을 통해 민주화에 기여하고자 노력했다. 전교조를 민주화운동으로 인정한다면, 묵묵히 교단을 지켜온 수많은 교원은 자연히 민주화운동에 참여하지 않았다는 자괴심을 갖게 될까 두렵다. 또한 노조결성이 금지된 대학교수나 공무원들도 민주화를 위해 노조결성에 참여해야 한다는 논리적 모순에 빠지게 된다.

셋째, 전교조 해직교사나 동의대 사건 관련자들을 사면 차원을 넘어 민주화 유공자로 인정하면, 이들을 규제하고 처벌했던 기존의 법

체제나 공권력은 모두 독재정권의 잘못된 제도 내지 하수인으로 부정돼야 한다. 향후 법의 적용이나 집행에 나서는 사람들은 실정법에 따르기보다 먼저 현 정부의 성격을 판단해 '올바른' 행위를 해야 한다는 강박관념에 시달리게 될 것이다.

넷째, 당시 민주화 공로를 인정받은 사람 중엔 장관, 청와대 비서관, 여당 정치인 등 정부에 가까운 인사들이 많고, 이념적 지향이나 지역적 기반에서도 정부와 친화성을 지닌 사람이 많았다. 국민의 이름으로 인정하고 국민의 세금으로 보상해 마땅한 민주화 공로가 자칫 정권교체 기여에 대한 보상이나 정치적 논공행상으로 오인된다면, 이것은 민주화 공로자들에 대한 큰 결례가 아닐 수 없다.

한국사회, '균형'을 잡아라

최근 이런저런 모임에서 "한국사회는 과연 어디로 가고 있나."라는 질문을 여러 차례 받았다. "사회학자이니 알 것 아니냐." 또는 "미래학을 공부한다니 뭔가 전망할 수 있겠지."라는 재촉을 받으면서 당혹감을 금할 수 없었다. 어떤 장기적 전망을 묻는 것이 아니라 당장 불안한 마음을 떨쳐낼 시원한 대답을 기대하고 있었기 때문이다. 학문은 얕은데 한국사회는 너무나 빨리 변하며 혼란스러우니 도무지 예측하기가 어렵다.

무엇이 한국사회를 급격히 변화시키는가? 무엇이 한국사회를 혼란스럽게 하는가? 수없이 다양한 변동이론들이 있지만 크게 보면 주요 변수는 인구, 환경, 기술, 가치관, 정책 등이다. 최근 한국사회를 빠르게 변화시키는 근원은 무엇보다도 눈부시게 발달하고 있는 정보기술이며, 급격한 변동 과정에서 혼란을 불러일으키는 것은 가치관과 정책 부문이다.

농경기술이나 산업기술은 인간의 신체적 능력을 향상시켜 주었지만 정보기술은 정신적 능력을 확장하는 지적 기술이다. 이러한 특성 때문에 정보기술은 생산의 중심을 제조업에서 정보서비스업으로 바꾸어 놓았으며, 커뮤니케이션 방식에 획기적인 변화를 가져왔다. 또한 물리적 공간에서만 이루어지던 인간 활동을 사이버공간으로 대폭 옮겨 놓았고 생활양식이나 사회제도까지 변화시키고 있다.

그러나 과학기술의 발달이 반드시 사회발전과 쾌적한 삶의 질을 보장하지는 않는다. 오히려 가치관이 과학기술의 방향과 사회적 이용을 규정한다. 올바른 가치관이 정립되어 있지 못하면 기술 변동의 속도가 빠르고 폭이 클수록 사회는 더욱 혼란스러워진다. 현재 한국사회에서 다수 사람들이 가장 중요하게 생각하는 가치는 무엇인가?

첫째, 돈과 이익이다. 뉴스마다 투기 열풍, 복권, 2000억 원, 4000억 원 등 돈 타령이다. 돈과 이익을 위해서라면 필부나 엘리트를 가리지 않고 거짓과 배신, 부정과 불법까지 불사하기 일쑤다. 둘째, 재미다. 연예, 오락, 스포츠가 생활을 지배하며, 매스컴은 각종 프로는 물론 뉴스까지도 흥미 위주로 꾸미기에 바쁘다. 셋째, 민주화에 대한 맹신이다. 대중의 생각이 곧 선이며, 무엇이든지 구성원들이 참여해서 결정하고 다수의 뜻에 따라야 한다고 믿고 있다. 넷째는 평등에 대한 환상이다. 학습 능력에 관계없이 학교는 평준화되어야 하고, 남녀평등을 위해 최소 사회 단위를 가족에서 개인으로 바꾸어도 좋다고 생각하며, 똑똑하고 잘난 사람에 대한 거부감이 강하다.

이처럼 왜곡된 가치관은 지난날 반대쪽으로 치우쳐 있던 모순을 시정해야 한다는 사무친 한(恨)에서 비롯된 것이다. 가난과 생존, 독재와 불평등은 분명히 타파해야 할 악덕이었다. 그러나 잘못을 바로잡기 위해 반대쪽 끝까지 끌고 가다 보니 사회는 또 다른 모순 속으로 빠져들고 있다. 어느새 가난은 배금주의로, 삶의 의미는 쾌락으로, 독재는 무질서로, 불평등은 하향평준화로 대체되어 나타나고 있는 것이다.

김대중 정권은 여야 정권교체에 역사적인 의미를 부여하며 의욕에 찬 정책을 펼쳤다. 그러나 구조조정은 사람만 바꾸었을 뿐 불법과 부정은 여전하고, 개혁은 새로운 부작용과 비효율을 낳았으며, 냉전적 사고를 대신한 햇볕정책은 적과 우방, 국방과 평화에 혼선을 가져왔다. 우측으로 지나치게 치우침이 모순이라면 좌측으로 지나치게 치우침도 모순임을 알아야 한다. 편향된 가치관에 바탕을 둔 정책은 왜곡될 수밖에 없고, 그 결과는 새로운 혼란과 모순을 야기한다.

그렇다면 이제 한국사회는 어디로 갈 것인가? 미래는 정해져 있는 것이 아니다. 우리가 어떤 가치관을 가지고 어떤 정책을 우선적으로 추진해 나가느냐에 따라 다른 모습으로 다가올 것이다. 그릇된 가치관에 따라 편향된 인적 구성으로 왜곡된 정책을 추진한다면, 경제는 내려앉고 사회는 더욱 혼란스러워지며 나라는 해체될 수도 있다. 사회적으로 올바른 가치관을 뿌리내리게 하고 균형 잡힌 정책을 추진해야만 한국사회는 '새로운 대한민국'으로 거듭날 수 있을 것이다.

경제 위기, 논쟁 말고 실상부터 파악을

2004년 신문, 방송은 물론 인터넷이나 사석에서까지 '경제 위기' 논쟁이 뜨겁게 달아 올랐다. 논쟁은 당시 경제 상황에 대한 노무현 대통령의 언급에서 촉발되었다. 노 대통령은 2004년 5월 15일 대국민 담화에서 "어려움이 중첩돼 있는 것이 사실이지만 감당하지 못할 정도로 심각한 위기는 아니라는 것이 정부의 판단"이라고 말했다. 이어 5월 27일 연세대 특강에선 "죽는다, 죽는다 하면 국민들은 그런 줄 알고 불안하고… 경제 파탄, 망가지는 경우가 있다."고 항간의 위기론을 경계했으며, 6월 7일 국회 개원 연설에선 "우리 경제가 어렵다. 내수부진이 가장 큰 문제다… 그러나 결코 위기는 아니다."라고 했다.

일부 신문과 학계 · 정계 일각에서는 대통령의 현실 인식이 너무 안이한 것 같다는 우려를 나타냈다. 극심한 내수위축으로 성장 동력이 떨어지고 산업공동화와 청년실업 등의 문제가 심각하므로 외환위기 때와는 또 다른 의미에서 위기라는 것이다. 반면에 KBS, MBC 등 방송매체는 일부 신문과 재계가 '경제 걱정, 나라 걱정'을 빙자하여 경제의 체질을 바꾸려는 개혁을 좌절시키려 한다고 주장했다. 그리고 각 언론사 인터넷 홈페이지에는 피부로 느끼는 서민경제의 어려움을 놓고 과연 위기인지 아닌지에 대한 논쟁이 뜨겁게 달아 올랐다.

필자는 이러한 경제 위기 논쟁이 공허한 정치논리에 휩쓸리고 있다는 씁쓸한 느낌을 지울 수 없었다. '위기'란 사회과학적으로 엄밀하게 정의된 개념이 아니라 상당부분 주관적 인식을 나타내는 말이기 때문이다. 똑같은 상황에 대해 위기라고 느끼는 사람도 있고 아니라고 생각하는 사람도 얼마든지 있을 수 있다. 노 대통령도 현 상황이 위기는 아니라고 했지만 경제가 어렵다는 것을 부정하지는 않았다. 위기를 주장하는 사람들도 "여러 가지 상황이 이처럼 어려우니 정책적으로 올바르게 대응해 나가야 한다."고 걱정하는 것이다.

그렇다면 위기감을 느낀다는 사람들에게 굳이 위기가 아니라고 강변할 필요가 있을까? 위기라는 주장이 이기거나 위기가 아니라는 주장이 이긴다고 하여 경제사정이 달라질 것은 아무것도 없다. 다만 정치적 득실의 저울질이 달라질 뿐이다. 결국 '위기 논쟁'은 불안하고 고달픈 서민들의 생활을 담보로 한 정치적 기(氣) 싸움에 불과한 것이다.

위기로 규정하든 아니라고 주장하든 한국사회에 여러 가지 어려움이 중첩되어 있음은 분명한 사실이다. 경제의 양 날개는 수출과 내수인데 수출은 괜찮은 편이지만 내수는 심각하게 위축되었고, 기업들은 해외로 빠져 나가고 투자와 저축률이 감소하였다. 실업률이 증가하고 가계부채가 늘어나고 신용불량자가 390만 명에 이르며 잠재적인 신용불량자도 그만큼 더 있다고 한다. 온갖 이름의 시위가 끊이지 않는 가운데 전국적으로 매일 40여 명씩 자살하고 있다. 최근 10년간 연평균 자살 증가율이 OECD 가입국 중 1위다.

반미(反美) 반전(反戰) 시위와 주한미군 감축을 바라보며 안보 불안을 느끼는 사람들도 많다. 더욱 심각한 문제는 사회적 신뢰의 기반이 붕괴되고 있다는 점이다. 정치인은 물론 사회지도층 전반에 대한 불신이 심각하며 교육 · 경제 등 사회제도에 대한 신뢰도 무너졌다.

현실이 이러할진대 중요한 것은 말이 아니라 실천이다. 경기 침체의 고통은 중산층 이상보다는 서민들에게 먼저 다가온다. 이들의 생활이 고달프고 불안감이 크다면 위기가 아니라고 주장하기보다는 희망을 가지며 안심하고 살아갈 수 있는 경제정책을 펴는 일이 우선 아니겠는가? '위기론'에 대해 논쟁할 것이 아니라 실상을 정확히 파악하고 진지하게 대처해 나가는 전문가적 자세가 필요하다.

'노사관계'에서 '직무관계'로

'노사관계'는 자본주의적 생산양식에서 육체적 노동력을 파는 '노동자'와 생산수단을 소유하고 노동력을 사서 지배적 권한을 행사하는 '사용자'간의 관계를 나타내는 개념이다. 그것은 산업사회의 발전에 따라 변모해 온 역사적, 문화적 산물이다. 21세기를 맞이하여 산업사회의 패러다임이 바뀌면서 노사관계에도 질적인 변화가 일어나고 있다.

20세기 후반 이후의 문명사적 대전환은 단순히 생산양식만 변화시킨 것이 아니라, 생활양식과 사회제도, 가치관에 이르기까지 사회 전체를 새로운 차원으로 변모시키고 있다. 정보기술의 발달과 세계적 경제 환경의 변화는 산업구조는 물론 사회구성원들의 사회적 지위와 상호작용 양식까지 바꾸어 가고 있다.

정보화가 진전될수록 부(富)의 원천이 근본적으로 변한다. 정보사회의 새로운 생산수단은 지식이다. 부를 창조하는 중심적인 활동도 자본의 배분, 노동의 투입이 아니라 지식을 배분하고 적용하는 것으로 바뀌게 된다. 상품에 부가되는 가치는 생산성과 혁신에 의해 창조되는데, 이것이 지식을 작업과정에 적용한 결과로 나타나고 있는 것이다.

산업사회에서 개인 · 기업 · 국가의 부는 이들이 보유한 물적 자원의 양과 질에 의해 결정됐지만, 이제는 지식 · 정보 · 기술 등 지적 자산이 훨씬 중요한 요소로 부각되고 있다. 이것은 정보력 · 기술력을 갖고 있는 '사람'이 생산 및 경쟁력의 핵심요소로 등장하게 됨을 의미한다.

세계화에 따른 무한 경쟁이 전개되고 기업들의 구조 조정 및 인수 합병(M&A)이 활발해지면서, 노사 양측은 서로가 피할 수 없는 공동운명체임을 절감하게 되었다. 기업 간 생존을 건 경쟁이 치열해지면서 노사 모두 국내 · 외 라이벌업체들과의 경쟁에 최우선적 관심을 쏟지 않을 수 없게 됐기 때문이다.

정보화 · 세계화 시대에 기업의 경쟁력은 "물적 자본의 과다(過多)"에 의해서가 아니라 "인적 자본의 양과 질"에 의해 결정된다. 국부(國富)의 원천은 노동자의 지식, 정보의 양과 기술수준에 바탕을 두게 된다. 따라서 노동자와 사용자의 성격에도 근본적인 변화가 일어나고 있다.

노동을 제공하고 임금을 받아 생계를 유지하던 산업노동자는 축적된 지식과 창의를 활용하여 성취의 보람을 느끼며 그에 상응하는 보상으로 풍요로운 삶을 누릴 수 있는 '지식근로자'(knowledge worker)로 바뀌고 있다. 네트워크조직이 보편화되면서 조직 계층이 보다 평면화되고 직무가 개인화되며, 중간 관리층이 사라지고 경영자와 근로자 사이의 간격이 좁아지고 있다.

지식근로자의 경우 권위와 책임이라는 면에서 보면 노사의 구별이 약화된다. 단순히 육체적 노동력만을 파는 노동자의 비율은 갈수록 줄어들며, 생산수단을 독점적으로 소유하고 노동자를 지배할 수 있는 자본가는 더 이상 존재하기 어렵다. 이렇게 되면 산업사회에서 사용자와 노동자를 구분하는 말로 통용되던 '계급' 이라는 경직된 개념은 그 자체의 적합성을 상실하게 될 것이다.

이러한 변화는 노사 갈등의 양상에도 영향을 미치겠지만, 궁극적으로는 '노동자' 와 '사용자' 라는 개념과 그 관계 자체의 본질을 바꾸어 놓게 될 것이다. 경영자는 지식근로자들이 지닌 생산수단의 적극적 도움으로만 기업을 경영할 수 있고 생산성을 높일 수 있다. 그러므로 사용자와 노동자의 관계가 아니라, 서로 다른 직무에 종사하는 사람끼리의 대등하고 협력적인 관계를 유지해야만 한다.

개념은 우리의 사고(思考)를 지배하며, 현상을 만들어 낸다. 그런 의미에서 앞으로는 '노사관계' 라는 개념보다 오히려 '직무관계' (job relations)라는 개념을 정착시켜 나가야 할 것이다. 직무관계의 목표는 경영이든 관리든 노동이든, 생산의 각 부문에 참여하는 모든 구성원들 간에 대등한 인격적 관계를 바탕으로 독립성과 자율성을 존중하는 가운데, 업무상의 수평적, 협력적 상호의존관계를 형성하는 것이다. 이것은 상호 간의 신뢰를 바탕으로 해서만 가능하며, 상호 협력하는 것이 서로에게 호혜적이고 공생적임을 인식할 때 가능하다.

1980년대 이후 우리나라에서는 노사분규가 끊임없이 반복되었다. 한국의 노사관계는 아직도 안정적으로 제도화되지 못하고, 경제안정의 불안요인으로 잠복해 있다. 1970년대까지의 일방적, 권위적 노사관계는 1987년 이후 대립적, 투쟁적 노사관계로 변모하였다. 1998년 이후 새로운 변화의 전기를 맞이하였지만, 일본형, 영미형, 유럽형 노사관계를 좇아가는 과정에서 문화적 부적합성, 상이한 유형 간의 혼란 등으로 인해 더욱 국제적 경쟁력을 상실해 가고 있다.

문제는 어떻게 한국의 문화적 전통과 사회환경 변화에 부응하는 미래지향적 노사관계를 형성해 가느냐에 있다. 미래 한국의 노사관계는 선진국의 지난 경험을 뒤좇아 가기보다는, 과거의 노동자와 사용자 개념을 뛰어넘는 완전한 인식의 전환을 통하여, 지식사회와 지식근로자에 부응하는 새로운 차원의 "직무관계"로 발전해 나가야 할 것이다.

흔들리는 한국사회

한국사회를 지켜보면서 마음이 혼란스럽다. 이것이 과연 단순한 전환기의 모습일까, 아니면 심각한 사회해체의 과정인가? 많은 미래학자들은 20세기 말부터 21세기 초에 이르는 시기를 문명사적 전환기라 했다. 소품종 대량생산, 매스컴, 대중사회, 국민국가 등으로 대표되던 산업사회가 끝나고, 다품종 소량생산, 뉴미디어, 네트워크사회, 지구촌 등 새로운 차원의 문명이 시작된다는 것이다.

일반적으로 물질문명이 인간의 의식구조나 사회제도보다 빠르게 변하기 때문에 급격한 사회변동 과정에는 어느 정도 혼란이 있기 마련이다. 이러한 점을 감안하더라도 한국사회는 너무 흔들리고 있다. 사회에 질서를 부여하고 발전의 동력을 만들어 내는 것은 구성원들 간의 가치합의와 상호신뢰이다. 그런데 지금 한국사회에는 수많은 가치관의 균열현상이 나타나고 있으며, 사회적 신뢰의 기반이 무너지고 있다.

우선 개인과 사회에 대한 가치가 충돌하고 있다. 사회를 유지하고 발전시키기 위해서는 필연적으로 개인적 욕구를 어느 정도 억제하고 포기해야 한다. 그러나 한국사회에는 개인의 자유와 인권이라는 가치가 분출되면서 개인적 주장이 사회질서를 압도하고 있다. 인권의 이름으로 엄연한 실정법이 사문화되는가 하면, 양심의 자유라는 이름으로 국민의 4대 의무 중 하나인 병역이 거부되기도 한다. 권문세가의 병역기피야 어제오늘의 일도 아니지만, 최근에는 수십 명의 프로 운동선수들과 유명 연예인들까지 신장이나 척추질환 등을 앓고 있는 것처럼 조작하여 병역을 기피했다고 한다.

19세기에 위대한 정치인이나 군인이, 20세기에는 성공한 기업인이 대중적 영웅이었다면, 21세기에는 인기 연예인이나 운동선수들이 새로운 대중의 우상으로 떠오르고 있다. 그런데 바로 이들이 병역의무를 짓밟은 것이다. 변명인 즉, 군에 입대하면 공백기로 인해 활동에 큰 손해를 보게 된다는 것이다. 사회적으로 어느 직업인들 중요하지 않으며, 어느 개인의 인생인들 중요하지 않겠는가? 바로 우리 모두를 지키기 위해 병역의무가 필요한 것이다.

그 외에도 개인이 처한 입장과 위치에 따라 다를 수밖에 없는 수많은 다양한 시각들이 격렬하게 충돌하고 있다. 새만금 사업이나 위도 핵폐기물 처리사업, 북한산국립공원 터널공사 현장에서 나타나듯이 개발과 환경보전의 가치가 극한적으로 대치한다. 도로공사 현장에서는 인근 주민들끼리 첨예한 이해갈등이 전개되고, 쌀 시장을 둘러싸고는 농민과 수출산업체의 입장이 대립된다. 교육현장의 한편에서는 평등을 강조하지만, 다른 한편에서는 사회적 생산성과 경쟁력의 약화를 걱정한다. 물질적 가치와 도덕윤리의 대결에서는 일찌감치 물질주의가 압도했다. 이제는 재미와 쾌락의 욕구가 인륜과 법질서까지 밀어내고 있다. 뿐만 아니다. 미래학자인 다니엘 벨이 이미 1960년대에 종언을 예언했고, 1989년부터 세계적으로 백일하에 드러난 해묵은 이데올로기 논쟁이 한국에서는 아직까지 진행 중이다.

21세기는 다원사회이다. 수없이 많은 상반된 현상들이 동시에 나타나고, 사람들마다 다양한 가치관과 생활양식을 갖게 마련이다. 중요한 것은 일견 상반돼 보이는 현상들을 어떻게 조화시키며, 자신과 다른 생각, 다른 가치를 지닌 사람들을 어떻게 이해하고 함께 살아가느냐 하는 점이다. 그런데 한국사회에는 아직도 다원주의적 가치가 뿌리내리지 못한 채, 오로지 선과 악, 정의와 불의, 우군과 적군 등 이분법적 사고가 지배하고 있을 뿐 아니라 더욱 조장되고 있다.

새 시대의 새로운 가치를 창출해 내고 새로운 규범과 사회적 신뢰를 확산시키는 것은 엘리트 집단의 역할이다. 20세기 구시대의 타락한 정치인, 부패한 기업가에 이어 새 시대의 우상이라고 할 수 있는 연예인, 운동선수까지 오로지 돈과 자신의 안락을 위해 국가기반을 침식하니, 국민들이 누굴 믿고 새 질서를 지키겠는가? 그래서 나라의 장래가 걱정스러운 것이다.

사회갈등, 누가 관리하나?

1980년대 중반부터 한국에서도 사회갈등이 많은 사람의 관심사로 등장했고, 심각한 수준에 이르렀다는 우려가 나오기 시작했다. 그로부터 20여 년이 지난 지금 사회갈등이 잦아들기는커녕 더욱 심화되고 있다. 갈등의 범위가 넓어지고, 빈도는 증가했으며, 강도는 더욱 커졌다. 처음에는 주로 노사갈등이었지만, 곧 지역갈등으로 이어졌고, 이제는 계층, 성, 세대, 이념, 교육, 역사관, 세계관 등 전 방위로 확대되었다. 도대체 어떻게 이처럼 사회갈등이 계속 증폭되고 있는가?

사회갈등은 다양한 집단 간에 이해관계가 상충될 때 발생한다. 인간세상에서 이해충돌은 늘 있는 현상이지만, 그것이 어느 한쪽 집단에 지속적으로 불리하도록 구조화되면 갈등 발생의 토양이 된다. 이러한 구조적 여건에 대해 당사자들이 인식하고 불평등하다는 공감대를 형성하면 어떤 계기에 사회갈등으로 분출되는 것이다.

사회갈등이란 발생해서는 안 될 악덕이 아니라, 불평등하거나 불공정한 현실적 문제를 드러내 주고 치유할 계기를 마련해 준다는 점에서 긍정적 기능을 갖고 있다. 그러므로 갈등을 야기하는 당사자들을 무조건 비판하거나 갈등을 억압하는 것은 옳지 못하다. 오히려 갈등이 발생하는 토양을 분석하고, 당사자들의 입장을 이해함으로써 갈등의 근원을 제거하도록 노력해야 한다. 당장 갈등구조를 타파할 수는 없더라도 상호 이해의 폭을 넓힘으로써 갈등을 관리하며 완화되도록 노력해야 하는 것이다. 그동안 사회갈등이 끊임없이 분출되었지만 관리의 대상으로 충분히 인식되지 못했다.

예컨대, 노사갈등의 근원은 급속한 성장과정에서 야기된 분배의 불평등과 기업가에 대한 불신이다. 그러나 이에 대해 공정하고 투명한 개선노력은 적고, 오로지 사회불안, 성장의 걸림돌 등의 논리로 갈등을 없애는 데 주력했던 것이다.지역갈등의 경우는 더욱 한심하다. 지역 간 불균형 성장의 결과가 주된 원인임에도 불구하고 정치인들은 지역 간 균형발전을 위해 노력하기보다 자신의 선거 전략으로 이용하기에 급급했다.

노사, 지역 간 갈등이 제대로 관리되지 못하고 오히려 노회한 정치인들에 의해 악용되면서 계층 간 갈등으로 확대되었다. 남녀, 세대 간 갈등은 사회가 급격히 변하면서 자연스럽게 발생하는 역할조정이나 사회화 과정의 결과에 따른 인식 및 경험의 차이에 기인한다. 서로 상대방의 가치관과 행위양식을 이해하지 못하는 데서 비롯되는 갈등임에도 불구하고, 구조적 개선 노력보다는 상대방을 비난하거나 기존 질서에 순응시키려고만 하기 때문에 갈등이 증폭되는 것이다.

다양한 갈등이 중첩적으로 지속되다 보니 이제는 이데올로기화하여 마치 한국사회에 '좌파'와 '우파'라는 두 종류의 사람들이 있는 것처럼 단순화하는 시각도 생겨나고 있다. 그것은 자칫하면 갈등을 내실 없는 추상적 논리싸움으로 변질시킬 수 있는 위험한 사고방식이다. 갈등의 구조적 여건을 개선하기보다 자신의 이해관계를 은폐하거나 정당화하는 수사로 이용될 수 있기 때문이다.

중요한 것은 승부를 가르는 것이 아니라, 갈등을 관리하며 갈등의 구조를 개선하는 일이다. 갈수록 심화되는 한국사회의 갈등은 누가 관리할 것인가? 일차적으로는 정치인 또는 정책담당자들의 몫이라 할 수 있겠지만, 그렇게 책임을 미루고 있을 때가 아닌 것 같다. 갈등으로 인해 몰락하는 개인이나 가정의 경우처럼, 국가도 갈등이 심화되다 보면 결국 파국으로 치달을 수 있기 때문이다.

역사를 보면 외부 침략보다 내분으로 인해 몰락한 나라의 예가 많고, 내분이 외침을 불러온 경우는 더욱 많다. 개인적 갈등의 경우 상호 위기의식을 공유하게 되면 서로가 감정을 삭이고 타협과 양보를 통하여 갈등을 풀어나갈 수 있다. 국가적으로도 마찬가지 방법에 따라 갈등을 관리해 나갈 수 있어야 한다.

다행스러운 것은 갈등의 골이 깊다고 하지만 아직은 갈등에 휩싸이기보다 객관적 · 중립적 입장에서 관망하며 걱정하는 사람들이 더 많다는 사실이다. 이제는 이들이 중심축을 잡아주어야 할 때이다. 이들이 나서야 갈등의 소용돌이 속에서 중심을 잃은 사람들을 바로 세울 수 있을 것이다.

불안 없애줄 리더십 절실

많은 사람들이 불안하다고 한다. 무력 해결의 길에 들어선 테러집단과의 전쟁이 얼마나 오래 지속될지, 경제에 미칠 파장은 얼마나 클지 불안하다. 북핵 위협은 어느 정도이며, 북한의 무모한 외교가 어떤 결과를 초래할지도 가늠하기 어렵다. 얼마 전까지만 해도 지역갈등이 '망국병' 이라고 하더니 이제는 세대 갈등과 좌우 이념이 국민을 분열시키고 있다.

불안감은 거창하게 국가적 차원에만 존재하는 것이 아니라 일상의 주변에도 바짝 다가와 있다. 다양한 사이코패스형 범죄를 겪다 보니 언제 어디서 무슨 일이 터질지 알 수 없다. 쉰 살도 되기 전에 언제 회사를 그만둘지 전전긍긍해야 하니 남은 인생이 불안하기만 하다. 수천만 원짜리 옷이 거침없이 팔리고 수만 명이 호화사치 해외여행을 다녀오는 걸 보며, 다수 국민은 상대적 박탈감에 시달린다. 아파트 값이 언제 폭등하고 폭락할지, 어느 순간에 부동산 특별조치가 나올지 모르니 이사하다 운 좋으면 횡재하고 재수 없으면 몇 년 치 봉급을 날린다.

수출만이 살길이라 믿으며 수많은 노동자들이 세계 도처에서 땀 흘려 외화를 벌어들이지만 그 외화는 누가 어떻게 쓰는가? 행여 안보에 허점이 생길세라 불온 전단 한 장만 주워도 파출소에 신고하던 일이 엊그제 같은데, 이제는 인터넷만 열면 3대 세습 우상화며 북한 체제 선전물이 좍좍 쏟아지니 목숨 걸고 철책선 지키던 시절이 허망하게 느껴진다. 전쟁터를 방불케 했던 대학가에서 이적단체 진압에 몸 바쳤던 경찰은 바로 그 범법자가 국가유공자로 보상받는 것을 보며 어찌 혼란스럽지 않겠는가?

어쩌다가 나라가 이 지경에 이르렀는가? '한강의 기적' 이라는 세계인의 찬사를 받으며 선진국 문턱에 이르렀던 대한민국을 누가, 어느 집단이 이처럼 불안하게 만들었나? 그것은 지역갈등으로 누가 혜택을 보았는지, 누가 외화를 낭비하고 있는지, 누가 가치관을 전도시키고 있는지 보면 알 것이다. 그들은 바로 권력을 사유화하고 남용한 권력 엘리트 집단이다. 그들은 '노블레스 오블리주' 는 고사하고 부정 축재, 탈세, 자녀 불법 유학, 아들 병역 기피, 거짓말과 말 바꾸기 등으로 사회적 신뢰 기반을 붕괴시켰다는 비난을 면하기 어렵다.

그렇다고 하더라도 현재 한국은 과연 전쟁이나 경제적 파국을 우려할 만큼 불안정한가? 사실 1960, 70년대보다는 훨씬 나은 상황이다. 지금 많은 사람이 느끼는 불안감의 상당 부분은 미래에 대한 목표와 희망이 안 보이는 데 연유한다. 검찰은 신뢰할 수 없고, 재벌은 부도덕하고, 교육은 '마피아' 가 주무르고, 기득권층은 수구세력이며, 메이저 언론은 왜곡을 일삼고, 관료집단은 조폭문화에 젖어 있다면, 분노와 정의감으로 모든 것을 뒤엎을 수밖에 없다. 그 전제가 옳은지도 의문이지만 뒤엎은 후의 비전이 안 보이니 더욱 불안하다.

국가위기는 리더의 역할에 따라 관리될 수도 있고 증폭될 수도 있으며, 국민적 불안감은 대응방식에 따라 가라앉을 수도 있고 더 커질 수도 있다. 지금까지 권력엘리트 집단은 사회불안을 키운 측면이 있지만 이제는 국민에게 신뢰와 안정감을 줄 수 있어야 한다.

지금 한국은 위기를 관리하면서 국민에게 희망을 심어줄 수 있는 리더십을 절실히 필요로 한다. 리더가 CEO 역할을 하지 못하고 최고운영책임자(COO)가 되어 세세한 일까지 챙기는 데만 몰두한다면 국민은 불안감을 떨칠 수 없으며 경제는 활기를 되찾기 어렵다. 정부는 국가 장기비전을 통해 국민에게 희망을 주고, 최고 리더는 고뇌에 찬 신중한 판단으로 신뢰와 언행일치의 수범을 보임으로써 사회적 불안을 국민통합으로 승화시켜 주길 기대한다

CHAPTER 4

국가지도자는 국민이 만든다

국가적 지도자가 있는가?

20세기 후반 이후 세계는 '제3물결' 또는 '정보화'의 급격한 소용돌이에 휩싸였다. 1990년대에 이르러 냉전체제가 붕괴되고 WTO 체제가 출범하면서, 세계는 '글로벌화'라는 말의 뜻을 실감하게 되었다. 세계 각국은 냉혹한 시장논리에 따른 무한경쟁과 실리 외교를 앞세운 새로운 국제질서 재편에 적극 나섰다. 국가지도자들은 자국의 경제 활성화 또는 자국민 보호를 위해 마치 세일즈맨처럼 세계를 무대로 활동하고 있다. 그런데, 한국의 경우는 어떤가?

1990년 당시 국무총리는 급변하는 한국사회가 '총체적 위기'에 처해 있다고 걱정했다. 그로부터 7년 후 한국은 외환위기에 봉착하여 'IMF 체제'라는 국제적 수모를 겪었다. 2001년 김대중 정부는 가장 단기간에 IMF 체제를 극복했노라 자찬하며 축하음악회까지 열었다. 그러나 당시 시중에서는 경제가 불안하고 살기는 더욱 어려워졌다는 한숨뿐이었다. 2010년 이명박 정부는 한국이 가장 먼저 글로벌 경제위기를 극복하여 세계적 모범 사례가 되었다고 했다. 그러나 서민들은 국가사회의 위기는 더욱 가중되고 오히려 살기가 더 어려워졌다고 한다.

지식인들은 모이기만 하면 전환기의 외교적 무기력을 탄식한다. 불리한 어업협정을 타결하면서까지 21세기 한 · 일 동반자 관계를 내세웠으나, 불과 얼마 후 역사교과서 왜곡, 총리의 야스쿠니신사 참배로 응답받았다. 대북정책은 더욱 국민들을 혼란스럽게 한다. 북한은 남북 간 합의사항 이행이나 회담 개최를 마음대로 취소하고 재개한다. 김정일 위원장 답방, 경의선 철도복원은 차치하고, 이산가족 상봉마저 북한이 일방적으로 취소하면 그만이다. 북한은 비전향 장기수를 수십 명씩 송환받아 대대적으로 환영대회까지 했지만, 우리는 국군포로나 납북어부 송환문제를 거론조차 못하고 있다. 천안함이 폭침되고 연평도가 포격을 받아도 우리의 대응은 그래도 참고 또 참으며 북한의 기분을 상하지 않게 최대한 배려할 뿐이다.

나라가 위기에 처할수록 국가적 지도자를 필요로 한다. 지도자는 국가가 나아가야 할 방향을 제시하며, 전 국민의 뜻과 능력을 결집함으로써 어려움을 타개해 나간다. 영국병에서 경제를 회생시킨 대처 수상, 미국에 새로운 활기를 불어넣은 레이건 대통령, 그 외에도 러시아의 푸틴, 중국의 후진타오 등 수많은 국가지도자들이 국제질서의 재편 과정에서 자국의 이해를 위해 소임을 다 했다.

한국의 국가적 지도자들은 지금 어디 있는가? 기러기나 꿀벌, 개미 집단에서조차 지도자의 역할은 막중하다. 국가적 자존심과 국익, 그리고 국민보호를 위해 한국의 지도자들은 지금 무엇을 하고 있는가? 국가가 위기에 봉착하면 지도자는 사욕과 영달을 버리고 과감히 몸을 던져야 한다. 지금 우리 지도자들은 국민들을 희망찬 미래로 안내해 줄 '비전' 대신, '보스', '지역', '돈' 등의 썩은 동아줄을 놓지 못하고 있다. 국민들은 그 썩은 동아줄에 끌려 숲 속을 헤매며 가시넝쿨에 긁히고 넘어진다.

한국의 지도자들은 지금 서민들의 한숨과 지식인들의 탄식 소리를 듣고 있는가?

리더의 조건

우리나라에서 리더를 선출하는 과정을 보면 참으로 해괴하다. 국무총리나 장관 청문회는 물론이고 국정을 총괄할 대통령을 선출하는데도 후보자의 경륜과 역량, 비전이나 정책 등 일을 얼마나 잘 할 수 있을지는 뒷전이고, 온통 주변적 문제에만 매달리니 말이다. 그동안 온전치 못한 리더십 때문에 고생들을 많이 해서인지 새로운 리더십에 대한 기대가 매우 크다.

국가는 말할 것도 없고 작은 조직에서도 실제로 리더의 역할은 막중하다. 올바르지 못한 리더는 단순히 조직의 효율성을 떨어뜨릴 뿐 아니라, 구성원들의 불신과 냉소적 태도를 초래함으로써 조직 전체에 엄청난 해악을 끼칠 수도 있다. 그렇다면, 바람직한 리더의 덕목은 무엇일까? 리더를 선택하는 기준은 어떠해야 할 것인가?

무엇보다 우선 신뢰할 수 있고 의사소통 능력을 갖춰야 한다. 정서적으로 불안정하여 감정을 그대로 드러내거나 말을 막 하는 리더는 신뢰할 수 없다. 감추는 것 없이 언제나 구성원들과 솔직히 대화하며 공감대를 넓혀 나갈 수 있어야 한다.

둘째는 경륜과 능력이다. 바람직한 리더십은 지식이나 의욕만으로는 부족하다. 실제로 많은 일을 하고 조직을 운영해 본 경험을 통하여 역량을 갖춰야 훌륭한 리더가 될 수 있다. 생각이 쌓인다고 경륜이 되지는 않으며, 말 잘 하는 것이 능력은 아니다.

셋째, 합리적 의사결정과 균형 감각이 중요하다. 독단적이거나 졸속으로 의사결정을 하게 되면, 구성원들을 설득하기 어려울 뿐 아니라 그 결과도 잘못되기 쉽다. 치밀한 분석과 전망을 바탕으로 구성원들의 이견을 조정하고, 균형적 합의를 도출해 낼 수 있어야 한다.

넷째, 비전과 추진력을 가져야 한다. 리더는 일반인들이 미처 못 보는 성취 가능한 미래를 그리며, 그것을 실현할 수 있는 목표를 설정하고, 가용자원을 최대한 동원하여 추진할 수 있어야 한다. 이것은 앞의 세 가지 덕목을 모두 갖춰야만 가능한 일이다.

요컨대, 리더는 막중한 자리다. 그의 판단과 선택이 수만, 수천만 명의 삶을 좌우하기 때문이다. 그러므로 결코 자신의 명예와 영광을 위해 리더가 되고자 해선 안 되며, 구성원들도 개인적 이해관계에 따라 투표해선 안 된다. 우리의 선택이 향후 우리 모두의 삶에 지대한 영향을 끼친다는 사실을 직시하고, 리더 선출에 깊은 관심을 가져야 한다.

21세기 한국의 리더십

대통령 후보로 출마하려는 사람들은 매번 10여 명이 넘으며, 각종 매스미디어는 수많은 학자들을 불러 바람직한 대통령의 조건을 따져보기에 바쁘다. 그들 논의의 대부분은 다양한 개인적 자질에 초점을 맞추고 있다. 모두들 대통령이 갖추어야 할 중요한 자질들을 잘 정리해 보여준다.

그런데... 우리는 정말 그러한 대통령을 얻을 수 있을까? 우린 결코 그러한 대통령을 선출하는 행복을 누리지 못할 것이다. 우선 후보들 가운데 이처럼 훌륭한 자질을 모두 갖춘 사람이 없기 때문이다. 사실은 어느 나라 국민도 이처럼 훌륭한 전인적 대통령을 가지는 행복을 누리기는 어려울 것이다.

대통령의 자질에 관한 대부분 논의들은 우리가 선택할 수 있는 대통령의 덕목이 아니라, 대통령에게 거는 이룰 수 없는 꿈이다. 이러한 꿈을 꾸는 한, 우리는 대통령을 선출한 다음 바로 실망할 것이며, 그는 역시 실패한 대통령이 될 것이다.

모든 국민의 뜻을 모아 대통령을 선출해 놓고 또 다시 실망하지 않으려면, 대통령을 선출하는 데 실질적으로 고려할 수 있고, 현실적으로 우리 정치 지도자들이 갖추고 있으며, 또 우리의 상황에서 요구되는 가장 중요한 몇 가지만 생각해 보아야 할 것이다.

한국의 현실과 세계적 차원의 사회변동 추세를 고려할 때, 대통령은 최소한 다음과 같은 소박한 세 가지만 갖추었으면 한다. 나머지 다양한 덕목들은 너무 고상하여 우리 정치지도자들에게 기대할 수 없는 것이거나, 아니면 대부분 정치지도자들이 비슷한 수준에 있기 때문이다.

첫째, 신뢰성이다. 법과 원칙을 지키는 준법성, 그리고 상황에 따라 바뀌지 않는 꿋꿋함과 일관성이다. 우리나라가 당면한 신뢰성 위기에 대한 가장 큰 책임은 정치지도자들에게 있다. 새로운 규범을 창출하고 수범을 보임으로써 새로운 질서를 만들어 나가야 할 정치지도자들이 앞장서서 불의와 편법을 자행하며, 정실주의와 연고주의에 젖어 억지 논리를 갖다 붙이거나, 정파적 이해관계에 따라 말 바꾸기를 손바닥 뒤집듯 해왔기 때문이다. 대중은 엘리트의 행동을 모방하게 마련이다.

대통령은 적어도 거짓말은 하지 않는 사람, 법과 원칙을 누구보다 앞장서서 지키는 사람, 상황이 변하거나 자기에게 불리하다고 손바닥 뒤집듯 말을 바꾸지 않는 사람, 화려한 수사보다는 단순하지만 정직한 사람이었으면 좋겠다. 그래서 다소 실정을 하더라도 '정말 열심히 하려했는데 어쩔 수 없었을 것' 이라고 믿을 수 있다면, 국민들은 분노하기보다 힘을 모아 그 실패를 함께 극복해 나갈 수 있을 것이다.

둘째, 미래지향성이다. 장기적, 지구적 시관(時觀)을 지니고 미래의 비전을 제시하며, 스스로 변화에 부응하고자 노력하는 것이 중요하다. 20세기 후반 이후 세계는 빠른 속도로 변하고 있다. 그 속도를 따라가지 못하거나 과거의 틀에 사로잡혀 변화된 현실에 적응하지 못하면 개인이든 국가든 낙오될 수밖에 없다. 변화의 속도가 빠를수록 가까운 곳만 보아서는 안 되며 멀리 내다볼 수 있어야 한다. 변화를 두려워하기보다는 변화를 즐기며, 오히려 미지의 세계를 개척해 나가는 적극적 리더십이 중요하다.

셋째, 디지털 감성이다. 21세기는 디지털 시대이다. 디지털 세계는 아톰(atom)이 아니라 비트(bit)로 구성되어 있다. 물질보다는 비물질, 몸보다는 정신, 제도권에서 인정하는 간판보다는 창의적 능력이 더 중요함을 알아야 한다. 또한 21세기는 멀티미디어의 시대이다. 몇 가지 일이 서로 연관되어 동시에 진행되는 복잡한 시대이다. 우직한 추진력보다는 전문적 지식에 바탕을 둔 치밀함이 중요하다. 개인의 능력보다는 시스템을 중시할 줄 알아야 하며, 다양함 속에서 조화와 균형을 이룰 수 있어야 한다.

디지털 세대는 강력한 흡인력보다는 따뜻하게 감싸주고 인정해 주며, 각자의 능력을 최대한 발휘할 수 있도록 격려해 주는 지도자를 따른다. 그러므로 차세대 지도자는 앞에서 끌고 가기보다, 함께 가거나 뒤에서 받쳐주며 다양한 의견을 조정하고 종합하여 타협점을 찾아가는 능력을 지녀야 한다.

대통령의 三不三爲

대통령이 새로 선출되면 국민들은 새로운 다짐을 하며 새로운 희망을 가진다. 국민적 자신감과 참여 의지는 국가 발전의 귀중한 자산이지만, 국민의 잠재역량을 동원해 낼 수 있는 리더십이 없다면 이것은 오히려 사회 안정에 부담이 될 수도 있다. 한국사회 위기의 근원이 된 다양한 갈등과 모순을 청산하고 새로운 세기를 열어가기 위해, 대통령이 빠지지 말아야 할 함정과 갖추어야 할 덕목은 무엇일까?

우선 전임자들의 세 가지 전철은 결코 밟지 말아야 할 것이다.

첫째, '제왕적 대통령'에서 벗어나야 한다. 대통령은 '국가를 통치할 대권(大權)'을 쟁취한 것이 아니라 '국민을 위해 일할 공복(公僕)'으로 선임된 것이다. 설령 의식이나 제도가 온전치 못하여 많은 사람들이 제왕으로 오인하더라도, '민주적 헌법을 수호'하기로 서약한 대통령은 그 역할을 잊지 말아야 한다. 그의 권위는 공복을 자임할수록 빛날 것이며, 제왕적 유혹을 조금이라도 느낄 경우 오히려 국민의 발 아래 떨어지고 말 것이다.

둘째, 연고와 우리집단 의식에 따른 편중 인사를 하지 말아야 한다. 국정 운영의 요체는 국가적으로 가장 유능한 인재들을 적소에 배치하고, 그들이 최선을 다해 국민에게 봉사하도록 하는 것이다. 논공행상 식의 인사를 하면, 그들은 대통령에게 감읍하며 충성하겠지만 그들의 과오는 곧 대통령의 허물이 될 것이다. 나라 전체에서 인재를 발굴하여 등용하면, 그들은 국민과 국가를 위해 헌신할 것이며 그 공적은 대통령에게 돌아올 것이다.

셋째, 대중적 인기에 영합하지 말아야 한다. 여론을 수렴하여 국정에 반영하는 것은 중요하다. 그러나 선정적 보도와 대중조작에 의한 '왜곡된 여론'과 '참된 여론'은 구분되어야 한다. 참된 여론이란 어떤 공적 쟁점에 대해 주체적 의견을 가진 이성적 구성원들이 공론화 과정을 통해 형성하는 통합된 의견을 말한다. 대중의 환호는 변덕스럽고 인기는 아침 이슬과 같다. 지도자는 대중의 요구에 부응하기보다 냉철하고 고독한 판단으로 그들의 안전과 복지를 창출해 내어야 한다.

그리고 21세기 지식정보사회에 부응하고 도약의 발판을 마련해 새 시대를 열어가려면 다음 세 가지 덕목을 갖추어야 할 것이다.

첫째, 미래지향적 비전을 갖고 전향적 사고를 해야 한다. '비전'이란 성취할 수 있는 미래의 바람직한 모습이다. 지도자의 비전은 불확실한 미래에 대한 희망을 제시하여 성원들의 잠재 역량을 결집할 수 있게 한다. 대통령의 비전과 사고의 틀은 국정의 방향과 구체적 정책의 기준이 되므로, 이에 따라 나라 전체가 과거에 집착하거나 현재에 안주할 수도 있고 미래로 나아갈 수도 있다.

둘째, 진지함과 균형감각을 갖추어야 한다. 대통령의 판단과 말은 곧 나라와 모든 국민에게 큰 영향을 미치므로 대단히 중요하다. 지금처럼 사회변동의 속도가 빠르고 그 폭이 클수록 대통령은 더욱 진지하고 균형을 잃지 말아야 한다. 대통령이 오판하면 나라 전체가 위험에 빠질 수도 있기 때문이다. 21세기 다원사회에서는 좌와 우, 성장과 분배, 개인과 사회, 국가와 세계, 물질적 풍요와 정서적 만족 등 일견 상반된 것처럼 보이는 가치들의 균형과 조화를 추구해야 한다.

셋째, 사회적 신뢰 회복의 수범을 보여야 한다. 한국이 당면한 위기의 근원은 사회적 신뢰기반의 붕괴에 있으며, 이것은 주로 엘리트계층의 그릇된 행태에 기인한다. 특히 정치엘리트들의 탈법과 편법, 정파적 이해관계에 따른 이합집산, 권력 남용에 의한 부정부패 등은 사회적 불신과 냉소주의를 낳았다. 대통령은 공의(公義)와 공정성에 입각하여 신뢰사회의 제도적 기반을 구축하는 데 앞장서야 한다.

대통령 선거, 누굴 뽑을 것인가?

정치란 국가의 발전방향과 목표를 설정하고, 그것을 달성할 수 있도록 국민적 합의를 형성하며, 가용한 자원들을 최대한 동원해 내는 과정이다. 그러나 한국의 정치는 유감스럽게도 본래의 기능을 다하지 못하고 있다. 규범을 창출하고 질서의 수범(垂範)을 보여야 할 정치인들이 권력욕에 집착하는 부도덕한 모습을 보임으로써, 한국의 정치는 도덕적 정당성을 상실했다. 정치가 지탄의 대상이 되고, 정치에 대한 냉소와 무관심이 커진 것도 여기에 기인한다.

당내 경선 결과에 불복하고 뛰쳐나가 신당을 만들어 출마하는 후보가 있는가 하면, 이해관계에 따라 신념도 지조도 없는 정당 간 연합이 이루어지고, 이리저리 당적을 옮기는 국회의원 등 다수 정치인들이 기회주의적 행동을 보이며 수시로 말을 바꾸기 때문이다. 많은 사람들이 정치인들의 한심한 작태에 한탄하며 선거에 냉담한 반응을 보이는 가운데 갈수록 투표율이 낮아지고 있다.

어떻게 할 것인가? 정치인들이 밉다고 투표에 참여하지 않을 것인가? 투표율이 저조하면 소수 사람들에 의하여 나라의 운명이 좌우되는 결과를 초래하게 된다. 그래서는 안 된다. 대통령은 위기에 처한 나라경제를 회생시켜야 할 막중한 책임을 지게 된다. 그러므로 설령 정치에 염증이 나더라도 신중하게 생각하여 국민으로서의 주권을 행사해야만 한다.

아무리 생각해도 최선의 후보가 없다면, 최악의 후보를 피하는 방법으로라도 선거에 참여하는 것이 좋다. 가장 옳지 못한 후보부터 탈락시켜 나가다가 마지막 남은 후보에게 투표하는 방법이다. 이른바 '가장 덜 나쁜 선택'을 하는 것이다. 또는 후보들의 중심 구호를 비교해 보고 가장 공감이 가는 후보를 선택할 수도 있을 것이다. 예컨대, '정권교체'가 곧 민주주의라는 주장에 그냥 선뜻 동의해서는 안 된다. 교체 후 새로운 정권을 담당하겠다는 후보가 과연 민주적이며, 신뢰할 수 있는 사람인지 꼼꼼히 따져보아야 한다. 만약 국민과의 약속을 지키지 못했다거나 당 내 민주주의조차 이루지 못한 사람이라면, 정권교체 구호는 단지 자신이 정권을 잡아야 한다는 욕망을 포장해 놓은 수사(修辭)에 불과할 것이다. 또한 정권교체를 통하여 정권을 장악하고자 하는 그 후보가 과연 막중한 국정을 충분히 수행할 수 있는 능력과 자질을 갖췄는지에 대해서도 냉정히 평가해 보아야 할 것이다.

'세대교체'는 최근 세계 곳곳에서 널리 나타나고 있지만, 보편적 현상이라고 하여 특정 상황에서도 반드시 타당성을 지니는 것은 아니다. 세대교체 주장이 타당성을 지니기 위해서는 이것을 주장하는 후보가 과거 기성 정치인들과는 분명히 달라야 한다. 그리고 정치적 행태 또한 과거의 정치인들과는 다른 신선함과 비전을 보여줄 수 있어야 한다. 기성 정치인들과 유사한 행태를 보인다면 나이가 아무리 젊더라도 새로운 세대로 보기 어렵다. 이 경우 나이 젊음은 오히려 부족한 경륜과 치기 어린 행동의 근원이 될 뿐이다.

엘리트 집단은 환경변화에 적절히 대응하면서 새로운 질서의 수범(垂範)을 보일 수 있어야 한다. 여기서 엘리트라 함은 여야를 넘어 정치인 집단 전체를 말한다. 정치는 여야가 함께 하는 것이기 때문이다. 단순사회에서나 통용되던 주먹구구식 감(感)의 보스정치로는 더 이상 복잡해진 다원사회를 경영할 수 없다. 과연 미래지향적 전문경영 능력을 지닌 후보가 있는가? 만약 없다면 '가장 덜 나쁜 후보'라도 선택하여 투표해야 할 것이다.

새 질서 창출해야 할 엘리트들

정치나 경제를 떠나 사회적으로만 보면 한국은 1970년대까지도 비교적 안전사회였다. 우리는 선진국의 대명사였던 미국에 대해 '범죄가 많다.', '성도덕이 문란하다.', '가족해체 현상이 심각하다.', '물질만능주의에 오염됐다.'며 한국에 사는 것을 다행스럽게 생각했다. 그런데 어느 사이 그 미국보다 많은 면에서 한국이 더 나빠졌다. 흉악 범죄와 도덕적 타락, 황금만능주의와 인신매매, 불법적 집단행동에 더하여 안전 불감증과 사회적 불신 등으로 기본질서가 흔들리고 있다.

1990년대 이후 한국사회를 진단할 때 가장 널리 쓰인 말은 '사회갈등' '권위붕괴', '신뢰상실', '총체적 위기' 등이었다. 정치지도자들은 온갖 '개혁'과 '역사 바로 세우기', '제2건국', '공정사회' 등을 기치로 내세워 위기를 타개하고자 했다. 그러나 안정은 고사하고 오히려 위기가 가중되었다. 위기의 근원은 그냥 둔 채 표피적 문제만 해결하려 했기 때문이다.

그렇다면 한국사회 위기의 근원은 무엇인가? 그것은 사회가 무엇인지 생각해 보면 쉽게 알 수 있다. '사회'란 나약한 인간이 환경에 적응하여 생존하기 위한 개인들의 집합체다. 사회를 유지하려면 모든 구성원들이 일정한 가치에 합의하고, 공동의 목적을 달성하기 위해 서로 협력하며 잠재력을 극대화할 수 있는 질서를 형성해야 한다. 그것이 도덕이고 규범이며 법이다.

사회가 위기를 맞는 것은 두 가지 경우다. 하나는 성원들이 사회적 가치와 규범에 혼란을 느낄 때이고, 다른 하나는 기존의 질서가 변하는 환경에 부응하지 못할 때이다. 지난 20여 년간 한국사회가 겪고 있는 위기는 이 두 가지가 중첩되어 나타난 것이다. 급격한 사회변동의 와중에서 가치관과 규범은 혼란스럽고 적합성을 잃어 가는데, 급변하는 환경에 부응할 수 있는 새로운 질서는 창출해 내지 못했기 때문이다.

사회적 가치와 규범은 어떻게 창출되고 확산하는가? 그것은 사회를 이끌어 가는 엘리트들의 역할이다. 이때 엘리트란 반드시 대통령, 장관, 국회의원들만 일컫는 것은 아니다. 지식인이나 경영자 등 사회 각계의 지도적 위치에 있는 사람들을 총칭한다. 한 시대의 가치와 규범은 실로 엘리트 집단의 인식과 태도에 따라 창출되며, 그들의 행동과 수범에 따라 대중적으로 확산되는 것이다.

1960년대 이후 한국에서는 정치 영역이 과도하게 비대해져 정치 엘리트 집단이 사회질서 형성에 가장 큰 영향을 미쳤다. 그들은 국민에게 무엇을 보였던가? 쿠데타, 권력형 축재, 보스 중심의 파당정치, 술수와 말 바꾸기, 이해타산에 따른 이합집산 등이다. '정치꾼' 만 난무하고 '정치인' 은 드물었다. 그렇다고 다른 영역에서 대중적 수범이 되거나 존경을 받는 엘리트 집단도 없다. 위기사회의 근원이 된 불법과 편법, 부정과 부패, 집단이기주의 등은 바로 엘리트 집단의 행태들이 아닌가? 그들만이 행할 때는 소수의 특권이었으나, 구성원 다수가 따라하니 사회적 위기가 된 것이다.

대통령 선거 때만 되면 대선 후보들이 앞다투어 제시하는 '바른 나라', '국민통합', '사회개혁' 등의 구호는 모두 위기사회에 대한 나름대로의 진단과 처방을 보여준다. 과연 이들은 새 시대에 부응하는 새로운 리더십을 보여 줄 것인가? 대선 주자들은 눈앞의 선거 결과에 골몰하지만, 국민들은 더 나아가 100년 후의 한국사회를 걱정해야 한다.

이른바 대선 캠프에는 수백 명의 지식인과 정치, 경제 엘리트들이 모여 있다. 이들은 대선 기간은 물론 향후 나라의 새 질서 형성에 큰 영향을 미치게 될 것이다. 이들이 진정 나라의 앞날을 걱정하며 올바른 정책을 개발하고 대중적 본을 보인다면 사회위기 극복에 큰 도움이 될 것이다. 반대로 대선 후의 잿밥에만 관심을 보인다면 또 한번 고약한 모범이 될 것이다. 이들이 어느 쪽으로 움직이는가는 국민의 감시와 심판에 따라 결정될 것이다. 위기에서 새 질서가 창출되려면 대중적 수범을 보일 바람직한 엘리트 집단이 형성되어야 하고, 그러기 위해서는 국민의 정치의식이 깨어 있어야 한다.

선거와 국민주권

선거란 한 사회의 목표를 설정하고 목적을 달성해 나가는 데 필요한 정치적 권력에 정당성을 부여해 주기 위해 고안된 하나의 제도이다. 선거가 정치적 지도자 선출을 위한 최선의 방법은 아닐지 모르지만, 누구나 승복할 수 있는 합리적 수단임에는 틀림이 없다. 사회적 특권이나 재산, 지식이나 성(性)에 관계없이 일정 연령 이상이면 누구나 자기의사를 표현할 수 있고, 가장 많은 사람의 뜻에 따라 결정이 내려지기 때문이다.

뿐만 아니라 선거를 통하여 모든 국민들은 민주시민으로서 훈련을 쌓아 성숙하게 되고, 또 정치지도자의 능력을 키워나갈 수도 있다. 즉, 선거는 단순히 정치 엘리트의 충원기능으로 끝나는 것이 아니라, 그 과정을 통하여 국민의 정치적 참여를 가능케 하고, 나아가 새로운 정치 엘리트를 양성하는 데 기여한다. 요컨대, 선거야말로 국민이 주권을 가지는 민주정치 제도하에서 국민적 권리행사의 요체라 할 수 있을 것이다.

길고도 어두웠던 정치겨울을 보내고 새 봄을 맞아, 전국이 총선 열기로 뜨겁다. 현수막과 거리마다 담벼락마다 나붙은 선거포스터의 얼굴들, 구호들, 대문마다 우편함마다 투입되는 각종 유인물들이 봄을 시샘하는 훼방꾼처럼 아름다운 봄의 정경을 해치고 있다.

수십억 단위로 추정되는 선거자금과 흑색선전, 무책임한 선거공약 등 난무하는 언어의 유희들이 유권자인 국민들을 우롱하고 있다. 불행하게도 우리의 정치현실, 오늘의 선거풍토는 국민들로 하여금 당당한 주권자로서의 의식보다, 민주정치라는 형식 갖추기에 동원되고 조종받는 들러리로서의 비애를 느끼게 한다.

역사적으로 볼 때 민주주의는 권력자에 의해 주어진 것이 아니라 국민들에 의해 쟁취된 것이다. 또 정치가들이 주권재민의 구절을 헌법에 명시했다고 하여 국민이 주권을 행사하게 되는 것도 아니다. 자유민주주의 정치체제에서 국민의 주권은 국민이 지켜야 한다.

선거를 통하여 유권자들은 앞선 정치의식으로 아직도 후진국 수준에 머물러 있는 우리나라 정당과 정치인들을 오히려 계도하도록 하자. 돈으로 매수하려는 후보에게는 인간이 물질 이상의 정신적 존재임을 알게 해주자. 원색적 인신공격과 흑색선전을 일삼는 후보에게는 유권자가 선택적 정보처리자임을 보여주자. 갖가지 부정과 폭력까지도 서슴지 않는 후보자에게는 선거과정의 공정성만이 평가받을 수 있음을 깨우치게 해주자. 달콤한 선심이나 공약(空約)이 될 공약(公約)으로 유혹하는 후보자에게는 정직과 진실만이 최선의 방책임을 증명해주자.

국회의원 총선거는 국민적 심판의 장이 되어야 한다. 대변인 성명마다 '국민의 뜻에 따라서'라는 수식어를 뻔뻔하게 사용하는 사이비 정당들에게, 그리고 온갖 미사여구를 동원하여 '국가와 민족'을 위하고 '서민들과 아픔을 함께'한다며 말로만 정치하는 권력 지향자들에게, 주권자가 두 눈 부릅뜨고 지켜보고 있음을 보여주어야 한다. 금품이나 관권(官權), 폭력, 또는 유권자의 판단을 흐리게 하는 행위 등은 유권자의 냉엄한 심판을 받을 수밖에 없음을 선거 결과로써 입증해 주어야 한다.

4월 혁명과 6월 항쟁의 의미를 되새기며, 이제 우리도 민주시민으로서의 자존심을 찾아야 할 때이다. 모든 유권자들이 성숙한 민주의식을 발휘하여 우리의 주권을 확립하고, 새 시대 새 정치의 장을 여는 기틀을 마련할 수 있기를 바라는 마음 간절하다.

지방자치단체 선거가 중요하다

지방자치제도 시행 이후 각 자치단체들이 중앙정부보다는 지역발전과 주민복지 중심의 행정을 펼치는 등 긍정적 효과가 많이 나타나고 있다. 그러나 다른 한편, 많은 단체장과 지방의원들이 금품수수, 이권개입 등 비리혐의로 구속되는가 하면, 인기위주의 선심 행정, 무분별한 지역개발, 지나친 지역이기주의 등의 문제도 심각하다.

21세기에는 기필코 우리나라가 선진국으로 도약하기를 모든 국민들은 염원하고 있다. 건전한 지방자치제도의 정착이야말로 미래 국가발전의 초석이다. 유권자 한 사람, 한 사람의 지혜로운 판단과 선택이 국가의 장래를 좌우할 것이다.

"어떤 나라 정치의 수준은 곧 그 나라 유권자의 수준"이라고 한다. 유권자의 수준은 투표과정에서 가장 잘 나타난다. 선거를 통하여 유권자의 성숙된 의식과 현명한 선택이 우리나라 지방자치제도를 한

단계 더 발전시킬 수 있길 기대한다.

어떻게 할 것인가? 무엇보다 먼저 모든 유권자는 당당히 투표에 참여해야 한다. 민주주의는 국민의 뜻에 따르는 것이고, 국민의 뜻은 투표로 나타내는 것이다. 투표율이 낮아지면 정치 수준도 낮아지게 된다.

다음으로는 어떤 후보에게 투표할지 선택의 기준을 바로 세워야 한다. 혈연, 지연, 학연 등 각종 연고에 따른 전근대적 투표행위는 새로운 지역공동체 형성을 저해하며, 그 폐해는 바로 부정과 비리가 되어 우리 자신에게 되돌아 올 것이다.

후보자 선택의 첫 번째 기준은 당연히 능력과 전문성이다. 우리를 대표하여 일할 지역의 일꾼을 뽑는 만큼, 우수한 사람을 뽑을수록 그 혜택은 우리가 보게 될 것이다.

둘째는 봉사의 자세이다. 아무리 우수한 인재라도 국민을 위해 봉사할 자세를 갖추지 못했다면, 그 능력은 자신의 출세와 영달에 이용될 뿐이다.

셋째, 후보자의 도덕성과 신뢰성을 평가해 보아야 한다. 정치인과 공무원 비리의 가장 큰 원인은 도덕불감증에 있다. 아무리 화려한 공약과 정책을 내걸어도 그 사람을 신뢰할 수 없다면 무슨 소용이 있겠는가?

올바른 선거는 선진 민주주의로 가는 지름길이다. 지방자치는 중앙정치의 토대이며, 우리의 생활이다. 온 국민이 지방자치선거에 깊은 관심을 가지고 성숙한 시민의식으로 당당히 참여함으로써, 선진한국의 초석을 다져야 할 것이다.

언론의 자유와 책임

한국 근대 신문 백년사는 거듭된 시련의 극복과정이었다. 초창기에 겪은 형극의 길은 외세통치에 저항한 민족 언론의 자랑스러운 상흔이라 하겠지만, 해방된 조국 땅에서까지 계속되어 온 언론의 수난은 문화민족, 민주국가를 표방해 온 우리 겨레의 수치가 아닐 수 없다. 정권이 바뀔 때마다 우리 언론은 새로운 정치환경의 변화에 적응해 나가야만 했다.

일찍이 미국의 제퍼슨 대통령은 "신문 없는 정부보다 정부 없는 신문을 택하겠다."는 명언으로 언론의 중요성을 설파하였다. 민주주의 국가에서 언론의 자유를 널리 보장하는 것은 여론의 소재를 밝힘으로써 권력의 독선을 막자는 것이다. 자유언론의 중요성은 바로 국민의 알 권리에 봉사함으로써 여론형성을 주도하는 데 있다. 이는 민주주의의 발전을 위해 소중하고도 불가결한 것이다. 따라서 국민의 알 권리에 봉사하는 책임을 다하지 못할 때 언론의 자유에 대한 외침은 공허한 메아리에 그치게 된다. 오늘날 한국의 언론들은 얼마나 올바른 정보를 시의에 맞게 전달하고 있는가?

언론은 그 사명을 완수하기 위해 여러 통제채널을 거치면서 정보의 내용을 확인하고, 다듬고, 보충하고, 때로는 수정하기도 한다. 이러한 과정은 편집부서 내에서의 자율적 통제뿐만 아니라, 경영과 편집부서의 서로 다른 조직 원리에서 오는 구조적 통제, 기업으로서의 성격에 따른 경제적 통제, 국가적 차원에서 개인의 알 권리를 제한하는 정치적 통제, 독자들의 수용 자세에 의한 사회적 통제 등을 포함한다.

언론의 현주소를 논할 때 흔히 여타의 모든 통제과정은 완벽한 것으로 간주하고 정치적 통제만을 거론하는 오류를 범하는 경향이 있다. 시대상황에 따른 정치적 통제에 관심의 초점을 두는 것은 그것이 무엇보다도 언론의 기능을 저해하는 부정적 요소로 작용할 가능성이 크기 때문이다. 그러나 전술한 바와 같이 언론의 자유는 국민에게 봉사하는 언론의 사명을 다하기 위해 소중한 것이지 그 자체로서 의미가 있는 것은 아니다.

오늘의 한국 언론은 그 사명을 다하고 있는가? 그렇다고 확신에 찬 답변을 하기 어려운 상황이다. 대다수 언론은 기업으로서의 이윤추구보다 공기로서 소명의식에 투철한 경영방침을 견지하고 있지 못하다. 편집부서가 전문적 구조로서 경제적 보상보다 내면적 보상에 만족하거나 창조적, 체계적 전문지식을 바탕으로 복지사회 구현에 앞장서지 못하고 있다.

언론현실에 불만을 토로하는 수용자 집단 또한 언론에 대한 통제 기능을 다하고 있지 못하다. 엄연한 현실에 냉소나 보내고 비난의 화살이나 퍼붓는다면, 이상의 지평을 향하여 항진하기 보다는 니힐리즘의 늪에 빠지고 말 것이다. 언론이 그 소명을 다하고 자유를 구가하며 여론정치의 선봉에 서자면, 우선 상황적 제약 속에서나마 최선의 길을 모색하는 자기노력을 게을리하지 말아야 할 것이다. 수용자들 또한 고난에의 반려를 자청함으로써 민주화를 위한 역사의 길에 동참해야 할 것이다.

한국 언론의 현실과 이상

민주화나 선진화가 어떤 기구나 조직의 형태를 의미하는 것은 아니다. 그것의 의미는 형식보다는 내용에 있으며, 법규나 집합적 통계치가 아니라 성원들 간의 상호작용 양식에서 찾아 보아야 한다. 사회성원 개개인의 의견이 얼마나 존중되고, 자율적 행동이 어느 정도 소중히 여겨지는지는 그 사회의 언론 상황을 보면 알 수 있다. 언론의 모습은 그 사회성원들 개인 간, 집단 간, 계층 간의 상호작용 관계를 반영하고 있기 때문이다. 언론 상황은 곧 그 사회 민주화의 척도가 된다.

한국의 근대 언론사를 보면, 외세에 시달리던 초창기 우리 언론의 지향은 국민에 대한 계몽과 반외세, 민족의식의 고취였고 그것은 곧 형극의 길이었다. 언론의 수난은 외세통치하에서 끝난 것이 아니라 해방된 조국 땅에서까지 계속되었다.

해방 직후 좌 · 우 이데올로기가 갑론을박하던 혼란기를 지나 제도가 정착되면서 언론은 자율적 공간을 점차 확보해 나갔다. 그러나 5 · 16군사정부의 등장으로 언론 자유는 새로운 국면을 맞이하였다. 이른 바 '발전언론'이란 이름으로 조국근대화 참여논리에 종속된 것이다. 이후 한국의 언론은 항상 안보적, 국가발전적 차원에서 그 역할 수행을 제약 또는 유보당해 왔다.

한국 언론은 현대정치사의 한 굽이를 넘을 때마다 상황논리에 따라 그 존재양식을 바꾸어 왔다. 자율성 신장의 측면에서라기보다 오히려 현실적응의 방편 때문이었다. 결과적으로 한국의 언론은 국민을 대변하는 제4부로서 정부를 감시하고 견제하는 것이 아니라, 정부의 통제하에서 스스로의 역할을 정당화시킬 수 있는 논리모색에 부심해 온 듯하다. 참된 언론의 자유도 누리지 못한 채 강요받게 된 언론의 책임은 누구에 대한 책임인가? 언론은 정부에 대해서가 아니라 국민에 대하여 책임져야 한다.

언론은 사회 구석구석을 한발 앞서서 국민에게 알려주어야 할 의무와 책임을 지닌다. 그러나 한국의 언론은 주어지거나 허용되고 묵인받은 쟁점만을 크게 보도하고 폭로(?)해 왔다. 정보매체로서의 원래 기능은 축소되고, 홍보와 오락매체로서의 기능만 비대해졌다. 국민들은 '궁금한 정보'에 관한 한, 언론의 보도를 믿기보다는 다른 정보원을 추구하게 되었다.

건전하고 자유로운 언론은 사회성원 개개인의 알 권리를 충족시켜 줌으로써 주체적 자아실현에 기여한다. 사회 각 집단과 계층 간의 이해를 표출함으로써 의견수렴 및 이익조정에 기여한다. 또한 지위부여 및 박탈기능을 통하여 사회규범을 강화함으로써 사회통합에 기여할 수 있다. 정부에 대한 감시기능을 통하여 국민의 뜻에 부응하는 올바른 정치가 되게 할 수도 있다. 한국의 언론은 과연 신뢰를 회복하여 국민통합 및 정치민주화와 선진조국 건설에 앞장서 나가고 있는가? 대부분의 선량한 시민들은 물론 '그러하리라'는 기대에 찬 대답을 할 것이다. 왜 아니겠는가? 그러나 그것은 우리의 소박한 소망일뿐 현실은 그렇지 못하다.

언론은 하나의 제도이다. 제도란 성원들이 따르는 규범의 총체이며, 상호작용이 유형화된 관계의 틀이다. 그것은 성원들이 오랜 사회화 과정에서 내면화한 의식의 세계에 관한 것이기 때문에, 누가 지시하거나 관계 법률을 개정한다고 해서 쉽게 바뀌지 않는다. 한국의 언론을 보면 법률에 의한 규제보다도 훨씬 더 나쁜 운영현실을 갖고 있음을 쉽게 알 수 있다. 그것은 단순한 언론 관련 법의 반영이 아니라 역사적 과정의 산물이기 때문이다.

언론제도에는 또한 관련 당사자들의 이해관계가 깊이 얽혀 있다. 때문에 그들의 행위유형이 문화적 토양이나 사회적 환경의 변화 없이 단기간에 변화하리라고 기대하기는 어렵다. 사회성원들 간의 관계가 규범에 의해서만 지배되는 것은 아니다. 개인 간이든 집단 간이든, 거기에는 힘의 논리가 개입된다. 다시 말하면, 권력자든 언론종사자든 도덕적 선을 실현하기 위하여 스스로 기득권을 포기하기는 지극히 어렵다는 말이다.

비관만 할 것인가? 물론 그렇지는 않다. 해가 갈수록 적어도 외양으로는 나아지고 있다. 언론인도 행위양식을 바꾸려고 노력한다. 그러나 언론과 정부의 관계, 언론인들의 직업윤리 등은 자발적 노력에 의해서가 아니라, 문화적 규범, 사회적 역학관계에 의해 강요될 때, 변화할 수밖에 없을 때 비로소 바뀌게 될 것이다.

이러한 강제적 상황은 국민에 의하여 형성된다. 이른바 선진국들의 언론자유, 공정한 언론이라는 것도 어느 특정 집단의 시혜에 의하여 주어진 것이 아니다. 국민에 의하여 쟁취되고, 국민에 의하여 지켜지고 있는 것이다. 이제 우리도 국민 한 사람 한 사람이 자유언론의 파수꾼이 되어야 한다. 언론이 국민을 계도한답시고 내려다보지 못하도록, 국민을 위한 정보를 사실 그대로 전해 올리기만 하도록, 정부에 대해서가 아니라 국민에 대하여 책임지도록 압력을 가해야 한다. 국민 모두가 참된 주권자가 되고, 다양한 자발적 결사체를 통하여 그 힘을 조직화할 수 있을 때, 공정언론이 보장되고 민주화, 선진화도 이룰 수 있다.

정보사회의 언론

인류 역사를 보면, 18C까지는 농경시대로서 각 사회가 비교적 고립된 상태로 완만한 변화를 경험하였으나, 19C부터 세계 제국의 역학관계는 지배-종속으로 재정립되었다. 이는 산업혁명에 따른 기술혁신과 사회조직의 변화에 따른 결과이며, 새로운 사회에 대한 각 사회의 대응양식 또는 적응능력의 차이에서 비롯된 것이다.

농경사회를 벗어나 산업사회로 이행하던 시기에 우리 민족은 불행히도 낙오되었으나, 이후 열강의 각축, 국토 분단, 천연자원 부족, 민족자본 부재 등 온갖 어려움을 극복하고 당당히 산업사회로 발돋움하였다. 이제 다시는 그러한 전철(前轍)을 밟지 않도록 미래사회를 예견하고 거기에 대응해 나가는 슬기를 발휘할 수 있어야 하겠다.

농경사회에서는 '교통망'이 사회의 통합과 발전을 주도하였으나, 산업사회에서는 '에너지'가 그것을 대체하였다. 미래 사회학자들에 따르면, 세계는 전자시대의 개막과 함께 정보사회로 나아가고 있다. 지금까지 사회변동의 원동력이 되었던 자본과 노동을 대신하여 지식과 정보가 기간 자원이 되는 사회로 나아가고 있어, 미래사회에는 미디어가 사회발전의 지주역할을 하게 되리라는 것이다.

민주주의 국가의 국민은 주인답게 나랏일을 잘 알고 적극 참여할 수 있는 능력과 지혜를 갖추어야 하며, 그러기 위해서는 무엇보다도 공정하고 정확한 정보를 신속하게 획득할 수 있어야 한다. 그러나 사회가 다양하고 복잡해질수록 국민들은 오히려 사회의 모든 일에 대한 정보를 얻기 어렵게 된다. 언론의 중요성은 바로 정보제공의 권능을 위임받은 사회적 공기(公器)라는 데 있다.

한국의 언론현실을 보면 실로 깊은 우려를 금할 수 없다. 언론의 '알릴 권리'는 국민들의 '알 권리'에 부응하여 균형 있는 사실보도에 충실할 수 있을 때 그 기능을 다할 수 있고 또한 인정받을 수 있는 것이다. 우리나라의 언론은 국내 사건들에 관하여 충분한 사실보도의 책임을 다하지 못하고 있을 뿐 아니라, 보도의 공정성에 많은 문제들을 노정(露呈)하고 있다. 다원사회에서 언론은 다양한 사회집단들의 관심과 가치를 반영함으로써 사회갈등 조정과 사회변화의 발전적 방향 모색에 기여할 수 있어야 한다.

한국 언론은 여러 사회집단의 이해를 표출하기보다 특정 집단의 이익을 대변하는 경향을 보이는가 하면, 문제를 드러내기보다 적당히 덮어버림으로써 스스로의 권리와 책임을 방기(放棄)하기도 한다. 언론계 스스로는 흔히 남북분단이라는 상황적 여건과 '광고수입'으로 대표되는 현실적 제도의 벽으로써 변명의 구실을 삼는다. 이러한 외부적 제약도 문제이지만, 더욱 경계해야 할 것은 언론 스스로 어떤 벽을 상정하여 획일성과 매너리즘의 늪에 안주하고 있지는 않는가 하는 점이다.

어떤 이유에서든 언론이 보도의 균형감각을 상실하거나 획일화되어서는 안 된다. 언론이 획일화되어 천편일률적인 뉴스만을 보도한다면, 이에 대한 반작용으로 정보의 가수요 창출 현상을 빚게 되어 언론 스스로 유언비어의 온상이 될 수도 있다.

언론이 보도와 논평에서 성숙한 국민의 수준에 부응하지 못한다면, 국민들은 언론에 대한 기대감과 신뢰를 철회하게 될 것이다. 이것은 언론에 큰 충격을 줄 뿐 아니라 사회 전체에 무서운 타격을 가하게 된다. 언론의 사회에 대한 관계는 유기체의 혈액이나 신경계통과 같기 때문이다.

이제 정보사회를 맞이하여 정부 당국자나 언론 당사자는 모두 스스로 몸담고 있는 사회의 순환기능을 마비시키고 있지나 않는지 심각하게 생각해 보아야 할 것이다. 이것은 다시 한 번 미래의 민족적 비운을 자초하는 것으로서 어떤 구실로도 정당화될 수 없다.

정론지의 품격과 향기

언론을 '사회적 공기'(公器)라 하고, '제4부' 또는 '무관(無冠)의 제왕'이란 별칭으로 부르는 것은 정론지를 일컫는 말이다. 품격 있는 '정론지'(正論紙)는 고유한 향기와 색조를 지닌다. 시류(時流)에 흔들리지 않으며 당당한 논리와 주장으로 올바른 여론 형성에 기여한다.

그러나 '황색신문'은 말초신경을 자극하는 내용들을 흥미위주로 보도하며, 판매 부수를 늘리는 상업주의에 골몰한다. 겉으로는 정론지를 표방하면서 실제로는 특정의 이해를 대변하는 신문은 '파당지'(派黨紙)이다. 이것은 교묘한 논리와 편집으로 사실을 선택적으로 전달하거나 왜곡한다. 집권 세력에 아첨하거나 정권의 이해를 대변하는 경우는 특별히 '어용(御用)신문'이라고 부른다.

'언론개혁' 이라는 사회적 화두에서 보면 우리나라 각 신문들의 성격은 과연 어떠한가? 다음과 같은 몇 가지 사실로 인해 '정론지' 라고 선뜻 말할만한 신문을 찾아보기 어렵다.

첫째, 사회적으로 쟁점이 될만한 의제를 스스로 판단해 설정하지 못하고, 주로 정부나 어떤 기관의 발표, 심지어는 다른 경쟁신문의 보도에 따라간다. 정론지는 누군가 공급해 주는 기삿거리를 받아쓰는 것이 아니라, 중요한 사회현상을 찾아내어 앞서 보도해야 한다. 사회구조에 내재해 위기의 근원이 되는 심각한 문제들을 시의적절하게 공론의 장으로 끌어내 주어야 할 것이다.

둘째, 사회적으로 어떤 문제점이 부각됐을 때는 심층취재와 다각도의 전망 등을 통해 올바른 여론형성에 기여하며 대응방향까지 제시할 수 있어야 한다. 단순히 발표된 통계치 보도를 넘어 배경이 된 구조적 문제나 앞으로 경제 전반에 미칠 영향, 정책적 대응방향까지 분석해 준다면 더욱 좋을 것이다.

셋째, 시각에 따라 견해 차가 크게 부각되는 대립적 쟁점의 경우, 상반된 입장을 객관적으로 보도하는 것만으로는 정론지로서의 역할을 다했다고 보기 어렵다. 여야 간 입장이 다른 정치쟁점의 경우, 상반된 해석을 대비시켜 보도할 뿐 여론형성에 기여할 깊이 있는 해석이나 자기 목소리가 없다. 특히 대중적 인기를 노리는 정치인들의 신변잡기나 언론플레이용으로 흘리는 미확인성 기사를 여과 없이 보도하는 일은 피해야 할 것이다.

넷째, 정론지는 지나친 상업성을 추구하지 않는다. 그러나 현실을 보면 주요 일간지들조차 광고를 너무 많이 싣는다는 생각을 금할 수 없다.

정론지는 기자의 사명감만으로 만들어지지 않는다. 경영진의 언론에 대한 깊은 철학과 투철한 사회적 책임의식이 뒷받침되어야 한다. 고급 정론지로 자리매김 되려면, 시류나 외압에 따라 기사의 소재나 논조가 흔들리지 않으며, 신문사 자체의 문제의식과 판단에 따라 주도적으로 취재 · 보도하고, 분석과 해석 기사를 통해 올바른 여론을 선도함으로써, 우리 사회가 나갈 방향을 제시해 줄 수 있어야 할 것이다.

CHAPTER 5

나라의 미래, 청소년을 가꾸자

2002 월드컵의 성과

60억 세계인의 잔치, 월드컵! 한국과 일본은 2002년 6월, 21세기 첫 경기, 아시아 최초 대회를 성공적으로 개최했다. 특히 우리나라는 이 대회를 통하여 네 가지 쾌거를 이루었다. 우리는 그 성과들을 세계 속의 선진한국으로 도약할 발전의 원동력으로 가꾸어 나가야 할 것이다.

첫째, 16강 진출을 기원하던 우리는 유럽의 우승 후보들을 잇달아 격파하며 4강 진출의 위업을 이루었다. 세계는 강인한 체력, 불굴의 정신력으로 무장한 태극전사들의 '파워 축구'에 경이로움을 느꼈다. 그러나 한국의 축구 기반은 세계가 놀라기에 충분할 만큼 빈약하다. 이제 10개의 월드컵 경기장과 국민적 열기를 새로운 인프라 구축의 기초로 삼아 세계 축구강국으로 발돋움해야 한다.

둘째, 한일월드컵은 역대 어느 대회보다 세계인이 함께 하는 모습을 보여주었다. 아시아, 아프리카가 유럽과 어깨를 나란히 했으며, 월드컵 사상 처음으로 5개 대륙이 8강에 진출했다. 특히 한국은 세계의 중심에 우뚝 섰다. 세계는 한국의 대회운영 능력과 시민들의 친절함, 열광적이면서도 질서와 의연함을 잃지 않는 응원문화에 찬사를 보냈다. 우리는 앞으로도 한국을 찾는 수많은 외국인들, 세계 모든 지역의 시민들과 호흡을 함께 하며, 월드컵의 소중한 성과를 토대로 한국의 새로운 이미지를 구축해 나가야 할 것이다.

셋째, 우리는 새로운 자기 정체성을 발견하는 기쁨을 누렸다. 전국을 뒤덮은 붉은 응원의 물결은 누구도 상상하지 못했던 일이다. 하루에 700만 명, 대회기간 동안 전 인구의 절반 이상을 거리응원에 나서게 한 힘은 무엇이었을까? 그것은 10대와 20대 인터넷 세대의 등장이었다. "대~한민국이 자랑스럽고, 그 국민임이 행복하다."고 외치는 이들을 보며, 기성세대는 우리의 청소년들을 재발견했다. 구김살 없이 밝고 순수한 월드컵 세대의 기발한 페인팅, 활기찬 애국가, 눈부신 태극기, 모든 것이 새로운 모습이었고, 미래 우리의 비전이었다.

넷째, 국토분단, 권위주의 정치, 성장의 그늘에서 분열되고 반목하던 집단들이 하나 되는 기쁨을 맛보았다. 남녀, 세대, 계층, 지역 간의 벽을 허무는 사회통합의 가능성을 확인했다. 새 시대 사회통합의 코드는 정치 이념이나 경제적 이해관계가 아니라, 공통의 관심이고 행위양식이며, 함께하는 일상의 문화임을 깨달았다. 월드컵의 경험을 바탕으로 새로운 사회통합, 나아가 남북통일의 길을 찾을 수 있을 것이다.

월드컵! 잔치는 끝났지만 소중한 추억과 깨달음은 잊지 말고, 사회발전과 생활 속의 값진 교훈으로 살려 나가야 할 것이다.

눈부신 인터넷 세대

2002년 6월 한 달 동안 세계의 이목은 한국과 일본에 집중되었다. 양국은 월드컵 경기 역사상 첫 공동개최를 성공적으로 치러 냈다. 세계 주요 언론들은 화려한 개인기를 바탕으로 각종 기록을 세우며 우승한 브라질을 보도한 다음, 이번 대회의 진정한 우승국은 한국이라는 주석을 달았다. 과연 우리는 월드컵을 통해 무엇을 이루었으며, 그 원동력은 어디서 온 것인가?

한국 대표팀은 누구도 예상치 못한 4강 진출의 꿈을 달성했다. 프로팀이 10개밖에 없는 나라, 세계 랭킹 40위의 팀이 어떻게 4강에 들 수 있었을까? 그 비결은 히딩크 감독의 탁월한 리더십과 우리 선수들의 강렬한 성취욕구였다. 기본과 원칙, 객관성과 공정성, 경쟁을 통한 동기유발 등을 강조한 훈련의 결과였다. 한 지도자의 탁월한 능력이 단기간에 팀의 모습을 일신한 것이다.

세계 언론이 한국을 더욱 격찬한 것은 이른바 12번째 선수라는 한국의 응원단이었다. 전 인구의 절반 이상을 거리로 나서게 한 뜨거운 응원의 물결은 세계적으로도 그 유례가 없다. 더욱이 수십만 명의 인파가 하루 종일 열광의 도가니를 이루었던 공원이나 거리가, 대형사고나 쓰레기더미는커녕 나무 한 그루, 꽃 한 포기 다치지 않고 깨끗한 모습으로 남은 것은 경이의 대상이었다.

불굴의 투지로 혼신의 힘을 다해 세계의 벽을 넘는 어린 선수들을 보며 기성세대는 눈물을 흘렸다. 운동장과 거리를 가득 메웠던 청소년들 또한 더 이상 참을성 없고 예의바르지 못하며 국가와 사회도 모르는 철부지들이 아니었다. 그들은 강한 연대를 이루어 거침없이 "대~한민국"을 외치며, 재치와 발랄함, 창의와 질서로 오히려 기성세대를 리드했다.

기성세대는 젊은 세대의 가치관과 행동양식을 이해하며, 그들의 창의와 열정을 북돋워 줄 수 있어야 한다. 그들은 주목하는 내용과 형식이 기성세대와 다를 뿐, 나름대로의 새로운 질서와 집단의식을 만들어 가고 있기 때문이다. 이들을 보며, 새 시대 사회통합의 코드는 정치이념이나 경제적 이해관계가 아니라, 공통의 관심이고 행위양식이며 함께 하는 일상의 문화임을 깨달아야 하겠다.

월드컵을 통하여 우리나라는 약 26조원에 달하는 경제효과를 얻었다고 한다. 그러나 국가이미지 제고나 기업의 광고효과, 국민적 자긍심과 사회통합 효과 등이 바로 경제적 이득으로 연결되는 것은 아니다. 월드컵을 통하여 얻은 소중한 깨달음과 교훈을 일상생활과 사회발전의 동력으로 살려 나갈 수 있어야 할 것이다. 특히 남을 가르치고 이끄는 자리에 있는 사람들은 히딩크의 리더십을 배우고 실천해야 하며, 기성세대는 인터넷 세대를 재인식해야 한다.

W세대의 열정과 자신감

한일월드컵대회를 통하여 한국은 다양한 집단 및 계층 간 사회통합의 가능성을 확인했으며, 열광적이면서도 질서와 의연함을 잃지 않는 거리응원으로 새로운 자기정체성을 발견하는 기쁨을 누렸다. 월드컵을 통하여 얻은 것이 많지만, 그중에서도 가장 큰 소득은 청소년 세대의 화려한 등장(또는 새로운 발견)이다. 대회기간 동안 전 인구의 절반 이상이 한국 대표팀의 유니폼 색깔인 붉은 옷을 입고 거리에 나섰다. 그들은 남녀노소를 망라했지만, 주로 10대와 20대였다. 매스컴에서는 이들을 'R(Red) 세대' 또는 'W(World-cup) 세대'라고 명명했다.

'세대'란 공유하는 삶의 환경과 경험으로 인해 공통의 가치관과 행위양식을 보이는 동년배 집단을 지칭하는 개념이다. 사실 한 달이라는 짧은 기간에 새로운 '세대'가 형성될 수는 없는 일이다. 그럼에도 'W세대'라는 개념에 공감하는 것은 그들이 분명히 새로운 모습을 보여 주었기 때문이다. 정보통신기술의 발달에 따른 새로운 사회환경, 예컨대 디지털과 인터넷, 네트워킹과 글로벌화 등으로 이전과 다른 경험을 공유한 세대들이 이번 거리 응원을 계기로 부상한 것이다.

W세대는 순수한 열정과 거침없는 자기 표현력을 지녔다. 관습이나 제도의 틀에 얽매이지 않으며 삶을 즐긴다. 정치 이념이나 경제적 이해관계가 아니라 공통의 관심과 행위양식, 함께 하는 일상의 문화를 통해 개인적 다양성을 넘어 강한 연대를 형성한다. 그리고 자발적 참여를 통해 새로운 질서를 만들어 낸다. 그들은 경제적 여유와 정치적 민주화를 바탕으로 자신감에 차 있다. 근검, 절약 대신 오락과 소비성향에 치우친 것 같지만, 그것은 삶을 유쾌하게 하며, 생산에 활력을 불러일으킨다. 과거 어느 세대가 이들보다 더 큰 기쁨과 감동, 질서와 통합, 자신감과 자긍심을 주었던가?

이제 기성세대는 청소년 세대에 대한 인식의 틀을 바꾸어야 한다. 기존의 규범과 제도에 거슬리는 것 같지만, 청소년들이 만들어 내는 새로운 삶의 방식과 문화야말로 미래를 열어 가는 열쇠이며, 바로 미래사회의 모습이다. W세대의 등장이 장차 세계로, 미래로 나아가는 디딤돌이 될 수 있도록 지혜와 힘을 모아야 하겠다.

청소년을 가꾸자

'경제가 어렵다', '장사가 안 된다', '자영업체 추락', '내수침체', '청년실업' 등 최근 신문마다 어려운 나라경제 걱정이 줄을 잇는다. 한 여론조사에 따르면, 국민의 60% 이상이 현실의 어려움을 호소할 뿐 아니라

'희망이 없다.' 며 실의에 차 있다고 한다.

도대체 이게 무슨 말인가? 봄이면 절량농가가 속출하고 보릿고개를 넘지 못해 일가족이 굶어 죽던 그 시대에도 우리는 절망하지 않았다. 허리띠 졸라매고 미래를 그리며, 새벽별 보고 나와 저녁별 뜰 때까지 열심히 일했다. 그 때 집집마다 희망은 "눈에 넣어도 아프지 않을" 아들, 딸들이었다. 어떤 고생을 하더라도 자녀들만은 당당히 그들의 뜻을 펴며 풍요롭게 살아가기를 바랐던 것이다.

이제 다시 미래를 생각하자. 친일행적, 친북활동 같은 과거의 굴레를 떨쳐버리고, 반전평화, 좌우이념 같은 가치론적 집착에서 벗어나, 다음 세대의 삶을 그려보아야 할 때이다. 어느 철학자는 "청소년의 모습을 보여다오. 그러면 그 나라의 미래를 알려 주겠다."고 말했다. 오늘 우리는 한국 청소년들의 모습을 어떻게 보는가? 지금 우리는 과연 그들을 우리의 미래로, 우리의 희망으로 생각하고 있는가?

대부분 사람들은 '청소년' 하면 으레 '문제' 라는 단어를 떠올린다. 청소년문제는 청소년의 방황, 음주, 흡연, 오락, 퇴폐 등 온갖 비행의 개념을 포함한다. 청소년을 문제의 차원으로 인식하며 선도의 대상으로 생각하는 한 그들은 결코 우리의 희망이 될 수 없다. 자녀들을 믿고 그들에게 큰 기대를 가질 때만 미래의 희망이 될 수 있다.

'자녀교육' 하면 무엇을 연상하는가? 대부분의 사람들은 좋은 학군, 학원, 과외, 내신, 수능, 대학입시, 해외유학 등을 떠올릴 것이다. 예절, 도덕, 봉사, 공공질서, 효행, 애국 등은 교육의 변두리로 밀려난 지 오래이다. 교육은 오로지 학교나 학원에 맡겨진다. 그러나 사실은 집안에서의 일상생활, 부모의 말씀과 수범이 먼저이다. 교육은 돈이 아니라 부모의 관심과 정성으로 이루어지는 것이다.

청소년은 곧 우리의 미래이며, 미래를 가꾸는 일은 가정에서부터 시작된다. 자녀를 미래의 희망으로 키우기 위해서는 그들에 대한 인식의 틀부터 바꾸어야 한다. 청소년은 현재의 사람이 아니라 미래를 호흡하는 세대이다. 청소년은 결코 기존 질서에 잘 순응하도록 길러야 할 '육성' 의 대상이 아니다.

2002년 6월 전국을 뜨겁게 달구며 연령과 성, 지역과 계층을 넘어 전 국민을 한 덩어리로 묶어주었던 월드컵의 열기는 바로 청소년들이 일구어 낸 것이었다. 태극무늬 바디페인팅과 현란한 율동, 태극기로 휘감은 옷 등은 기존의 틀에서 보면 당연히 일탈행위이다. 그런데도 상궤를 벗어난 그 요란한 언행이 국가적 활력을 만들어 내고 나라의 브랜드 이미지를 높이며, 수출을 늘리고 국민들을 통합시키지 않았던가?

'한류열풍' 이란 수출 효자도 알고 보면 청소년들의 철부지 같은 소비행태와 취향이 일구어낸 작품이다. 기성세대로서는 인정은커녕 이해조차 하기 힘든 노래와 춤, 전혀 비현실적인 판타지와 오락, 그리고 비생산적인 사랑놀음 등이 문화콘텐츠라는 이름으로 동남아 수출의 역군 역할을 하고 있는 것이다. 요컨대, 청소년들의 가치관과 행동이 기존의 규범과 제도에 어긋난다고 하여 무조건 못마땅해 하거나 문제시할 일은 아니다.

청소년기는 기성세대를 따르기 위한 준비단계가 아니며, 그 자체로서 삶의 소중한 시기이다. 청소년들도 독립적인 인격체로서 존중받아 마땅하며, 인간다운 삶의 질을 누릴 수 있어야 한다. 올바른 교육은 기존의 문화와 지식을 청소년들에게 전수하는 것이 아니라, 스스로 창의력을 기르며 자신의 잠재력을 최대한 계발하고 조화로운 삶을 살아갈 수 있도록 오로지 도와주는 것이다. 국가 청소년정책의 방향 또한 기존의 '보호', '육성'의 틀에서 벗어나 '계발', '후원'을 지향해야 할 때이다.

청소년이 미래다

우울했던 20세기를 말끔히 씻어버리고 명실상부하게 새 시대를 열어가야 할 때가 됐다. 새로운 미래를 열어가는 단초는 청소년 분야에서 시작될 것 같다. 최근 들어 청소년을 위한 여건과 환경이 크게 변하고 청소년들의 역할이 커지고 있기 때문이다.

2004년부터 '청소년특별회의'가 매년 개최되고 있다. 전국에서 선정된 다양한 계층의 청소년들이 스스로 의제를 정해 토론하고, 그 결과를 대통령에게 직접 보고하는 형식이다. 청소년들의 생생한 목소리가 그대로 대통령에게 전달돼 정책에 반영되면, 그만큼 청소년들에 대한 사회적 관심을 제고하는 계기가 될 것이다.

지역화와 분권화가 빠르게 진행되면서 지역 청소년에 대한 지방자치단체의 관심이 점증하고 있다. 지역 발전의 원동력으로서 청소년 인적자원 개발에 대한 관심과 정책을 강화할 뿐 아니라, 지방자치단체의 정책 수립 및 평가를 위한 지원과 연구 수요도 증대하고 있다. 청소년 인적자원 개발과 육성이 곧 지역사회 발전의 토대라는 정책적 판단이 확산되고 있는 것이다.

세계적으로도 청소년에 대한 관심이 증가하고 있을 뿐 아니라 국제사회가 요구하는 청소년상과 역할이 변하고 있다. 청소년의 문화적 감성이나 직업능력, 국제적 감각 등의 중요성이 부각되고 청소년의 인권과 참여, 사회 발전적 역할 등이 새로운 초점으로 부각되고 있다. 국내에서도 성인연령의 하향 조정에 따라 청소년들의 사회참여와 인권 요구가 증대될 것이다. 이러한 변화에 부응하여 정부도 청소년 참여를 사회적 에너지로 승화시킬 수 있는 정책과 제도 마련에 나서고 있다.

이처럼 청소년을 위한 여건과 환경이 크게 변한다고 하여 청소년들을 위한 걱정이 없는 것은 아니다. 우선 급격한 사회변동에 따라 청소년의 불확실성이 더욱 증대되고 있다. 예컨대, 사회적 패러다임의 변화로 진로와 직업 선택의 어려움이 커지고, 사회적 불확실성에 따른 청소년의 갈등과 좌절은 여전히 심각하다.

물질적으로 뿐만 아니라 문화적으로도 큰 변화에 직면하고 있다. 유비쿼터스 네트워크에 따른 새로운 문화 환경이 급속히 형성되면서 청소년이 국가 정보화수준을 한 단계 끌어올릴 핵심 세대로 부상하고 있지만, 청소년들의 잠재력을 키워줄 수 있는 문화기반에 대한 체계적 연구와 지원은 지극히 미흡하다. 청소년의 감성과 다양성을 문화적 역량으로 발전시킬 수 있도록 지원함으로써, 청소년들이 새로운 정보문화를 주도해 나갈 수 있도록 해 주어야 한다.

옛날부터 선인들이 '청소년은 나라의 미래' 라고 했지만 최근 들어 이 말이 더욱 실감난다. 이제는 청소년이 자라서 미래의 주역이 되는 게 아니라 현재 청소년들의 생각과 행동이 바로 나라의 미래를 결정하기 때문이다. 청소년은 더 이상 미래를 준비하는 세대가 아니라 현재 사회의 당당한 구성원이며 '소비 주체' 인 동시에 '생산 주체' 다.

실제로 최근 한국사회의 부가가치를 창출하고 자긍심을 드높인 것은 모두 청소년이었다. 예컨대 월드컵 스타, 올림픽 스타, 미국 골프계의 한국 낭자군, 세계 최고의 바둑기사들, 그리고 첨단 산업의 주요 소비층 등은 모두 청소년이다. 세계로 확산되고 있는 K-팝의 주역도 바로 청소년들이다.

청소년 도약의 환경이 획기적으로 조성되고 있지만 실제로 도약을 이뤄내는 것은 바로 정책적 비전과 실천에 달려 있다. 이제는 청소년들을 육성 · 보호 · 선도하는 차원을 넘어 청소년들 스스로 자신의 다양한 잠재력을 계발해 나갈 수 있도록 사회화 과정을 바꿔줘야 한다. 사회화의 가장 중요한 대행자는 가족 · 학교 · 지역사회 · 뉴미디어 등이다. 교육이 가정이나 지역사회, 미디어와 별개로 학교에서만 이뤄지게 해서는 안 된다. 이들을 모두 유기적으로 연결하여 청소년들이 성장과정에서 자연스럽게 자율적이고 창의적인 인성을 형성해 나갈 수 있도록 해 주어야 한다. 급변하는 미래 환경 속에서 청소년 사회화에 대한 부모의 역할을 재정립하고 학교의 모습을 바꾸며, 뉴미디어의 기능을 재점검하는 정책연구가 시급하다.

청소년정책의 기본 방향

20세기 후반 이후 사회 환경이 크게 변했으며, 청소년에 대한 중요성은 그 어느 때보다 커졌다. 21세기 디지털, 글로벌, 실버 시대에 대응할 사회적 활력을 창출해 내기 위해서는 무엇보다 청소년의 역동성과 잠재력을 계발하는 것이 시급하기 때문이다.

청소년정책이 효과를 거두기 위해서는 우선 시대에 부응하는 비전과 정책 방향을 설정하고, 이에 상응하는 행정체계를 갖추어야 할 것이다. 비전은 사회 변동 추세와 미래상을 전망하면서 청소년의 역할이 왜 중요한지, 그에 적합한 청소년 자원을 어떻게 개발할 것인지 형상화해 보여 줄 수 있어야 한다. 국가 차원에서 비전을 보여 줄 수 있어야 청소년정책에 대한 국민적 공감대를 형성할 수 있기 때문이다. 그리고 청소년정책은 다음과 같은 세 가지 기본 방향을 지향해야 한다.

첫째, 과학적이며 체계적인 정책 수립을 위한 기초 자료와 통계를 시계열적으로 축적해 나가야 한다. 예컨대 청소년의 성장과정을 추적 조사하는 패널 연구, 이들의 발달 정도에 대한 분석과 종단적, 횡단적 비교를 가능케 할 지표 개발 및 측정, 청소년의 사회화 환경 및 행동 양식에 대한 정기적 실태 조사 등이다.

둘째, 이러한 과학적 자료를 바탕으로 통합적이고 장기적이며 체계적인 거시정책을 수립하고 시행해 나가야 한다. 이렇게 함으로써 단순히 부문별 프로그램이나 개별 단체 및 시설을 지원하는 차원을 넘어설 수 있을 것이다.

셋째, 정책 수립 및 시행 과정에서 가족, 학교, 지역사회, 미디어 등 사회화 대행자들과의 연계를 중시해야 한다. 청소년의 성장과 잠재력 계발은 생애 주기를 통해 지속적으로 이뤄지며, 특정 시기나 경험을 통해 단편적으로 형성되는 것이 아니다. 그러므로 청소년정책은 시대 변화에 따른 부모의 역할, 학교와 교사의 변화, 뉴미디어의 막강한 영향력 등 다양한 변수를 통합해 고려할 수 있어야 한다.

국가발전을 위한 청소년정책

청소년은 사회와 고립되어 존재하는 집단이 아니며, 가정은 물론 학교와 지역공동체, 언론 및 여타 사회 환경과 밀접히 관련되어 있다. 따라서 청소년정책은 청소년만이 아니라 사회 전체를 대상으로 해야 하며, 보다 거시적이고 종합적인 시각을 가져야 한다. 이제 청소년 분야에서 일하는 사람들은 더 큰 시대적 소명감을 느끼며 각오를 새롭게 해야 할 것이다. 단순히 청소년 여가생활이나 수련활동을 지원하며 자원봉사활동 지원방안을 마련한다고 될 일은 아니다. 청소년들이 스스로 자신의 다양한 잠재력을 계발해 나갈 수 있도록 사회화 과정을 바꾸어 주는 것이 무엇보다 중요하다.

많은 사람들이 청소년정책은 오로지 청소년들의 행복과 삶의 질 향상을 추구하는 것으로 오해한다. 일차적으로는 물론 그렇다. 그러나 궁극적인 목표는 청소년의 활력과 잠재력을 계발함으로써 사회 전체의 발전에 기여하고자 하는 것이다. 전국의 수많은 청소년 관련 단체들이 당해 지역에서 또는 전문화된 영역에 따라 다양한 집단의 청소년들을 대상으로 활동한다. 청소년정책은 이러한 다양한 활동 전체를 지원하면서, 특정 대상 청소년들이 아니라 전체 청소년을 대상으로 하되 청소년의 울타리를 넘어서는 국가 차원의 사업을 수립, 추진해 나가야 할 것이다.

앞으로는 청소년정책이 사회적 패러다임의 변화에 부응하는 국가발전의 중심부문으로 자리 잡을 수 있기를 기대한다. 이러한 비전을 달성하기 위해서는 무엇보다 먼저 중앙정부 각 부처는 물론 각 지방자치단체의 청소년정책을 총괄 조정할 수 있는 행정 네트워크를 구축하는 일이 중요하다. 그리고 이 네트워크의 중심축 기능을 다하기 위해, 과학적이고 체계적이며 거시적인 정책 수립의 기초가 될 각종 자료와 통계를 시계열적으로 축적해 나갈 수 있는 시스템을 갖추어야 할 것이다.

미래 겨냥한 청소년 정책 세우자

청소년정책은 기존의 '육성'과 '복지'라는 정책의 이분법적 틀을 탈피하여, 장기적이고 거시적이며 다차원적인 정책의 틀을 새로 마련해 나가야 한다. 청소년은 물론 청소년 관련자들에게 미래지향적 의식을 고취하고, 미래전망을 바탕으로 사회 각 분야와 연계하여 종합적인 청소년정책을 수립해야 하기 때문이다.

놀랄 만큼 빠르게 전개되는 사회적 패러다임의 변화와 전환기 청소년 역할의 중요성을 감안할 때, 좋은 정책이란 시대적 배경과 대상의 특성, 그리고 사회 환경 변화를 정확히 반영할 수 있어야 한다. 청소년들이 살아갈 미래사회의 구조는 과거와 질적으로 전혀 다른 모습이므로, 그들의 가치관이나 행동양식 또한 산업세대와는 확연히 다를 수밖에 없다. 오늘의 청소년들이 기성세대와 다른 모습을 보이는 것은 성장환경이 다르기도 하지만, 기성세대가 과거의 틀에 따라 생각하고 행동하는 데 비해 청소년들은 미래의 공기를 호흡하며 미래사회에 적응해 가고 있기 때문이다.

미래는 정보기술의 발달로 유비쿼터스, 글로벌 사회가 될 것임을 누구도 의심치 않는다. 정보사회로 진입하면서 사회제도들도 근본적 변화를 보이고 있다. 21세기는 고령사회이고, 핵가족은 어떤 형태든 다른 모습으로 대체될 것이며, 교육은 학교 울타리를 벗어나 '탈학교' 시대를 열어갈 것이다. 대부분 구성원들은 일에 매몰되기보다 자아실현을 추구하며, 자신의 관심과 취향에 따라 거주와 일을 바꾸는 현대판 유목민의 특성을 보이게 될 것이다.

청소년정책은 마땅히 미래사회를 전망하고 미래세대를 이해하는 데서부터 출발해야 하며, 사회가 급격히 변할수록 더욱 중요해진다. 눈부시게 발달하는 정보기술을 가장 잘 따라가며, 거미줄같이 얽혀 있는 복잡한 네트워크 속에서 유연하게 길을 찾아갈 수 있는 층은 성숙한 기성세대가 아니라 바로 청소년들이기 때문이다. 수없이 다양한 인종과 문화가 부딪치는 가운데 정체성을 유지하며 그들과 상호작용하고 어울리기 쉬운 세대도 청소년들이다. 그러므로 미래 고령사회의 활력은 청소년들에게서 찾아야 한다.

'청소년'이라는 개념은 '증기기관'과 함께 18세기 중엽에 처음 사용되기 시작했는데, 증기기관이 산업사회를 이끌어 온 동력이었다면 청소년은 정보사회를 개척해 나갈 동력이 될 것이다. 따라서 청소년정책의 궁극적 목적은 단순히 청소년 개개인이 행복하고 만족한 삶을 누리도록 해 주는 것이 아니라, 청소년을 통하여 국가발전에 기여할 수 있는 미래전략을 모색하는 데 둬야 한다. 그렇다고 청소년정책이 청소년 개개인의 삶에 관심을 가지지 않는다는 뜻은 아니다. 단지 다른 모든 정책과 마찬가지로 그 궁극적 지향점은 국가발전에 있음을 강조한 것이다.

미래 청소년정책은 과거와 같이 청소년들을 기존의 가치관과 제도적 틀 안에 안전하게 보호하거나 기성세대가 생각하는 바람직한 방향으로 육성하는 데 그쳐서는 안 된다. 청소년들이 자신의 잠재적 가능성을 계발하고 역량을 강화하며, 관심과 취향에 따라 체험을 통하여 스스로 도전해 나갈 수 있도록 지원하고 도와주는 방향이어야 한다. 또한 국제기준에 부합하는 청소년 인권 보장을 제도화해 나감으로써, 글로벌 수준의 인재로 성장할 수 있는 길을 열어 주어야 한다.

정보사회와 4-H 운동

청소년기는 미래를 준비하는 시기이므로 개인의 일생에서 매우 중요하다. 개인적 차원에서 보면, 앞으로 살아가는 데 필요한 가치와 태도, 사회규범 및 여러 가지 기술을 습득하는 일 등이 모두 이 시기에 이루어진다. 사회적 차원에서 보면, 청소년들이 어떻게 사회화해 나가느냐에 따라 사회 전체의 미래가 결정된다. 그러므로 청소년들이 올바른 사회화를 하는 것은 개인의 일생뿐 아니라, 사회 전체의 미래를 위해서도 대단히 중요하다.

농경사회에서는 부모들이 자녀들에게 삶의 태도와 살아가는 데 필요한 기술을 가르칠 수 있었다. 산업사회 이후 각 분야의 전문지식이 중시되면서 교육은 가정을 떠나 전문적인 공교육 기관으로 옮겨 갔다. 그러나 하루가 다르게 변하며 더욱 복잡해져 가는 정보사회에서는 자라나는 어린이에게 필요한 모든 것을 가르쳐 줄 수가 없다.

정보화가 진행될수록 사회변동의 속도는 더욱 빨라진다. 어느 시대, 어느 사회를 막론하고 청소년 교육은 중요하지만, 변동의 속도가 빠른 문명사적 전환기에는 더욱 중요하다. 지금처럼 급변하는 상황에서 학교는 더 이상 일생 살아갈 바탕이 될 가치관이나 기술을 가르칠 수 없다. 오늘의 청소년 교육은 지식을 전달해 주기보다는 함께 살아가는 지혜와 창의력, 그리고 건강한 신체와 건전한 정신을 길러 주는 데 비중을 두어야 할 것이다.

이러한 관점에서 보면, 청소년운동은 그 자체로서 교육의 중요한 일부라고 볼 수 있다. 청소년운동은 일반적으로 비정규 교과과정 활동을 통하여 청소년들에게 올바른 인생관과 삶의 태도를 길러주고, 협동을 통한 공동체 생활의 진리를 깨우치게 하며, 미래에 대한 꿈과 비전을 심어주는 것을 목적으로 하기 때문이다.

한민족 역사에서 청소년운동은 새로운 미래를 열어가는 관문이었다. 신라시대의 화랑도 정신은 삼국통일의 초석이 되었고, 일제하에서의 애국청년운동은 조국광복의 밑거름이 되었으며, 한국전쟁의 와중에서 시작된 4-H운동은 전후복구와 경제성장의 주춧돌이 되었다. 이제 21세기 정보사회를 맞이하여 다시 한번 청소년운동을 생각해 본다.

사회가 빠르게 변하면서 기존의 도덕과 질서가 무너지고, 어느 때보다 창의력과 상상력을 요구하는 시대를 맞이하여, 그만큼 청소년운동에 대한 필요성과 기대감도 커지고 있다. 이 시대의 청소년운동은 청소년들의 무례함과 나약함을 탓하는 대신, 그들로 하여금 해 지는 들녘을 떠나 해 뜨는 들판으로 옮겨 가도록 자극하는 미래지향적인 것이 되어야 한다.

새로운 테크놀로지 수용에 유리한 지점을 기다리지 않고, 그것을 찾아 나서는 적극성과 진취성을 길러 주어야 한다. 기성의 문화에 순응하기보다는, 새로운 정보의 바다에 뛰어드는 용기를 장려해야 한다. 미래를 두려움이라는 부정적 렌즈를 통해서 보는 대신, 기회라는 긍정적 렌즈를 통해서 볼 수 있는 인식의 틀을 만들어 주어야 한다. 그러면서도 다원사회에 적응할 수 있는 절제와 조화, 그리고 함께 살아가는 공생의 삶을 체득할 수 있게 해 주어야 한다.

새 시대의 청소년운동을 그리는 가운데, 19세기 말 미국에서 시작되어 제2차 세계대전 이후 세계적으로 확산된 4-H운동을 생각하게 된다. 4-H운동은 산업사회의 도래와 더불어 공동체의 붕괴와 도덕적 혼란이 가중되던 시기에 미국이 새로운 선진국으로 도약하기 위해 전개한 청소년운동이었다. 한국에서도 보릿고개의 전설이 살아있던 시절, 동네 어귀마다 서 있던 흰 바탕에 녹색의 네잎클로버는 우리 모두에게 믿음과 희망의 상징이었다. 4-H운동은 단순한 농촌부흥운동이 아니라 새 시대를 열어가는 운동이었던 것이다.

지(head), 덕(heart), 노(hands), 체(health)의 정신은 100년의 시간을 넘어 21세기에 더욱 귀중하게 느껴진다. 지(智)는 이 시대에 무엇보다 중요한 창의력을 뜻하며, 덕(德)은 올바른 사회윤리와 타인에 대한 존중, 노(勞)는 근면과 성실, 체(體)는 복되고 즐거운 삶의 질을 의미한다. 더욱이 4-H운동이 지향하는 근본정신은 환경보전과 생명존중, 그리고 개개인의 능력 계발과 공생적 삶을 통하여 미래에 대한 희망과 비전을 가꾸어 나가는 것이었으니, 이것이야말로 미래 청소년운동의 정신이 아니겠는가? 이제 4-H운동은 농촌지역의 울타리를 넘어 세계 속에 선진조국의 미래를 준비하는 21세기의 청소년운동으로 뻗어 나가야 할 것이다.

CHAPTER 6

교육 열정은 가꾸고 제도를 개혁하자

놀라운 10대, 무서운 10대

2002년 월드컵을 계기로 우리는 청소년들을 새롭게 인식하게 됐다. "대~한민국"에 열광하는 조국애, 종일토록 뛰면서도 지칠 줄 모르는 활력, 깔끔한 집회문화와 공중도덕 등은 어른들을 놀라게 하기에 충분했다. 그때 거리로 쏟아져 나온 청소년들은 전혀 어리거나 미숙한 모습이 아니었다. 그들의 창의성, 자발성, 참여의식, 그리고 인터넷을 매개로 한 네트워킹 능력 등은 기성세대가 상상조차 못했던 모습이었다.

어른들이 미처 깨닫지 못하고 있었을 뿐, 새 천년을 전후하여 한국 청소년들은 여러모로 '놀라운 10대'의 모습을 보여주었다. IMF의 국민적 시름을 씻어준 미LPGA 스타 박세리, 월드컵 4강신화의 주역 박지성, 세계를 제패한 이창호 기사, 아시아의 스타 보아, 뉴욕을 적신 가수 비, 새로운 장르를 개척한 비-보이, 수영의 마린보이 박태환, 피겨스케이팅의 요정 김연아, 그 외에도 아시아는 물론 세계로 뻗어나간 운동선수와 한류 스타들이 수없이 많고, 수십억 매출의 인터넷 쇼핑몰을 창업한 10대 사장도 있다.

그런가 하면, '무서운 10대'도 어른들을 놀라게 한다. 인터넷 성매매와 교내 집단성폭행 사건, 포털 사이트의 음란물 동영상 유포, 공항을 폭파하겠다는 협박전화, 자신이 다니는 학교건물 방화사건, 여자친구에게 접근했다고 친구를 폭행 후 구덩이에 묻은 사건 등은 모두 중·고등학생들이 저지른 일이었다. 질병관리본부 조사에 따르면, 비행으로 이어지기 쉬운 흡연과 음주 시작 평균 연령도 크게 낮아졌다. 1998년과 비교할 때 흡연은 15세에서 12.4세로, 음주는 15.1세에서

12.7세로 낮아진 것이다.

어떻게 이처럼 '놀라운 10대'와 '무서운 10대'가 등장하게 됐는가? 흔히들 경제성장과 국력신장, 한국인의 우수성, 부모의 뜨거운 교육열과 헌신적 뒷받침이 '놀라운 10대'를 탄생시킨다고 한다. 반면에 '무서운 10대'에 대해서는 폭력적 게임, 저급한 정보 홍수, 가정과 학교의 인성교육 및 관리감독 부족 등이 원인이라고 진단한다. 과연 전혀 다른 모습의 두 집단은 서로 다른 환경에서 성장한 것일까? 그렇지 않다. 사실은 물질적 풍요, 과외수업, 게임과 인터넷, 자기중심적 생활 등 동일한 환경에서 성장한 세대이다.

인간은 사회화 과정을 통하여 동물적 개체에서 사회적 구성원으로 성숙해 간다. 균형과 일관성 속에 잘 이루어진 사회화 과정은 원숙한 사회인을 길러내지만, 모순과 혼란으로 점철된 사회화 과정은 뒤틀린 인성의 일탈자를 낳게 된다. 우리 청소년의 상반된 두 가지 모습은 '강한 사회적 성취요구'와 '자기중심의 선택적 행동'이라는 동일한 뿌리에서 자라났으되 서로 다른 유형이다. 올바른 가치관과 윤리의식, 사회적 규범과 행동양식을 길러주는 사회화 기제가 제대로 작동하지 못하기 때문에 극단적 일탈 유형이 나타나는 것이다.

산업사회에서 사회화의 주요 대행자였던 가정과 학교, 지역공동체 등은 정보사회로 진입하면서 그 기능을 상실했다. 그러나 이를 대체할 새로운 사회화 기제는 아직 형성되지 못하고 있다. 인터넷, 휴대전화 등 뉴미디어가 강력한 영향력을 행사하고 있지만, 이들을 제어할 제도적 장치는 아직 만들어지지 못했다. 무한한 잠재력과 열정을 지닌 우리 청소년들이 디지털 시대의 글로벌 리더로 성장할 수 있도록 정보사회에 적합한 새로운 사회화 메커니즘을 모색하고 정착시키는 일이 시급하다.

산업사회를 맞이하여 핵가족, 공식교육, 대의민주주의 등과 같은 새로운 제도를 형성했던 것처럼, 이제는 정보사회에 부응하는 새로운 가족제도와 구성원 간 상호작용양식, 자기탐구적 평생학습제도, 뉴미디어 시대의 사회규범과 윤리, 네트워크 시대 공동체적 삶의 양식과 사회통제 방식 등을 창안하고 정착시켜 나가야 할 것이다.

역사 모르는 청소년?

6월은 국가와 민족에 대한 기념일이 많은 달이다. 3일은 대학생이 군사정권에 항의해 궐기한 날이고, 6일은 순국선열을 추모하는 현충일이다. 10일은 헌정 유린에 맞섰던 시민항쟁 기념일, 15일은 분단 이후 처음 남북 정상이 만난 날, 25일은 잊을 수 없는 민족 상쟁의 날이다. 29일은 시민항쟁에 군사정권이 굴복한 날인 동시에 서해교전으로 해군용사 6명이 전사한 날이다.

'호국의 달' 6월에 우리는 추모와 감사의 마음보다 파당적 이익 추구에만 급급하지는 않았던가? 이런 모습이 청소년의 역사의식에 어떤 영향을 미칠지 우려된다. 청소년의 과반수가 6 · 25전쟁이 언제 일어났는지, 주적이 누구인지조차 모른다고 걱정하는 사람이 많다. 청소년을 탓하기 전에 어른이 먼저 스스로 돌아보며 반성해야 할 것이다.

한국청소년정책연구원에서 '청소년의 역사사랑' 토론회를 가진 적이 있다. 사회를 맡은 인기 아나운서와 사진을 찍거나 사인을 받기 위해 몰려들던 모습과는 달리 행사가 시작되자 청소년들은 의젓해졌다. 그리고 역사교육의 실태와 방향, 주변국의 역사 왜곡과 대응방안, 청소년의 올바른 역사의식 함양방안을 놓고 진지한 토론을 이어갔다.

글로벌 시대에 민족이나 국가정체성은 구시대적 낡은 개념인가? 결코 그렇지 않다. 여전히 중요하다. 그것은 나무의 뿌리와도 같다. 나무가 아무리 크고 무성하더라도 뿌리가 훼손되면 죽는다. 가족이나 친구에 대한 사랑, 어떤 목표를 성취하고자 하는 욕구, 미래에 대한 열망 등은 삶을 지탱해 주는 뿌리이다. 사회변동의 속도가 빠르고 폭이 클수록 구성원들은 더욱 튼튼한 뿌리를 가져야 한다.

나라사랑, 역사의식, 한민족으로서의 정체성은 개인에게 존재 의미를 부여해 줄 뿐 아니라 삶의 원동력을 제공해 준다. 역사를 바로 알면 민족에 대한 긍지를 갖게 된다. 민족적 긍지는 나라사랑과 삶의 보람, 자신의 정체성으로 이어진다. 올바른 정체성을 지닌 사람만이 다양한 지구촌 사회에서 자신의 고유한 향기를 지닐 수 있다.

글로벌 시대라 하여 국가를 가벼이 여기고 역사를 도외시하는 자세는 바람직하지 못하다. 교류가 빈번하고 경쟁이 치열할수록 자국의 역사와 문화를 바로 알아야 한다. 청소년의 역량을 강화하고 나라를 사랑하게 하는 것이야말로 미래 국가발전의 핵심동력을 만들어 내는 일이다.

21세기, 무엇으로 살아갈 것인가?

20세기 냉전 체제가 역사 속으로 사라지고 21세기 새로운 세계가 전개되면서, 흔히들 "다음 세대에 우리는 과연 무엇으로 살아갈 것인가?"라는 실용적인 질문을 자주 한다. 이것은 얼핏 듣기에 별로 고상한 말은 아니지만, 사실은 매우 현실적이고 중요한 질문이다.

과거 사회변동의 속도가 느리고 그 폭이 크지 않을 때는 먼 앞날에 대해 별 신경을 쓰지 않아도 괜찮았다. 그러나 20세기 후반부터 세계적으로 사회 구석구석에 급격한 변동의 소용돌이가 몰아치면서 미래에 대비하지 못하는 나라는 낙오할 수밖에 없다. 농경사회가 형성되던 시기에 우리는 찬란한 문화를 이룩했으나, 20세기 초 산업화의 새 물결에 적응하지 못하여 주권을 상실하는 비운을 겪었다. 늦었지만 한국이 20세기 후반에 산업화에 성공하여 선진국을 뒤좇아 가게 된 것은 참으로 다행이다.

농경사회에서는 토지가 곧 생산의 근원이고 부를 축적하는 수단이었다. 그러나 산업화가 시작되면서 토지의 가치는 하락하고, 자본과 기술이 이를 대체했다. 새로운 산업기술을 받아들이고 기계를 조작하기 위해서는 잘 교육받은 노동력이 필요했다. 우리가 자본도 없고 기술도 없는 상태에서 산업화 물결에 합류할 수 있었던 것은 바로 양질의 노동력을 보유한 덕분이었다. 식민지 수탈과 한국전쟁으로 그처럼 황폐화된 가운데서도 결코 포기하지 않았던 자녀교육이 세계적으로 유례가 드문 경제성장의 신화를 만들어 낸 것이다.

이제 다시 한번 '장차 무엇으로 살아갈지' 진지하게 고민해 보아야 할 때이다. 21세기는 지식·정보사회이다. 정보사회에서는 주요 생산품이 아톰(atom)이 아니라 비트(bit)로 구성되며, 지식과 정보가 생산의 양과 질을 결정한다. 여기서 중요한 것은 자본도 아니고 기계도 아니다. 사람이 가장 중요하다. 사람의 생각이나 창의력, 또는 아이디어가 제품을 만들어 내고 제품의 질을 결정한다. 그렇다면 미래 국가의 흥망과 명운도 바로 인적 자원에 달려있음을 쉽게 알 수 있다. 인적 자원 개발을 강조하는 것은 미래 성장 동력이 바로 여기에 있기 때문이다.

과거 식의 '교육'과 지금 말하는 '인적 자원 개발'에는 미묘하나마 약간의 차이가 있다. 교육은 개인을 대상으로 지식을 전수하거나 기존의 틀 속으로 사회화시킨다는 의미를 강하게 내포하는 반면, 인적 자원 개발은 개인의 잠재력을 발현시키거나 사회가 지닌 자원을 동원해 낸다는 데 더 비중을 두고 있다. 21세기 우리의 살 길은 인적 자원 개발을 어떻게 하느냐에 달려 있다고 해도 과언이 아니다.

장기적으로 보면, 인적 자원 개발에서 보다 중요한 측면은 사회적 동원보다 개인적 잠재력의 발현이다. 미래에 중요한 인적 자원이 과연 어떠한 것일지 현재로서는 알 수 없기 때문에, 구체적 내용보다는 스스로 미래를 창조해 나갈 수 있는 자율성과 창의력을 모든 개인에게 갖추게 하는 것이 더 중요하다. 인간의 품성과 잠재력이 어린 시절의 사회화 과정에 크게 영향을 받는다는 것은 널리 알려진 사실이다. 그렇다면, 인적 자원 개발의 출발점은 바로 청소년이며, 청소년 역량강화야 말로 인적 자원 개발의 핵심인 셈이다.

"오늘의 청소년이 곧 나라의 미래"라는 말은 옛날부터 인구에 회자되어 왔다. 과거에는 청소년이 자라면 곧 사회를 이끌어 갈 세대가 된다는 의미에서 이 말을 당연하게 받아들이곤 했다. 지금도 이 말은 유효하지만 의미는 약간 다르게 해석되어야 한다. 즉, 오늘의 청소년이 어떤 생각을 하고 어떤 기발한 아이디어를 내느냐에 따라 우리의 미래가 달라진다는 뜻이다. 21세기 새로운 사회를 창조하고 이끌어 갈 사람은 결국 오늘의 청소년들이며, 청소년 잠재력 계발의 중요성도 바로 여기에 있다.

그러나 아직 우리 사회에서는 청소년 계발의 중요성에 대한 인식이 크게 부족하다. '청소년' 하면 '계발' 보다는 으레 '문제'를 먼저 떠올리는데, 이것은 청소년을 주로 보호나 복지의 대상으로 보고 있다는 반증이다. 청소년을 미래의 희망으로 가꾸어 나가기 위해서는 그들에 대한 인식부터 바꾸어야 한다. 청소년기는 기성세대를 따르기 위한 준비단계가 아니며, 그 자체로서 삶의 소중한 시기이다. 청소년들도 독립적인 인격체로서 존중받아 마땅하며, 인간다운 삶의 질을 누릴 수 있어야 한다.

청소년은 미래 환경과 새로운 규범을 만들어 갈 세대이므로 과거의 사회 환경과 규범에 의해 '육성'될 수 없다. 청소년의 역량강화는 기존의 문화와 지식을 청소년들에게 '전수'하는 것이 아니라, 스스로 창의력을 기르며 자신의 잠재력을 최대한 계발하고 조화로운 삶을 살아갈 수 있도록 단지 도와주는 것이다. 청소년들이 스스로 자신의 현실을 분석하고 미래 과제를 도출하며, 대응방안을 모색하도록 지원하는 일이야말로 청소년 역량강화의 소중한 밑거름이 될 것이다.

성장환경에 따른 청소년 가치관과 행동의 변화

정보화, 글로벌화, 네트워크화, 다원화 등과 같은 거시적 변동 추세는 사회적 패러다임을 변화시킬 뿐 아니라, 개개인의 생활환경을 바꾸어 놓는다. 실제로 한국사회의 급격한 변화는 청소년들의 성장환경에 큰 영향을 미치고 있다.

무엇보다 우선 청소년들의 생활에서 사이버공간이 일상화되면서 대부분 활동이 실시간화되고 있다. 친구와 게임을 하거나 외국에 있는 친구와 채팅을 하거나, 공연 표 예매, 정보를 찾는 일 등 모든 것이 실시간으로 이루어진다. 또한 사이버 공간에서는 성이나 연령, 용모, 계층 등 과거 상호작용에 지대한 영향을 미치던 모든 인습적 신분이 소멸된다. 누구나 익명으로 만나지만 이러한 익명성이 상호작용을 어렵게 하거나 왜곡시키지는 않으며, 오히려 아무 거리낌 없는 주체적 행동을 가능하게 한다.

둘째, 사회적으로 정보의 엔트로피가 엄청나게 증가하였다. 생산되는 정보도 많아졌지만 유통량이나 속도도 상상할 수 없을 정도로 커지고 빨라졌다. 이제 생활에 필요한 모든 정보를 기억하거나 자신의 공간에 소유한다는 것은 사실상 불가능하다. 따라서 교육의 방식도 근본적으로 바뀌고 있다. 지식의 내용을 전수하는 것 못지않게 필요한 지식을 찾아내어 종합하고 정리하는 능력을 가르치는 일이 중요해졌기 때문이다. 이제 학교에서 모든 것을 배울 수 없게 되면서 '평생교육시대' 가 열리고 있다.

셋째, 정보사회에서는 다중 경력을 통하여 복선적 삶을 살아가는 진취적이고 적극적인 삶의 방식을 취해야만 한다. 한 개인의 일생을 두고 보면, 과거에는 하나의 분야에서 한 가지 일을 하며 하나의 전문적인 경력을 쌓아가는 단선적 삶이 주류였다. 부모들이 자녀에게 들려주는 가장 중요한 속담 가운데 하나도 바로 “한 우물을 파라.”는 것이었다. 그러나 정보사회에서 하나의 우물만 파는 것은 어리석고 우둔한 삶의 방식이 될 것이다.

넷째, 사회화와 일과 여가가 모두 통합되고 있다. 산업사회에서는 청소년기에 교육을 받고, 중년이 되면 일에 전념하고, 노년이 되면 여가를 즐기는 식의 순차적 생애과정을 당연한 것으로 받아들였지만, 정보사회에서는 일생을 통해 교육과 일, 그리고 여가생활을 모두 동시에 해 나가는 복합적 생애과정으로 바뀐다.

이처럼 급격한 사회변화는 특히 사회화 과정에 있는 청소년들의 성장환경을 획기적으로 변화시킴으로써, 그들의 가치관과 행동양식을 형성하는 데 결정적인 영향을 미치고 있다. 아직은 초기 단계라 단정적으로 말하긴 어렵지만, 전반적인 추세는 뚜렷하게 나타난다.

우선 가치관의 변화 추세를 보면, 과거에는 경제적 가치를 무엇보다 중시했던 데 비해, 최근 청소년들은 문화적 가치를 오히려 더 중시하는 경향으로 바뀌고 있다. 사회의식에서도 물질적 성장주의에서 벗어나 비물질적 생태환경주의를 강조하게 되었다. 또한 뉴미디어의 보급과 더불어 개인의 영향력이 크게 증대했을 뿐 아니라, 집단이나 공동체 보다는 개체를 존중하고 개성을 중시하는 개인주의가 확산되고 있다. 그동안 한국사회에 만연해 오던 집단주의적 규제가 힘을 잃고, 개인중심의 자유를 존중하는 추세가 나타난다. 인간관계에서도 과거에 흔히 강조되던 공동체의식이 약화된 반면, 개인 간의 관계가 더욱 중시되고 있다.

이러한 가치관의 변화는 당연히 행동양식에도 나타난다. 지난 20세기 후반 세계를 지배하던 이념적 지향이 급격히 퇴조하면서, 특정 이념에 몰입되어 맹목적으로 행동하던 모습은 사라지고, 무이념 또는 혼합이념의 시대가 열리고 있다. 마찬가지로 하나의 권위에 복종하고 추종하던 일원적 권위주의가 붕괴되고, 다원적이며 자율적인 행동양식이 보편화되었다.

정치적 또는 사회적 행위뿐 아니라, 패션이나 취향, 직업선택 등에서도 이러한 현상은 뚜렷한 하나의 추세를 형성하고 있다. 과거 혈연, 지연, 학연 등 갖가지 연고에 따라 판단하고 행동하던 양식도 크게 약화되었다. 연고나 지역공동체의 영향력이 사라진 자리에는 관심과 취향에 따라 형성되는 '네트워크' 라는 새로운 행위의 준거가 나타나고 있다. 그리고 국가라는 범위 내에서만 가능한 줄 알았던 시민적 행위도 전 지구적 차원 또는 보편적인 인권 차원의 행위로 확대되어 간다.

자녀교육의 오해와 지혜

해마다 대입수능 시험일이면 '입시한파' 가 수많은 학부모들의 가슴을 졸이게 한다. 대학입시 때문에 전국의 관공서가 출근시간을 늦추고 비행기 이착륙 시간까지 조절하는 나라는 세계에서 아마 한국밖에 없을 것이다. 우리나라의 대학입시는 국가적으로 그만큼 중요하다. 자녀가 수능시험을 잘 보도록 전국의 명산대찰이나 교회에서 철야 기도하는 모정에 눈시울이 뜨거워진다.

자녀교육을 위한 부모들의 열정은 입시철에 국한되지 않는다. 초등학교 시절부터 자녀교육을 위해서라면 돈과 시간을 아끼지 않을 뿐 아니라, 자신까지도 희생하는 것이 한국의 부모들이다. 자정 넘은 시간 자녀를 태우기 위해 장사진을 이루는 자동차 행렬이 있는가 하면, 과외비를 벌기 위해 파출부로 나서는 어머니도 많다. 최근에는 고액과외, 불법유학 등으로 비난받기도 하지만, 바로 이러한 교육열이 세계적으로 유례가 없는 급속한 경제성장을 가져왔다고 해도 과언이 아니다.

사회적 패러다임이 바뀌는 변동기를 맞이하여 자녀교육에 대한 한국 부모들의 열정이 더욱 뜨겁다. 급격한 디지털 기술의 발달로 미래를 예측하기 어려울 뿐 아니라, 정보격차에 따른 질적 불평등을 극복해 줄 것은 교육밖에 없다고 믿기 때문이다. 이러한 부모들의 생각은 옳다. 미래 정보사회에서 인적 자원의 중요성은 더욱 커질 것이다.

자녀교육에 대한 한국 부모들의 열정은 사회발전 차원에서도 존경할만하다. 그런데 세상 바뀌었음은 잘 알면서 자녀교육의 방법도 바뀌어야 한다는 사실은 모르는 부모들이 의외로 많은 것 같다. 자녀교육은 '열정' 만으로 되는 것이 아니다. 시대의 변화를 읽고 자녀를 올바로 이끌어 줄 수 있는 부모의 '지혜' 가 추가돼야 한다.

자녀교육에 열정만 쏟는 부모들의 가장 큰 오해는 '오로지 학교교육만 중요하다' 는 믿음이다. 이러한 오해는 아직도 산업사회의 사고방식에 젖어 있기 때문에 생기는 것이다. 디지털 시대에는 일상생활이나 자기학습에 의한 학교 외 교육이 더욱 중요할 수도 있다.

두 번째 오해는 '무엇보다 공부가 최우선' 이라는 생각이다. 이것은 공부만 잘하여 경쟁에서 이길 수 있다면, 형제 간 우애나 예의범절, 자연보호, 남을 배려하는 마음 등은 좀 부족해도 괜찮다는 생각이다. 그러나 정보사회에서는 경쟁에 이기는 사람이 더 잘 사는 것이 아니라, 다른 사람과 조화를 이루며 공생관계를 유지할 수 있는 사람이 더 풍요롭고 훌륭한 삶을 살 수 있다.

세 번째 오해는 '공부하는 시간이 길수록 공부도 더 잘 한다' 는 믿음이다. 자녀가 책상 앞에 또는 학원 강의실에 오래 앉아 있다고 해서 그 시간 모두 공부하지는 않는다. 더구나 디지털 시대의 창의력은 수없는 반복 학습을 통해 길러지는 것이 아니다.

디지털 시대 자녀교육을 위한 부모의 지혜는 우선 위의 세 가지 오해에서 벗어나는 데서 시작된다. 그리고는 자연관찰을 통하여 생명의 신비를 깨닫거나 문화유적을 통해 선인들의 삶을 느끼게 하는 등의 감성을 길러주는 것이 중요하다. 또한 부모 · 형제는 물론 조상과의 관계나 친지, 친구 등과의 교류를 통하여 함께 살아가는 공동체를 이해하고 더불어 사는 삶의 이치를 깨닫게 해 주어야 한다.

다원주의적 가치관을 바탕으로 다른 사람과 조화를 이룰 수 있는 태도를 길러주는 것도 중요하다. 가장 중요한 것은 스스로 자신의 삶을 인식하고 설계하며 개척해 나가는 자율성을 갖도록 해 주는 일이다. 자신의 존재론적 의미를 깨닫고 자기 삶의 기대수준과 미래에 대한 열망을 키워갈 수 있도록 해 준다면, 공부는 스스로 잘하게 될 것이다.

자기 삶에 대한 인식은 부모의 지식이나 돈으로 이루는 것이 아니다. 한없는 사랑과 신뢰를 바탕으로 함께 집안일을 하거나 대화하는 과정에서, 또는 친지를 방문하거나 여행하는 가운데 자녀들 스스로 자연스럽게 이루어가는 과정이다. 열정이 지나치면 지혜는 설 자리가 없어진다. 자식에 대한 열정을 무분별하게 쏟아내기보다는 오히려 깊은 사랑으로 이를 억제하며, 자녀 스스로 자신을 계발해 가도록 조용히 지켜보는 것이 지혜로운 부모의 모습일 것이다.

교육개혁구호의 덫

21세기를 앞두고 세계적으로 '개혁'이 주요 화두로 등장하였다. 과학기술의 눈부신 발달과 인간의식의 획기적 변화에 따라 새로운 패러다임의 시대가 도래하면서, 기존의 틀과 제도가 더 이상 맞지 않게 되었기 때문이다. 새로운 사회 환경은 새 질서를 요구하고, 변화된 환경에 적응하며 미래를 열어갈 새로운 인재를 필요로 한다.

1995년부터 한국은 교육제도 개혁을 추진하여 왔다. 교육개혁은 시대적 요구에 따라 '다양성', '자율성', '창의성' 등을 지향하였다. 개혁의 물결이 전국 각급 학교를 뒤흔들었지만 과연 한국의 교육제도는 어떻게 변했는가? 다양성과 자율성을 갖춘 창의적 교육기관으로 탈바꿈 했는가? 돌이켜 보건대, 개혁의 당위성과 조급함에 밀려 구호만 난무하는 가운데 스스로 만들어 낸 몇 가지 덫에 빠져 있는 것은 아닌가 싶다. 덫에 빠진 사람에게 가장 위험한 것은 자신이 덫에 빠져 있다는 사실을 깨닫지 못할 때이다.

첫째, '평등의 덫'이 능력 개발 교육을 저해하고 있다. 만민평등

사상은 누구에게나 평등한 교육 '기회'를 제공해야 한다는 차원을 넘어, 학교 평준화를 통하여 모든 학생들에게 똑같은 '내용'을 가르쳐야 하는 것으로 왜곡되었다. 수학능력의 차이가 천양지차인 학생들을 같은 교실에 앉혀 놓고 같은 내용을 공부하도록 강요하는 것은 평등이 아니라 비교육적이다. 능력 있는 학생들의 발전가능성을 억제하고, 능력이 떨어지는 학생들에게는 좌절감을 안겨주며, 교사들에게는 무력감을 안겨줄 뿐이다.

둘째, '공정성의 덫'이 창의력 교육을 가로막고 있다. 계층 간 위화감을 조장하는 과외를 차단하고 입시관리를 공정하게 한다고 채택한 본고사폐지 및 수학능력시험 위주의 쉬워진 대학입시제도는 고교평준화의 실패를 대학에까지 연장하는 결과를 초래할 것이다. 이러한 입시준비 과정은 학생들에게 창의력을 길러주는 것이 아니라, 수준 낮은 문제에 대한 반복학습을 통하여 실수하지 않는 기술만을 가르치고 있기 때문이다.

셋째, '효율성의 덫'이 다양성과 자율성을 억제하고 있다. 교육개혁은 시급한 시대적 과제다. 그렇다고 교육을 관 주도로 행정목표에 맞추어 끌고 가서는 안 된다. 다양성과 자율성을 위한 개혁이라 하더라도 행·재정적 지원을 앞세워 모든 학교를 끌고 가는 것은 새로운 획일성과 타율을 낳을 뿐이다. 학교마다 여건이 다르고 형편도 다르다. 다소 속도가 떨어지더라도 각 학교가 스스로 변화에 적응하고 새로운 제도를 모색해 나가도록 장려할 때, 다양성과 자율성을 길러줄 수 있을 것이다.

넷째, '시장원리의 덫'이다. 공산주의의 몰락을 자본주의의 승리라고 단순화한 나머지 시장원리가 남용되고 있다. 교육을 수요자와 공급자의 관계로 규정하는가 하면, 학교에 대한 정부의 지원도 철저히 경쟁에 의한 업적 비교로 결정하고 있다. 지식은 상품이 아니며, 학교는 제품을 생산하는 곳이 아니다. 경쟁력 있는 우수한 인재를 양성하는 것도 중요하지만, 그에 못지않게 능력이 부족한 학생을 가르치는 것도 중요하다. 정부의 지원은 오히려 능력이 부족한 학생들을 교육하는 뒤떨어진 학교에 더욱 긴요할지 모른다.

다섯째, '구조조정의 덫'이다. 예산 절약 및 교육의 질 향상을 위해 교원 정년을 획기적으로 단축하였지만, 과연 기대한 효과를 거두었는지 의문이다. 나이가 많으면 무능하고 젊다고 유능한 것은 아니다. 나이를 기준으로 능력을 평가하는 것은 연령차별주의이다. 일시에 불어닥친 연령차별주의는 교사의 사기저하 등 예기치 못한 부작용을 초래했다.

고교평준화정책 보완해야 한다

1974년 정부는 일류병 해소, 사교육비 감소, 중등교육 정상화 등을 목표로 고교평준화 조치를 단행하였다. 그러나 결과적으로 전통에 빛나던 일류 학교를 폐지한 자리는 특수목적고 및 신흥 명문고로 대체되었고, 사교육비는 오히려 증가하였으며, 중등교육은 붕괴위기에 이르렀다. 평준화 지역 고교생들의 평균학력 저하는 지식기반 사회를 앞두고 더욱 심각한 문제이다.

새로운 사회문제로 부각된 엄청난 사교육비와 공교육의 붕괴는 여러 가지 원인이 중첩된 결과이지만, 가장 직접적인 원인은 평준화 정책의 결과로 야기된 교실 내 학력격차에 있다. 학력수준이 천양지차인 30명의 학생들을 놓고 당혹스러워 하는 교사를 누가 매도할 수 있는가? 능력에 맞는 교육을 받지 못하는 학생이 학원을 찾아가 보충수업하는 것을 어찌 비난할 수 있겠는가?

학교에서 가르치는 수준 이상의 학습을 위하여 과외로 공부시키려는 부모의 교육권을 누가 막을 수 있는가? 모든 학생들에게 동일한 내용을 가르치는 것이 평등은 아니다. 교육적 평등이란 각자의 능력과 적성에 맞는 교육을 함으로써 모두에게 자기계발과 성취의 기회를 제공해 주는 것이다.

평준화정책은 애초부터 인재양성을 위한 교육적 목적에서 시행된 것이 아니라, 교육과 관련된 사회문제에 대응하려는 정치 · 경제적 발상에서 나온 것이었다. 그것은 대량생산과 대량소비로 특징지어지던 산업사회 단계에서 표준화된 대중교육을 위해서는 어느 정도 효과를 거두었다. 그러나 이제 생활양식이 다양해지고 다원화된 정보사회에서 절대적인 평준화정책은 더 이상 존립기반을 상실하였다.

지식기반 사회에서는 창의적 영재 육성이 국가발전의 바탕이 된다. 영재를 평범한 학생으로 키우고 평균학력을 떨어뜨리는 고교평준화정책은 이제 보완되어야 한다. 공립학교의 평준화 기조는 그대로 유지하되, 각 과목의 수준별 수업제도를 확대 · 강화해야 한다. 또한 학교 수준에 따라 행 · 재정적 지원을 차등화함으로써 공립학교 간 격차를 줄여 나가야 한다. 그리고 설립목적에 따른 다양한 자립형 사립고를 육성하여 학교선택권을 보장해 주어야 한다.

평준화교육의 문제와 개선 방향

사회 환경이 변하면 제도도 바뀌어야 한다. 사회변화에 부응하지 못하는 제도는 제 기능을 수행할 수 없기 때문이다. 교육제도도 예외는 아니다. 1974년에 도입된 고교평준화정책은 얻은 것 못지않게 많은 것을 잃었다.

첫째, 지역 간 · 학교 간 학력격차는 줄였지만, 그것은 전반적 학력을 저하시킨 하향평준화였다. '평등'을 얻은 대신 '수월성'을 잃은 것이다.

둘째, 누구나 동일한 교육을 받게 됐지만 모두가 자신의 수준에 맞지 않는 교육을 받게 되어, 공교육은 신뢰를 잃고 사교육 시장의 중요성과 규모가 더욱 커지게 되었다.

셋째, 평준화된 교실에서 수준이 높은 학생은 흥미와 탐구심을 잃는 반면, 수준이 낮은 학생은 따라갈 기회를 얻지 못하고 좌절감을 느껴 교실붕괴의 주원인이 됐다.

정보화 · 지구화 · 다원화된 사회는 더 이상 대량생산 · 대중교육을 필요로 하지 않는다. 지식정보사회는 다품종 소량생산 체제이며, 뚜렷한 개성을 지니고 창의력이 뛰어난 인재를 요구한다. 또한 소득수준의 향상으로 고급교육에 대한 수요도 크게 높아졌다. 세상이 바뀌었는데도 여전히 기계적 평등주의에서 벗어나지 못한 채, 공 · 사립을 막론하고 국가에서 똑같이 지원하고 통제하는 획일적 교육제도는 참으로 기이하다.

그렇다고 갑자기 평준화의 틀을 허물어뜨리려 든다면 오히려 더 큰 혼란을 초래할 것이다. 산업사회에 도입된 평준화의 틀을 정보사회의 특성에 맞게 서서히 변화시켜 나가는 지혜를 발휘해야 한다.

우선 공립학교의 평준화정책은 그대로 유지하면서 특수목적 및 사립학교의 자율성을 확대함으로써 평준화의 틀을 보완해 나가야 한다. 부분적으로나마 교육의 선택권을 보장함으로써 사교육 시장에 몰리는 학생들과 해외로 빠져나가는 유학생들을 흡수할 수 있을 것이다.

이 과정에서 나타날 사학의 불법은 두려움의 대상이 아니라 극복해야 할 과제일 뿐이다. 그리고 국 · 공립학교에 대한 집중 지원과 학교수준별 차등 지원을 통하여 어느 지역에서나 동등한 수준의 교육을 받을 수 있도록 해주어야 한다.

지식정보사회 교육제도의 방향

21세기 지식정보사회에서 교육 또는 인재양성이 중요하다는 것은 이제 누구나 다 아는 사실이다. 지구적 차원의 무한경쟁에 대응할 수 있는 인재를 육성하고, 이들을 적재적소에 배치하며, 종합적으로 관리해 나가기 위해 교육과학기술부는 크게 다음 세 가지 기본과제에 충실해야 할 것이다.

첫째, 우리 사회의 인적 자원을 최대한 개발하여 활용할 수 있도록 평생교육 체제 확립에 적극 나서야 한다. 정보사회에서는 끊임없이 새로운 정보가 쏟아지므로 누구나 평생교육을 생활의 한 부분으로 인식할 수 있도록 해야 한다. 최근 우리나라는 기술인력난과 고급인력의 실업난이라는 두 가지 상반된 문제에 봉착해 있다. 이것을 시정하기 위해서는 노동부의 직업교육 프로그램과 연계하여 산업현장에 필요한 인력을 길러낼 수 있도록 실업교육의 틀을 다시 짜야 할 것이다. 그리고 고사되어 가는 실업계 고교를 적극 육성할 필요가 있다.

둘째, 시대적으로 요구되는 인적 자본을 개발할 수 있는 제도적 틀을 만들어야 한다. 지식정보사회는 끊임없는 실험정신으로 새로운 지식을 창출해 낼 수 있는 창의력과, 수많은 정보를 탐색하며 이들을 종합하여 새로운 정보를 생산해 낼 수 있는 자율적 능력을 지닌 인재를 요구한다. 또한 기존 질서와 권력을 비판적으로 성찰하며 새로운 문화 창조에 적극 참여하는 인간을 필요로 한다. 이러한 창의력, 자율성, 실천성은 지식교육에서 얻어지는 것이 아니라, 보다 풍부한 인문학적 소양이 뒷받침될 때 가능하다. 그러므로 단순한 기능적 지식인의 양성을 지양하고 올바른 인문교육을 강화해야 한다.

셋째, 정보사회에서 평생교육의 중요성은 재론할 여지도 없지만, 인적 자원 개발의 핵심은 여전히 학교교육을 바로 세우는 데 있다. 최근 우리나라의 공교육은 사교육에 안방을 내주었으며, 교직사회도 흔들리고 있다. 1974년에 단행된 고교평준화는 입시과열 및 과외문제는 해결하지 못한 채 교실붕괴, 학력저하라는 새로운 문제를 야기했다. 교육과학기술부가 새로 부과된 기능에 치우쳐 이러한 학교교육의 문제들을 소홀히 한다면, 장기적으로 볼 때 오히려 인적 자원 개발을 부실화하는 자가당착에 빠지게 될 것이다.

CHAPTER 7

대학은 개혁되고 있는가?

대학인의 역할과 사명

해마다 새봄과 함께 수만 명의 청소년들이 대학이라는 학문적 공동체에 들어온다. 혹자는 전인적 인격형성을 위한 철학적 사색과 진리탐구에 대한 지적 열망으로, 혹자는 정보사회가 요구하는 고도의 전문지식과 기술 습득에 대한 기대로, 새 생활의 꿈을 그려본다. 대학은 과연 이들의 욕구를 충분히 만족시켜 줄 것인가? 많은 사람들의 회의적인 반응과 함께 오늘날 대학에 대한 비판의 소리가 높다. 대학이 제자리를 찾지 못하고 있는 현실적 상황에서 대학인들도 마땅히 누려야 할 제자리를 찾기 어렵다는 것이다. 대학의 제자리는 무엇인가?

대학의 기원을 이루는 고대희랍의 '아카데미아'는 위대한 사상가의 사상을 배우고자 당대의 철학자를 중심으로 모이게 된 학문공동체였다. 근대적 대학의 선구인 중세 대학은 진리에 대한 교황의 권위를 거부하고 학문적 이론의 체계화에 전념할 때 융성할 수 있었다. 이후 종교개혁과 르네상스, 산업혁명을 거치면서 대학은 사회와 유리된 진리의 탐구만이 아닌 실용적인 고도의 전문지식을 전수하게 되었다. 근대에 들어와서는 국민정신을 고취하고 인간의 존엄성을 역설하는 새로운 지평을 열었다.

20세기 이후 사회의 발전과 더불어 대학의 영역이 확대되고, 대학이 기능적으로 성장하면서 양적으로 팽창하게 된 것은 대학이 사회적 조직체이기 때문이다. 어떤 사회조직이든 내부적 변화는 물론 사회 환경과의 상호작용을 부단히 계속하면서 성쇠를 겪게 되는 것이다.

흔히들 대학을 창조적 지성의 전당이라고 한다. 대학이야말로 위대한 문화를 창조하고 민족국가의 운명을 개척하며, 나아가 인류복지와 세계평화에 기여하는 중차대한 사명을 띠고 있다. 대학이 수행하는 사회적 역할이 산업사회를 태동시켰던 것처럼, 앞으로도 또 다른 미래를 개척할 수 있을 것이라고 한다.

그렇다면 오늘날 대학인이 제자리를 누릴 수 없는 한국적 현실은 대학인들만의 불행이 아니라, 반드시 극복해야 할 국가적 위기임이 분명하다. 그러나 위기의 극복은 대학인들의 불만을 사회가 수용해 주는 방식이 아니라, 대학인 스스로의 발의와 노력에서 시작될 수밖에 없다. 대학의 역사적 발달과정에서 보는 바와 같이, 대학 스스로 그 위상을 정립하고 사회적 존재의의를 크게 부각시킬 수 있을 때만 여타 사회조직들도 대학의 발전을 위한 일에 동참하게 될 것이기 때문이다.

대학인의 역할은 바로 이것이다. 대학의 시대적 사명과 사회적 역할을 부각시키고, 대학이 그 사명과 역할을 다할 수 있도록 스스로 참여함으로써, 비대학인들로 하여금 대학의 위상을 인식하게 하는 일이다. 대학이 사회의 한 부분으로서 역할을 다할 뿐 아니라, 나아가 새로운 비전을 제시하며 선도적 입장에서 사회를 이끌어 나갈 창조적 사명을 다할 수 있도록 하는 것이 대학인의 사명이다.

대학인들이 이러한 역할과 사명을 완수하기 위해서는 좀 더 고뇌하고 스스로 반성하며, 연후의 신중한 행동으로 비대학인들의 신뢰를 받을 수 있어야 한다. 이는 냉철한 지성과 고고한 도덕성으로 극단적 사상보다는 중용과 조화의 미를 추구하는 가운데서만 이룰 수 있을 것이다. 대학이 교육적 소임을 다하면 사회발전의 원동력이 되고, 대학이 창조적 사명을 다하면 미래사회의 등대가 된다. 이것은 그 안에 인고의 대학인들이 수없이 용해되어야만 가능할 것이다.

대학 신입생에게

올해도 새봄과 함께 신입생들이 새 가족으로 들어 왔다. 새로운 희망과 활기로 술렁이는 대학캠퍼스를 바라보는 기쁨은 대학인만이 누리는 특권이다. '마침내 후견인을 떠나 자유롭게 된' 신입생들에게 거는 기대도 그만큼 크다.

과거 우리 사회는 일부 개인적 자유가 유보되고 사회 전체가 경직되면서 사회의 존립기반에 대해서까지 심각한 우려를 불러일으켜 왔다. 민주화에 대한 요구가 '반체제'로 억압되고, 자유에 대한 의지가 좌경으로 변질되는 가운데, 우리 사회는 갈등과 무질서, 그리고 위선과 조작에 의해 서서히 파괴되어 갔던 것이다. 다행히 이제 민주화의 거대한 물결이 사회 각 분야에 뿌리내리고 있다.

인권이 존중되고 개인의 기본적 자유가 보장되는 사회, 국민의 뜻에 바탕을 둔 참된 여론정치가 이루어지는 사회, 진실만이 미덕이 되고 어떤 형태의 거짓도 죄악이 되는 사회…이러한 사회는 진정 다가오고 있는가? 아니다. 그러한 사회는 어떤 정치가의 결단이나 구호에 의해서 다가오는 것이 아니라, 사회 성원들 한 사람 한 사람이 함께 만들고 지켜 나갈 때만 이루어 질 수 있는 것이다.

경색되어 가기만 하던 사회에서 대학 또한 끝없는 몸살을 앓았다. 봄마다 대학가는 낭만과 꽃가루 대신 최루가스와 격렬한 대자보로 뒤덮였다. 불신과 저항, 부정과 타율의 끝없는 악순환이 계속되었고 대학은 진리탐구의 전당으로 머무를 수 없었다. 대학 자율화라는 행정적 조치나 불혹이라는 대학의 연륜이 신뢰의 바탕을 회복시켜 주고 새로운 질서를 가져다 줄 수는 없다. 타의에 의하여 상실된 대학정신과 대학인의 도덕성을 되찾기 위해서는 대학인들 스스로 자기극복의 치열한 노력을 게을리하지 말아야 할 것이다.

특히 신입생들은 아직 편견과 타성에 젖지 않은 진정 푸르른 세대(靑年)이다. 냉철한 이성과 때 묻지 않은 도덕성을 유지하여, 어떠한 상황에서도 불의보다는 정의의 편에 서며, 편법보다는 정도를 추구하고, 반항적 행동보다는 비판적 사고를 중시함으로써, 대학을 창조적 지성의 전당으로 회복할 수 있는 참된 대학인의 상을 정립해 나가야 할 것이다.

대학이 보편적 진리와 고도의 전문지식을 추구한다고 하여 사회와 유리되어 존재할 수는 없다. 모든 학문의 출발점은 문제의식에 있고, 대학의 사회적 존재 의의 또한 여기에 있기 때문이다. 새 시대를 여는 새봄의 새바람이 신입생에게서 일어나기를 기대한다.

대학생활 치밀하게 준비해야

대학생이 된다는 것은 개인적으로, 소년에서 청년으로 성장하는 과정이며 미성년에서 성인으로 성숙해 가는 단계이다. 또한 사회의 엘리트 집단으로 진입하는 문턱을 넘어서는 것이다. 사회적으로 보면 대학은 사회발전의 원동력이다. 중세 유럽에서 생겨난 대학은 바로 중세의 어둠을 밝히는 빛이 되었으며, 20세기 이후 신생독립국이나 개발도상국에서 대학은 새로운 기술인력과 지도자 양성의 요람이었다. 21세기에 대학은 정보사회, 다원사회로 특징지어지는 새로운 문명을 열어갈 지식과 정보의 진원지가 될 것이다.

대학은 진리를 탐구하며 첨단지식을 창출하는 곳이다. 대학은 창의적인 고급인력을 양성함으로써 지식을 실용화하는 곳이며, 새로운 질서와 문화를 창조해 내는 근원이다. 그리고 대학생은 새로운 이념과 이상을 모색하는 미래세대이다. 대학생은 정치적 이념이나 물질적 타락과 같은 혼탁한 현실에 물들지 않고 도덕적 행위양식과 질서의 수범이 되어야 한다. 대학생은 미래지향적 시대정신을 확산시켜 나가는 첨병이 되어야 한다.

대학시절은 인생의 가장 찬란한 시기이며 낭만과 환희를 누릴 때이다. 그러나 대학의 사회적 사명과 대학생활의 개인적 중요성을 생각한다면 기쁨에 들뜰 때만은 아니다. 대학생이 된다는 것은 단순한 기쁨의 차원을 넘어 옷깃을 여미게 하는 엄숙함과 진지함을 수반하는 것이다. 신입생들 중에는 '고등학교 때까지 열심히 공부했으니 대학생활은 신나게 즐겨보자.'는 그릇된 인식을 하는 학생도 있을지 모르나 이는 정말 잘못된 생각이다.

대학생활은 치밀하게 설계되고 준비되어야 한다. 4년이란 짧은 시간에 자신의 장래가 결정되고 인생이 달라지며 나아가 사회적으로도 큰 영향을 미치기 때문이다. 대학에 대한 이해와 설계에 도움을 줄 수 있는 책들이 많이 나와 있다. 대학이 어떠한 곳인지 선배나 친구들로부터 단편적으로 듣다 보면 편견을 가지기 쉽다. 스스로 안내서들을 읽으면서 대학을 이해하고 자신의 생활을 설계해야 한다.

무엇보다 고등학교와는 다른 대학의 본질과 학사제도를 알아야 한다. 대학에 대한 올바른 이해를 바탕으로 가치관 확립을 위한 독서, 적성과 진로를 고려한 전공 선택, 자아계발을 위한 비정규 교과활동,

친구관계와 이성교제, 학업과 아르바이트 등을 치밀하게 계획하고 설계할 수 있어야 한다.

대학생이 되면 여러 가지 사회현상이나 사회문제에 대해서도 관심을 가져야 한다. 이제 자신이 살고 있는 사회의 당당한 구성원으로서 책임을 분담해야 하기 때문이다. 학생회 활동에 대해서도 무조건 정당성을 부여하거나 추종하는 자세는 자율적인 대학인의 태도가 아니다. 사회현상을 자신의 눈으로 보지 못하고 주변의 의견에 동조하는 대중적 자세가 아니라, 스스로 이해하고 판단하는 엘리트적 태도를 갖추어야 할 것이다.

정보화 시대, 대학문화도 변해야

『제3의 물결』의 저자로 널리 알려진 앨빈 토플러에 따르면, 정보화는 어느 누구도 피할 수 없는 도도한 사회변동의 물결이며, 이전과는 질적으로 전혀 다른 새로운 패러다임의 사회, 즉 정보사회를 형성해 가고 있다.

미래 정보사회는 여러 가지 면에서 산업사회와 다른 특성을 지니지만, 특히 주목할 것은 생산의 중심이 공장에서 대학이나 연구소로 옮겨 간다는 점이다. 1990년대 이후 한국도 '산업화는 늦었지만 정보화는 앞서가자' 는 구호처럼 모든 영역에서 정보화에 박차를 가해 왔다. 특히 연구 · 개발의 중심지로서 부가가치 창출의 첨단에 서서 미래를 이끌어갈 정보인력을 양성해야 할 대학들은 저마다 대학정보화에 수십억 원씩 투자해 왔다.

대학들은 학사, 행정, 도서관 등의 종합정보시스템을 완비하였을 뿐 아니라, 사이버대학까지 설립하는 정보화를 주도해 왔다. 그런데 여기서 직시해야 할 것은 정보화란 시설이나 하드웨어만의 문제가 아니라는 점이다. 어느 외국인이 한국을 보고 "하드웨어는 펜티엄인데, 소프트웨어는 아직도 286"이라고 꼬집었다고 한다. 이러한 빈정거림에 분개하기보다는 스스로 반성하며 소프트웨어도 펜티엄급으로 업그레이드시킬 줄 아는 지혜를 가져야만 정보사회에 지속적으로 적응해 나갈 수 있을 것이다.

정보화의 수준은 제반 컴퓨터 설비와 네트워크뿐 아니라, 그것을 사용하는 사람들의 마인드와 활용도에 달려있다. 우리나라 대학교의 정보화는 어느 수준에 있는가? '펜티엄과 286의 부조화'가 아니라고 말할 수 있겠는가? 인터넷을 통하여 세계의 정보시장을 누비며 사이버대학 강의가 진행되고 있는 지금도, 다수 학생들은 여전히 농경사회의 투박함과 산업사회의 계급론적 시각에서 벗어나지 못하고 있다.

우선 작은 데서부터 시작해 보자. 큰 종이에 쓰고 아무 곳에나 붙이며 떼낼 줄 모르는 게시문화, 복도에서 떠들며 종이컵 차기까지 하는 무지함, 사라질 줄 모르는 시험부정, 얌체 같은 도서절취 행위, 한심한 소비향락 행태, 시대에 뒤떨어진 좌경적 이념투쟁 등은 버려야 할 286급의 부끄러운 모습이 아닐 수 없다. 정보사회에 걸맞는 정제된 대학문화를 형성해 나가는 데 모든 대학인이 함께 나서야 한다.

개혁시대의 대학

어느 때를 막론하고 한 시대를 지배하는 에토스(ethos)가 있다. 20세기 말 세계적 에토스는 '개혁'이었다. 개혁이란 합법적 절차에 따라 정치상, 사회상의 묵은 체제를 고쳐 새 체제로 바꾸는 것을 뜻한다. 자본주의와 사회주의라는 이념을 초월하여, 동양과 서양의 문화적 차이를 초월하여, 세계적으로 개혁의 바람이 불어닥친 까닭은 무엇인가? 테크놀로지의 발달과 의식의 변화에 따라 사회가 급격히 변하고 있기 때문이다. 정보화, 세계화, 다원화라는 거센 변화의 물결에 떠내려가지 않으려면 시대적 적응을 위한 개혁은 필수적이다.

한국의 시대정신도 예외는 아니다. 경직되고 비합리적인 권위주의적 편법적 체제로는 새롭게 이는 국민적 요구에 부응할 수 없을 뿐더러, 더 이상 치열한 국제경쟁사회에서 살아남을 수 없기 때문이다. 정치, 경제 분야는 물론, 성역시 되어 왔던 국방영역에까지 사정(司正)의 회오리가 몰아쳤다. 그러나 개혁은 이제부터 시작이다. 지금까지는 개혁에 걸림돌이 되는 과거의 잘못된 관행과 비리를 척결하는 데 그쳤지만, 개혁은 제도화를 통하여 사회 구석구석으로 확산되어 나가야 한다.

개혁시대에 대학은 무풍지대로 남아 있을 것인가? 대학도 사회의 한 부분인 이상 영향권에서 벗어날 수 없다. 상아탑의 세속화 과정은 벌써 충분히 이루어졌거니와, 개혁은 대학의 합리화와 자율적 경쟁을 요구하고 있다. 권위나 특권에 따른 면책은 용납되지 않는다. 국가적 보호막과 대학 간 담합에 의한 독과점도 더 이상 누릴 수 없다. 간판과 건물만으로 대학의 명성을 누리던 시대는 지나갔다. 새로운 세대는 시대에 적합한 대학을 원한다. 학생들이 외면하는 대학은 존재할 수 없다. 그러므로 새 시대에 대비하지 못하는 대학은 퇴락할 수밖에 없다.

그러나 부정부패 추방이나 외형적 변화가 바로 개혁을 의미하는 것은 아니다. 흔히 개혁은 구조적 비리의 척결에서 시작되지만 그것은 제도의 개혁으로 이어져야 한다. 관행과 권위의 틀에서 벗어나 새 시대에 적합한 새로운 제도를 만드는 데 치열한 노력을 경주하여야 한다.

개혁의 시대는 새로운 명문대학을 낳을 수도 있고, 전통 있는 대학을 몰락시킬 수도 있다. 개혁의 주체는 누구인가? 현재 진행되고 있는 세계적 개혁의 방식은 '위로부터의 개혁'이다. 그러나 강력한 리더십에 의지한 개혁은 국민적 합의를 도출해 내지 못하면 성공할 수 없다. 모든 대학들은 이제 진지하게 시대적 조류에 맞는 개혁의 길을 모색해 나가야 한다.

대학문화의 문제와 변화 방향

과학기술의 발달과 더불어 세계는 정보화의 물결로 빠르게 변하고 있으며, 생활양식이 다양해지면서 사회는 보다 다원화되어 가고 있다. 새 시대는 새로운 인재를 요구한다. 그러므로 사회 환경이 변하면 교육의 내용이나 방법도 달라져야 한다. 교육개혁은 바로 이러한 시대적 요청에 따른 것이다.

개혁은 새로운 의식과 행위 양식을 요구하므로 반대와 저항에 부딪히기 마련이며, 규범적으로 옳다고 하여 그대로 수용되는 것은 아니다. 개혁이 성공적으로 정착되기 위해서는 모든 구성원들의 공감을 얻을 수 있는 문화적 토양이 형성되어야만 한다. 1995년부터 국가적 차원에서 추진해 온 교육개혁의 기본 방향은 다양성, 자율성, 열린 교육. 평생 교육 등이다. 과연 한국 대학문화의 토양에서 이러한 개혁이 어느 정도 결실을 맺을 수 있을 것인가?

해방 이후 한국의 성장 과정에서 대학은 사회발전의 원동력이었다. 국민 개개인에게는 사회적 성취의 디딤돌이었고, 사회적으로는 기술 인력과 지도적 인재 양성의 요람이었다. 당시 대학문화의 저변에는 엘리트 의식과 시대적 사명감이 짙게 깔려 있었다. 이러한 기조는 젊음의 열정 및 청년학도의 자신감과 어우러져 '농촌 계몽 운동' 또는 '부정과 불의에 대한 항거'로 표출되었고, 때로는 미국, 일본 등 외세를 용납하지 않는 '민족주의'로, 때로는 민주주의를 갈망하는 '반독재 투쟁'으로 나타나기도 했다.

산업화 과정에서 누적된 모순 구조, 정치적 권위주의의 심화 등과 같은 상황을 맞이하면서, 대학은 질적인 변화를 겪게 된다. 1980년대 이후 학생 운동이 조직화, 이념화, 과격화하는 동안 도시화, 산업화 과정에서 형성된 개인주의는 어느덧 소비 향락주의에 물든 새로운 대학생 집단을 만들어 내고 있었다. 학생운동 조직의 대중화 노력에도 불구하고, 다양한 가치와 개성을 강조하는 신세대는 급진적 이념과 과격한 폭력성을 지닌 폐쇄적 문화를 경원시하였다. 결과적으로 응집성이 강한 소수의 운동권 학생 집단이 학생회를 장악함으로써 자치 활동 조직이 그대로 운동권 조직으로 바뀌었으며, 대다수 학생들을 소외시키게 되었다.

오늘날 한국의 대학문화가 안고 있는 첫 번째 문제는 바로 경직된 이념과 혁명적 논리로 무장한 소수의 운동권 학생들이 아직도 자치

활동에 영향을 미치고 있다는 점이다. 두 번째 문제는 개인주의와 소비 향락주의에 젖어 학내 상황이나 사회문제에 무관심한 다수 학생들이 존재한다는 사실이다. 이념적으로 경직된 집단은 다원화되어가는 새로운 사회 현실에 적응하지 못하며, 사회문제에 무관심한 방관자들은 엘리트로서의 사명과 역할을 망각하고 있다.

지금 한국은 도약과 좌절의 기로에 서 있다. 정보화, 세계화의 물결 속에서 선진국으로 진입한다는 것은 지난 40년간 이룩한 '한강의 기적' 이상으로 어려운 일이다. 경제 위기와 정치적 혼란의 와중에서 침몰할 수도 있다. 산업화 시대보다 더욱 고도 기술 인력과 지도자를 필요로 하며, 바로 여기에 대학이 기여할 수 있어야 한다. 교육개혁은 어떤 정책적 선택이 아니라, 대학이 시대적 사명을 다할 수 있도록 하는 새로운 제도화의 과정이다.

교육개혁이 성공하기 위해서는 대학문화의 토양이 바뀌어야 한다. 바람직하든 바람직하지 못하든 한국의 대학문화는 역사와 시대의 산물이다. 한국의 정치가 독단과 대립으로 파행을 거듭하고, 사회가 불법과 부정으로 얼룩져 있는 한, 강한 정치이념적 지향을 지닌 대학문화가 바뀌기는 어려울 것이다. 그러나 변하기 어려울 것이라는 점보다는 변화의 징후가 나타나고 있다는 점에 주목할 필요가 있다. 사회 선도의 책임이 있는 엘리트 집단은 변화의 징후를 포착하고 이를 바람직한 방향으로 이끌어낼 수 있어야 한다.

바람직한 대학문화는 학문에 대한 교수들의 진지한 자세, 보다 나은 미래를 추구하는 학생들의 높은 이상, 대학의 역사와 전통 등 여러 가지 요인에 의해 복합적으로 형성된다. 그러나 이러한 요소들이

제 기능을 발휘하고 미약한 변화의 싹이 제대로 자라나도록 하기 위해서는, 대학가를 덮고 있는 굳은 이념의 껍질과 퇴폐적 향락주의의 찌꺼기들을 걷어내 주어야 한다. 미래지향적이고 건전한 대학문화가 형성될 수 있도록 대학인들과 사회지도층 인사, 정부 당국과 언론이 함께 적극 노력해 나가야 할 것이다.

학부제와 다전공제, 진정한 교육개혁인가?

20세기 말 문명사적 전환기를 맞이하여 교육개혁은 미래에 부응하는 인적 자원 개발의 기반이 될 핵심과제로 인식됐다. 선진국들은 기초분야 학문의 강화에 초점을 맞춰 교육개혁을 추진했으며, 한국도 1995년부터 학부제와 다전공제 도입 등 대학교육 개혁을 강력히 추진했다. 그러나 다수 총·학장과 교수들의 평가에 따르면, 한국의 대학교육 개혁은 기대와 달리 오히려 기초학문 분야를 쇠퇴시키고 전공교육의 질을 저하시키는 결과를 초래했다고 한다.

개혁의 핵심인 '학부제'는 온갖 부작용을 초래하는 문제의 근원으로 비판받았다. 과연 학부제는 기초학문을 고사시키는 주범이며 폐기되어야 할 제도인가? 비판의 많은 부분은 학부제 자체에 대한 것이라기보다 개념상의 혼란이나 추진과정에서 야기된 문제들인 것 같다. 우선 개념적 혼란에 관한 내용들을 정리해 보면 다음과 같다.

첫째, 학부제 개념 자체가 왜곡됐다. 애초에 교육개혁위원회는 '학부'를 미국 연구중심대학들의 '유니버시티 칼리지'로 정의했다. 이

때 학부란 전문 응용분야(예컨대 의학, 법학, 행정학 등)를 대학원과정에서 공부하기 전에 그 기초가 될 학문들(예컨대 생물학, 심리학, 정치학 등)을 폭넓게 공부하기 위한 과정을 의미한다. 그러나 교육부는 그 추진과정에서 학부를 '두 개 이상의 유사 학과를 통합한 대과(大科)' 로 규정했다. 그러다 보니 몇 개의 학과를 묶어 '학부' 라고 명명하는 무늬만의 학부제가 등장하게 됐다.

둘째, 학부제의 '전공' 개념도 혼란스럽다. 학부제에서 '전공' 이란 교수의 소속을 지칭하는 것이고, 학생은 '학부' 에 속해 있을 뿐 어느 특정 전공에 속하지 않는다. 전공은 교수들의 학문분야일 뿐 학생들은 모두 학부라는 하나의 조직에 통합돼야 한다. 그런데 몇 개의 학과를 묶어 학부로 만들어 놓고는 각 '전공' 을 종전의 '학과' 개념 그대로 독립된 행정단위로 운영하다 보니 온갖 문제가 발생한 것이다.

셋째, 다전공과 학부제는 서로 친화성이 큰 개념이긴 하지만 반드시 같이 시행할 필요는 없다. 다전공 제도는 학부제의 목표를 달성하는 데 매우 효과적이지만, 반드시 학부제하에서만 다전공 제도를 시행할 수 있는 것은 아니다. 최소전공이수학점의 수를 줄이고 타 전공과정 이수를 허용하면, 학부제가 아니더라도 다전공을 할 수 있는 것이다.

넷째, 모집단위광역화도 반드시 학부제와 같이 시행해야 하는 것은 아니다. 학부제하에서 학생들은 여러 전공을 포함한 학부로 입학하기 때문에 자연스럽게 광역화된 모집단위로 입학하게 되지만, 과거 계열별 입학제도에서 보듯이 학부제가 아니더라도 얼마든지 모집단위를 광역화할 수 있다.

이러한 개념상의 혼란 외에 교육개혁의 추진과정에서도 많은 문제점들이 노정됐다.

먼저, 교육개혁은 대학의 자율성, 다양성 신장을 목표로 했지만, 오히려 대학을 타율적이고 획일화시키는 결과를 초래했다. 강력한 개혁을 위해 교육부는 각 대학의 개혁내용을 평가하여, 실적이 우수한 대학에는 수억 또는 수십억 원씩 재정지원을 해 주고, 부진한 대학에는 행·재정적 불이익을 주었다. 전국 모든 대학에 하나의 평가기준을 제시하고 이에 따르게 했으니 결과적으로는 오히려 타율화, 획일화될 수밖에 없었다.

또한, 학부제는 구체적 전공을 선택하기 전에 폭넓은 전공기초를 다지게 함으로써 기초학문의 중요성을 크게 할 것으로 기대되었다. 그러나 왜곡된 학부제하에서 기초학문 분야는 오히려 존폐의 기로에 처하게 됐다. 기초학문과 응용학문을 함께 묶어 학부를 구성하거나 학부 안에서 사실상 전공별 구분이 그대로 잔존하는 상태에서, 학생들 대다수가 응용분야로만 몰리는 심한 전공 편중 현상이 나타났기 때문이다.

학부제와 함께 시행된 다전공 제도도 학제 간 연구와 다양한 분석시각의 토대를 마련해 줄 것으로 기대했지만, 오히려 전공교육을 약화시키는 결과를 초래했다. 전공이수학점 수를 대폭 줄인 것은 다전공을 장려하기 위한 것인데, 정작 학생들은 다전공을 별로 하지 않고 대부분 최소전공이수학점만 채우다 보니, 폭넓은 공부보다는 오히려 전공 공부를 얕게 하는 결과를 낳은 것이다.

교육개혁을 비판하는 많은 사람들은 무엇보다도 학부제를 폐기하고 학과제로 되돌아 가야 한다고 주장한다. 그러나 학부제는 폐기해야 할 나쁜 제도도 아니고, 그렇다고 형식적으로 확대해야 할 유일한 개혁방안도 아니다. 따라서 도입의 취지를 제대로 살리되 부작용을 줄이고 보완함으로써 올바른 방향으로 개선해 나가는 것이 바람직할 것이다.

첫째, 교육과학기술부는 더 이상 모든 대학, 모든 분야에 획일적인 개혁을 강요하지 말아야 한다. 일률적인 지표를 제시하고 거기에 얼마나 부응하는지 그 '형식'을 평가할 것이 아니라, 각 대학의 여건에 적합한 다양한 개혁방안 모색의 결과가 얼마나 창의적이고 바람직한지 그 '내용'을 평가해야 한다.

둘째, 교육과학기술부는 개혁에 관한 자율권을 대학에 위임해 주어야 한다. 대학원중심 대학에서는 학부제를 시행하는 것이 바람직하겠지만, 학부중심 대학에서 학부제를 운영하는 것은 타당하지 못하다. 또한 유사 전공 간의 통합은 확대해야 하지만, 별 유사성도 없는 학과들을 묶어놓은 형식적인 학부는 오히려 학과 군이나 학과로 재편해야 한다.

셋째, 학부제를 제대로 정착시키기 위해서는 먼저 전문대학원 운영, 교과과정 개편 등의 전제조건들을 갖추어야 한다. 즉, 법학 · 의학 · 경영학 · 행정학 · 신문방송학 등 직업과 관련된 응용분야들은 전문대학원 과정으로 올리고, 학부의 교과과정도 이러한 개혁에 맞추어 개편해야 한다.

넷째, 다전공 제도를 정착시키기 위한 제도적 장치를 개발하고, 아울러 전공강좌의 수준을 내실화 할 수 있는 방안을 모색해야 한다. 다전공 제도는 교육개혁의 취지에 부합하지만, 필수과목과 선수과목

지정, 수강생 수 제한 등을 통하여 전공의 질을 떨어뜨리지 않도록 할 필요가 있다.

대학평가 기준의 타당성

2005년부터 조선일보사는 영국의 평가기관 QS (Quacquarelli Symonds)와 공동으로 매년 아시아 11개국 463개 대학에 대한 평가 결과를 발표해 오고 있다.

조선일보사는 아시아 대학평가의 목적을 "대학의 국경 장벽이 사라진 아시아 단일 대학시장 시대에 국내 대학들이 글로벌 경쟁력을 키우는 데 활용할 수 있는 핵심적 준거를 제공하는 데 있다."고 밝혔다. 목적이 훌륭할 뿐 아니라 실제로 한국의 대학발전에 크게 기여할 수 있을 것으로 기대된다.

그러나 어떤 평가든지 그 의의를 살리고 목적을 달성하기 위해서는 평가기준이 타당하고, 평가과정의 신뢰성이 보장되어야 한다. 조선일보사의 대학평가는 연구능력(60%), 교육수준(20%), 졸업생 평판도(10%), 국제화 정도(10%) 등 4개 영역으로 이루어졌다. 겉으로 보기에 국제화 정도는 10%의 비중을 차지하지만, 자세히 보면 영어사용 능력이 거의 절대적 영향을 미친다. 연구능력을 측정하는 교원당 논문 수나 논문당 인용 수가 모두 영어로 된 논문만 대상으로 했으며, 졸업생 평판도 외국 기업에 채용된 사람들을 대상으로 이루어졌기 때문이다.

평가의 신뢰성에 대해서는 이론의 여지가 없다. 하지만 QS가 사용하는 제반 지표나 조사방식에는 영·미 중심의 가치가 짙게 깔려 있다. 따라서 평가 결과도 각 대학의 문화적 가치나 국가발전에 대한 기여도보다는 단순히 국제화 정도를 보여줄 가능성이 크다. 첫해 평가에서 1위를 차지한 홍콩대 총장의 충고도 “영어로 강의하라.”는 것이었다. 1991년 카이스트와 포스텍을 벤치마킹하여 설립된 홍콩과기대가 이들을 추월한 것은 ‘연구성과 못 내는 교수는 가차 없이 퇴출하는’ 맹렬한 노력 덕이기도 하지만, 영어를 상용어로 하기 때문에 가능한 일이었다.

이러한 지적에도 불구하고 이 평가가 주는 교훈은 엄중하며 향후 한국의 대학발전에 시사하는 바가 크다. 이제 연구비가 부족하다는 변명은 궁색하다. 한국의 GDP 대비 R&D 비율은 세계 3~4위이며, 총액 기준이나 1인당 R&D 금액도 세계 7~8위에 이르기 때문이다. 더욱이 정부는 2012년까지 GDP 대비 R&D 비율을 5%까지 높이겠다고 발표했다.

18세기 영국이 스팀엔진을 만들어 세계를 지배했다면, 21세기 글로벌 경쟁의 승패는 누가 더 훌륭한 지적 엔진(intellectual engine)을 만들어 내느냐에 달려 있다. 아시아 대학평가가 한국 대학인들의 깊은 자기성찰과 수월성 추구를 촉발하는 계기가 되길 기대한다.

교육개혁 16년, 시작도 못했다

교육개혁을 국가차원의 주요과제로 추진해온 지 16년이 지났다. 1995년 5월 31일, 김영삼 정부는 교육개혁을 공표하고 이를 추진하기 위한 대통령자문기구로 '교육개혁위원회'를 출범시켰다. 교육개혁위원회는 김대중 정부에서 '새교육공동체위원회', 노무현 정부에서 '교육혁신위원회'로 이름만 바뀌었을 뿐 추진목표나 하는 일은 비슷했다. 이명박 정부에서는 '국가교육과학기술자문회의'로 흡수되었다. 정권이 네 번이나 바뀌었지만 교육개혁은 꾸준히 추진되어 왔다. 하지만 그 성과는 냉정하게 말하면 아직 제대로 시작도 못했다.

20세기 후반 격변의 시기에 '변하지 않으면 죽는다.'는 절박한 인식에서 세계적으로 '교육개혁'이란 화두가 등장했다. 산업문명의 꽃을 피운 것은 교육이었지만, 정보화와 더불어 산업혁명 이후 200여 년에 걸쳐 형성돼 온 공교육 제도의 부적합성이 드러나기 시작한 것이다. 산업사회의 공교육 시스템은 표준화된 지식을 대량 전달하여 산업노동자를 양산해 내는 대중교육제도이다. 공장에서 제품을 만드는 소품종 대량생산과 비슷하다. 그러나 정보사회는 다품종 소량생산과 같이 다양성과 개성에 바탕을 둔 창의적 인재를 요구한다.

'5.31 교육개혁' 조치에서 지향한 것은 바로 자율성 · 다양성 · 창의성이었고, 이러한 목표는 정권 차원을 넘어 일관되게 이어져 왔다. 문제는 그동안의 교육개혁이 과연 이러한 목표를 달성했느냐이다. 교육제도가 획기적으로 바뀌어 정보사회에서 요구되는 자율적 학습능력을 지닌 다양한 창의적 인재를 배출하게 됐는가? 교육현장을 아는 사람이라면 누구도 그렇다고 대답하기 어려울 것이다.

교육개혁을 16년이나 추진해 왔는데 왜 성과가 없을까? 시대적 요구를 제대로 이해하지 못했기 때문이다. 시대적 요구는 산업사회에서 형성된 대중교육 제도를 정보사회에 부응하는 새로운 제도로 바꾸는 것이었다. 하지만 한국의 교육개혁은 평준화, 사교육비, 교실붕괴, 학교격차, 대학입시, 3불정책 등 산업사회 공교육 제도의 현상적인 문제들에만 집착했다.

근원은 못 보고 현상에만 골몰하는 것은 뿌리가 말라 나뭇잎이 시들어가는데 잎새에 물 뿌리며 나무가 살아나기를 기대하는 것과 같다. 아직도 입학사정관제, 무상급식, 반값등록금 등 교육현장의 각종 문제에 묻혀 정작 시대적 요구에 부응하는 교육제도 개혁의 핵심에는 접근조차 못하고 있다. 지금 교육개혁을 제대로 못하면 21세기 정보사회에서 선진국으로 도약하기 어려울 것이다.

첫째, 교육개혁은 현실문제 중심의 대증적 치유노력이 아니라 새로운 '제도'를 형성해 나가는 데 주력해야 한다. 새로운 제도가 정착되면 산업사회 교육제도에서 배태된 문제들은 저절로 소멸될 것이다.

둘째, 교육개혁은 산업사회 시각이 아니라 정보사회 시각으로 접근해야 한다. 예컨대 관료적 위계질서에 바탕을 둔 일률적인 하향식 제도 대신 수평적 인간관계에 바탕을 둔 다양한 상호작용 양식의 새로운 제도를 형성해 나가야 한다. 20세기적 시각과 가치관으로 미래세대를 가르칠 수는 없다.

셋째, 교육의 개념을 시대에 맞게 새로 정립해야 한다. 이제는 교육의 주 내용을 지식의 전수로 보아서는 안 된다. 과거와 달리 급변하는 새로운 지식을 다 가르칠 수도 없고, 폭증하는 지식을 모두 기억할 필요도 없다. 필요에 따라 다양한 정보를 스스로 찾아내고 종합하여 해석하고 응용할 수 있는 능력을 길러주는 것이 더 중요하다.

넷째, 교육개혁의 주도세력을 바꿔야 한다. 교육전문가가 아니라 미래사회 변동 추세를 이해하고 교육을 사회 전체의 틀 속에서 바라볼 수 있는 장기적 · 거시적 시각을 가진 사람이 조타수 역할을 하게 해야 한다. 산업인 대신 정보인이 디지털 시대의 교육제도를 설계하고 추진해 나가도록 해야 할 때이다.

CHAPTER 8

학생운동은 미래를 지향한다

"강철서신"의 교훈

1999년 10월, 언론은 김영환 씨의 국가정보원 진술내용을 대서특필하였다. 그는 1986년부터 대학가에 『강철서신』시리즈로 '주사파' 형성에 결정적 역할을 했던 인물이다. 재학 중 학생운동에 참여하면서 그는 자연스럽게 마르크스주의, 민족문제, 반미운동으로 관심을 옮겨 갔으며, 급기야는 '주체사상'에 매력을 느끼게 되었다고 한다. 두 차례나 밀입북하여 김일성을 면담하고 훈장까지 받았으며, 북한의 공작금과 지령을 받아 운동권 전반에 친북적 분위기를 확산시키는 활동을 하였다고 고백했다.

그가 뒤늦게나마 북한의 선전과 도그마에서 벗어나 '자신에 의해 오도된 수많은 젊은이들에게 사죄하는 마음으로' 모든 것을 밝힌 것은 참으로 다행이다. 사회 및 대학가에 끼친 해악은 이루 말할 수 없이 크지만, 그에 대한 법적 처리는 관대하게 마무리 되었다. 그의 행위나 사법적 처리에 대한 논의와는 별도로, 기성 정치인과 대학인들은 학생운동의 배후에 북한의 공작이 있었다는 충격적 사실에 대해 스스로 뒤돌아보며 귀중한 교훈을 얻어야 할 것이다.

첫째, 기성세대는 대학생들이 그처럼 쉽게 북한의 선전에 현혹되어 따를 만큼 깊은 불신과 실망감을 안겨 주었던 것이 아닌가? '주사파'가 기승을 부리던 시절 어느 대학총장은 '레드 바이러스'가 확산되고 있다고 표현하였다. 바이러스는 어디에나 있지만, 어둡고 습한 음지에서 또는 인체의 저항력이 약할 때 창궐한다. 정당성을 상실한 정치권력의 독재와 부패, 그리고 갖가지 비리와 모순이 사회 곳곳에 도사리고 있는 한, 일부 학생들은 언제든지 새로운 이념의 포로가 될 수 있으며, 좌경폭력이 재연될 수도 있음을 명심해야 한다.

둘째, 기성세대가 불의와 야합하거나 현실과 타협할 때, 젊은이들은 번민하고 고뇌하며 절망으로 빠져들었다. 이러한 학생들이 이성을 잃고 행동할 때, 우리는 학생들의 좌절과 고뇌를 함께 풀어나가지 못하고 그들의 좌경화와 폭력성만을 비난하지 않았던가? 대학이 적화전략의 전초기지로 이용되는데도, 대부분 기성세대는 학생운동의 본질이나 쟁점은 도외시한 채 단순히 학생들의 행동만을 비난 또는 옹호하는 무심한 태도를 보여 왔다. 학생들을 가르치는 교수들조차 남의 일인 양 운동권의 주장과 실상을 이해하려는 진지한 노력에 소홀하였다.

셋째, 한국의 학생운동은 암울했던 시대에 민의를 대변하였다. 대학생들의 커다란 희생을 대가로 우리는 정치적 민주화를 이룰 수 있었다. 이제는 기성세대가 나서서 잃어버린 그들의 꿈과 이상을 가꾸어 주어야 할 것이다. 급변하는 세계 속에서 대학도 빠른 변화와 개혁의 물결을 타고 있지만, 운동권은 아직도 이념의 늪에서 언제 터질지 모르는 상태로 잠복해 있다. 이제 학생회가 운동권조직에서 벗어나 진정한 자치활동 조직으로 거듭날 수 있도록, 모든 사회지도층과 대학인들이 깊은 관심과 지원을 아끼지 말아야 한다.

대학생의 도덕성

한국 대학생들의 의식구조에 대한 조사 자료를 분석하던 중, 의외의 결과에 부딪쳐 당혹감을 금할 수 없었다. 행동성향에 있어서 퇴폐성과 비도덕성이 사회개혁 성향과 상당히 강한 정도로 양(+)의 상관관계를 나타내고 있었던 것이다. 사회현실에 관심을 가지다 보니 비도덕적으로 감염되었는지, 비도덕적인 학생들이 이율배반적으로 사회개혁을 요구하게 되었는지 인과방향에 대해서는 단언할 수 없지만, 어느 쪽이든간에 이러한 상관관계는 대학생 현실참여의 순수성을 왜곡하여 해석할 여지를 남기고 있다.

통계자료의 해석은 어느덧 주변현실로 시선을 돌리게 한다. 오늘날 한국 대학생들의 도덕 수준은 어느 정도인가? 대학선거에 난무하는 동향·동창 모임과 금전적 물량공세, 투·개표에 대한 부정시비, 시험장에 수북하게 쌓이는 깨알같이 축소 복사된 종이들, 새까맣게 씌어 있는 책상이며 벽면들, 부정행위를 꾸중하는 교수에게 "그럴 수도 있는 것 아니냐."고 항변하는 무리들, "컨닝 페이퍼를 만들어 왔는데 감독이 너무 철저해 손도 대지 못했다."고 태연하게 말하는 모습. 이러한 것들에 비하면 앞사람을 밀쳐내고 엘리베이터에 끼어드는 행위나 강의실에 버려지는 껌이나 담배꽁초, 휴지, 가래침 등은 사소한 문제일까?

이제는 바뀌어야 한다. 헌법이 바뀌고 정치체제가 바뀌는 것에 앞서 우리의 의식부터 먼저 바꾸어야 한다. 대학생은 끝없이 높은 이상을 추구하며, 비리를 보고는 참을 수 없는 불타는 정열을 지닌, 그야말로 푸르른 연배(靑年)이다. 사회는 이들의 주장에 귀 기울임으로써 진보와 발전의 실마리를 찾을 수 있다. 그런데 대학생들 스스로가 수단·방법을 가리지 않는 자기중심적 편의주의에 빠져 있다면, 사회개혁에 대한 그들의 요구는 아전인수(我田引水) 격의 주장으로 인식될 뿐이다.

학생운동이란 어떤 물리적 힘으로 사회를 혁신하자는 것이 아니다. 이성에 호소하고 여론을 환기시켜 사회의 결집된 힘을 모아 점진적 개혁을 이룩하려는 것이다. 그렇다면, 학생운동은 외부에 대해서뿐만 아니라, 이제 스스로의 도덕성 회복에 대해서도 동시에 전개되어야 하겠다. 너무나 수치스러워 모두 외면하는 문제, 아예 무감각해진 우리의 치부부터 과감히 드러내고 치유해 나가야 할 것이기 때문이다.

급진, 향락 넘어 새로운 청년상

"한 나라의 미래를 알려거든 그 나라의 청년을 보라."는 말이 있다. 청년은 미래를 호흡하는 세대이며, 미래를 만들어 가는 세대이기 때문이다. 우리가 근대의 여명기에 낙오하여 주권을 상실하고도 희망을 잃지 않을 수 있었던 것은 민족 계몽과 독립을 위해 젊음을 불사르는 청년들이 있었기 때문이다. 한국은 지금 도약과 좌절의 기로에 서 있다. 정보화, 세계화의 물결 속에서 선진국으로 진입할 것인가, 아니면 또다시 새로운 질서에서 낙오할 것인가? 그 열쇠는 청년들의 어깨에 걸려 있다.

1980년대 이후 청년들의 풍속도를 보면 크게 두 가지 축을 중심으로 변하였다. 하나는 사회적 모순과 정치적 문제에 대하여 비조직적이고 우발적으로 대응하던 학생운동이 전국적 조직체계를 갖추고 전략적으로 전개되기 시작한 것이다. 이전의 학생운동이 민족주의, 민주주의 등의 이념적 가치를 표방하였던 데 비해, 1980년대 이후 학생운동은 마르크시즘, 종속이론 등과 같은 급진적 이념체계를 지향하였다.

그들은 민중이 역사의 주체라는 신념 아래 여러 현실문제들을 혁명적 방법으로 해결하고자 하였다.

다른 하나는 개인적 자유를 만끽하며 경제성장의 결실인 물질적 풍요를 즐기려는 흐름이었다. 도시화, 산업화 과정을 거치면서 개인주의에 물든 새로운 청년 집단이 형성되었던 것이다. 이들은 소비향락주의에 젖어 복잡한 사회문제에 대해서는 관심을 가지려 하지 않으며, 엘리트로서의 사명과 역할을 망각한 방관자적 태도를 취하고 있다.

모두가 우려할만한 일임에 틀림없지만, 이들이 전체 젊은이들의 모습은 아니다. 이들보다 훨씬 더 많은 젊은이들이 연구실에서, 다양한 사회현장에서, 또는 해외에서까지 땀 흘리며 자신을 연마하는 일에 열중하고 있다. 대학 강의실 및 도서관의 분위기도 더욱 진지하게 변하고 있다.

문제는 이념적 경직성과 향락적 소비주의에 젖은 집단이 전체 청년들을 대표하는 양 목소리를 높이고, 대부분 사람들은 여기에 대응하여 청년들을 집단적으로 매도하거나 비난하는 데 급급하다는 점이다. 보다 중요한 것은 일부 청년들의 일그러진 모습을 지적하고, 더 이상 이들이 서식할 수 없도록 사회 · 문화적 토양을 바꾸어주는 일이다.

급진적 이념과 폭력적 행동이 잔존할 수 있는 바탕은 정치적 부조리와 사회적 모순이다. 그러므로 이들을 발본색원하기 위해서는 강력한 공권력으로 모두 잡아들이기보다 오히려 진정한 자유민주주의 체제와 정의로운 경제 질서를 만들어 가는 노력이 중요하다. 그리고 청년들의 향락주의적 태도를 불식하기 위해서는 건전하고 도덕적인 사회기풍을 진작시켜야 한다.

바람직한 미래사회를 만들어 가려면 건전한 청년상을 가꾸어야 하고, 청년들을 건전하게 키우기 위해서는 사회풍토를 바꾸어야 한다. 두 가지는 서로 다른 별개의 것이 아니라 함께 풀어가야 할 문제이다. 청년들을 비난하기에 앞서 그들을 올바른 모습으로 가꾸어 나가는 방안들을 찾는 데 힘써야 한다. 먼저 미래를 책임지고 이끌어 나갈 청년의 모습을 형상화하고, 이러한 모습의 청년들을 육성해 나갈 구체적 방법을 모색하여야 할 것이다.

새로운 미래를 열어 갈 청년상은 무엇인가? 첫째, 급격한 변동의 물결을 헤쳐 나갈 수 있는 진취적 기상과 적극적 태도를 가져야 한다. 둘째, 다양한 삶의 양식과 가치관을 수용할 수 있는 유연한 태도와 관용성을 지녀야 한다. 셋째, 다른 사람은 물론 모든 생명체를 귀하게 여기는 생태주의적 시각에서 절제와 조화의 생활철학을 실천하여야 한다. 넷째, 자신이 바로 역사의 주체임을 인식하고 미래창조에 대한 사명감을 가져야 한다. 다섯째, 사고와 활동의 영역을 세계로 넓히되, 자신의 고유한 문화와 민족적 정체성을 분명하게 지니고 있어야 한다.

학생운동의 미래는

해방 후 반세기 동안 학생운동은 한국의 민주화에 크게 기여해 왔고, 그만큼 사회적으로도 인정받아 왔다. 학생운동에 참여하는 정도는 달랐지만 대다수 학생들이 학생회 활동에 대해 정당성을 부여하며 긍정적으로 생각했다. 최근 학생운동이 사회적으로 비판받고 다수 학생들로부터 외면되는 것은 급변하는 시대조류와 시민의식의 변화에 부응하지 못하고 과거의 냉전적 이데올로기 틀 속에서 계급운동에 집착하고 있기 때문이다.

20세기 후반 인류는 문명사적 전환기를 맞이하고 있다. 과학기술의 발달과 더불어 세계는 정보화의 물결로 빠르게 변하고 있으며, 생활양식이 다양해지면서 사회는 계급을 넘어 다원화되어 간다. 최근의 학생회장 선거결과를 보면 학생들의 관심이 낡은 이념보다는 현실적 삶의 질로 옮겨가고 있음을 읽을 수 있다. 학생운동이 다수 학생들의 지지를 받고 사회변동 과정에서 의미 있는 기여를 하기 위해서는 기존의 활동방향을 재정립해야만 할 것이다.

청년이 미래의 공기를 호흡하듯, 대학문화는 새로운 문화를 창조하는 견인차가 되어야 한다. 시대를 선도할 이상적인 대학문화는 개인의 상상력을 최대한 허용하는 자율적, 관용적 풍토에서만 발아될 수 있다. 전국적 조직의 결정에 따라 모든 대학 학생회의 활동계획이 수립되고, 대학의 모든 자치활동이 학생회 활동에 종속되는 중앙집권적 방식으로는 결코 다원적이고 자율적인 대학문화를 꽃피울 수 없다.

대학생도 당연히 사회문제에 관심을 가질 수 있지만, 시민의 일원으로서 질서 있는 행동을 해야만 한다. 대학인의 사회참여는 이해관계에 바탕을 둔 것이 아니라, 사회적으로 새로운 이상을 주창하기 위한 것이다. 대학생들의 이상은 시민들의 지지를 받을 때 이룰 수 있는 것이지, 결코 폭력으로 그 뜻을 관철시킬 수는 없다. 행동에 급급하여 진리탐구를 팽개치거나 지성의 전당을 정치투쟁 장소로 이용한다면, 시민들은 물론 학생들로부터도 도외시될 수밖에 없을 것이다.

사람들의 의식과 생활양식이 변하면서 사회운동은 계급투쟁 중심에서 생활중심의 신사회운동으로 옮겨가고 있다. 어떤 이념적 목표를 위해 모든 학생들의 일사불란한 참여를 요구하던 학생운동은 한계에 이르렀다. 학생운동이 개개인의 다양성을 인정하고 보다 풍요로운 대학생활을 누리는 데 도움을 주는 방향으로 재편된다면 다시 한번 다수 학생들의 공감을 얻을 수 있겠지만, 과거의 이념적 경직성을 고수한다면 더 이상 존립하기 어려울 것이다.

학생운동이 나아갈 길

1996년 여름, 불타는 연세대 캠퍼스에 폭력이 난무하는 가운데 전경이 벽돌에 맞아 숨진 참사가 있었다. 1년 뒤 또다시 학생들의 폭력시위 과정에서 꽃다운 두 명의 젊은이가 희생되었다. 그 가운데 한 명은 시위학생도 전경도 아닌 가난한 노동자로, 학생들의 집단구타에 의해 생명을 잃었다. 진취적 시대정신을 바탕으로 미래의 대안적 양식을 제시해야 할 학생운동이 어떻게 이 지경에 이르게 되었을까?

과거 학생운동이 민족주의나 민주주의 등의 우파 이념을 포괄적으로 표방한 데 비하여, 1990년대 학생운동은 마르크시즘, 주체사상 등과 같은 좌경적 이념을 지향하였다. 노동자, 농민 등 민중이 역사의 주체가 되어야 한다는 계급혁명의 신화를 좇아, 스스로 변혁운동의 주체로 나선다는 것이다. 혁명적 목적을 위하여 다소간의 불법과 폭력, 희생은 불가피하다는 오류에 빠져 있었다.

동서냉전체제가 무너지고 정치적 이념이 퇴색되어 가는데, 한국의 학생운동은 더욱 많은 혁명 전사를 배출하고 있었으니 시대적 아이러니가 아닐 수 없다. 학생운동이 세계화, 다원화라는 사회변동 추세에 부응하지 못하고 더욱 경직된 이데올로기의 늪 속으로만 빠져든 것은 사회발전은 물론 학생운동의 장래를 위해서도 비극이다.

20세기 후반 이후 과학기술의 발달과 더불어 세계는 정보화의 물결로 빠르게 변하고 있다. 생활영역이 확장되면서 국경이라는 공간적 울타리가 무너지고, 사회가 다원화되면서 집단과 조직의 기능이 축소되어 간다. 인간의 욕구는 물질적, 사회적 차원을 넘어 자아실현의 단계로 높아졌다. 사회운동 또한 계급의 차원을 벗어나 개인적 자율성과 삶의 질 향상을 추구하는 이른바 신사회운동으로 바뀌어가고 있다.

사회운동이란 기존의 질서가 안고 있는 모순을 개선해 보려는 다수의 의도적, 체계적, 지속적 노력이다. 그 성패는 규범적 우월성에 달려 있다. 사회운동은 물리적인 힘으로써가 아니라, 다수 시민들의 공감대 형성에 따른 여론의 힘으로만 기존의 질서를 변혁해 나갈 수 있기 때문이다. 무력에 의한 혁명은 힘으로 지배하던 전체주의 사회나 대중을 조작할 수 있었던 시대의 유물이다. 개인적 자유와 자율성에 바탕을 둔 다원사회에서 혁명의 가능성은 사라졌다.

다원사회에서는 이분법적 논리로 선과 악을 구분할 수 없으며, 직업이나 재산으로 계급을 나눌 수도 없다. 누구나 자신의 가치관과 취향에 따른 다양성을 추구하며, 인간적 권리를 존중받아야 하기 때문이다. 사회운동 또한 특정 집단의 주장과 논리에 따라 이루어질 수는 없다. 인류의 보편적 가치가 확산되는 가운데 각 개인이 올바른 가치관과 행동규범을 공유하며, 자신의 능력을 최대한 발휘할 수 있도록 하는 것이 사회발전의 첩경이다.

세계가 바뀌는데도 결코 변하지 않을 것 같던 한국의 학생운동이 일대 전환기를 맞이하고 있다. 사회여론은 물론 대학생 내부에서도 작금의 학생운동 방식에 회의와 비판을 쏟아내고 있다. 대학이 진리를 탐구하며 새로운 질서를 창조하는 중심지로 남기를 원한다면, 이제 학생운동은 새로운 방향을 찾아야만 한다.

미래 다원사회의 질서는 소수 엘리트가 주도하는 일사불란함이 아니라, 다수 구성원들의 다양한 행동이 조화를 이루는 구성적 아름다움이다. 따라서 새로운 학생운동은 소수의 주장을 다수에게 강요하는 것이 아니라, 모든 학생들이 자기 관심영역에서 스스로 능력을 계발해 나가는 가운데 보다 풍요로운 대학생활을 누릴 수 있도록 도와주는 활동이어야 한다. 그리고 민중을 계도하는 엘리트가 아니라, 시민사회의 봉사자로 참여하는 가운데 함께 생활하는 새로운 삶의 방식을 배우며 지도자로서의 자질을 함양하는 활동이어야 한다.

이제는 대학생 폭력시위를 비난하거나 무기력한 공권력을 비판하고 있을 때가 아니다. 학생운동의 한 시대가 끝나고 새로운 차원의 대학생 자치활동이 전개될 수 있도록 지혜를 모아야 할 때이다. 대학당국은 물론 언론과 지식인이 모두 함께 나서야 한다. 대학생 자치활동이 건전한 시민의식을 형성하고 미래 선진사회로 가는 견인차의 역할을 다할 수 있도록, 새로운 방향과 내용들을 모색해 나가야 한다.

대학신문의 성격과 진로

한국의 많은 대학신문들이 방향감각을 잃은 채 표류하고 있다. 돛대 없이 흐르느라 여기저기 부딪히며 때로는 학내 분규의 불씨가 되기도 한다. 대학신문의 성격에 대한 합의가 이루어지지 못하고 있기 때문이다. 대학신문이 바로 서기 위해서는 구성원들 간에 대학신문의 본질과 특성에 대한 합의가 있어야만 한다.

대학신문의 목적은 대내적으로 구성원들 간의 의사소통을 활성화하고 대외적으로 대학의 제반 사항을 널리 알림으로써, 대학조직체의 내실을 기하는 동시에 우호적인 외부 환경을 조성하는 데 있다. 대학신문의 독자는 일차적으로 재학생 및 교수, 직원들로 구성되는 공식적 성원들이며, 이차적으로 동문, 학부모, 기타 관심을 가지는 사회인 일반을 포함한다. 그러므로 대학신문은 학생 및 교직원들의 공동관심을 반영하고 대학공동체의 발전에 기여할 수 있어야 한다.

대학신문이 일반신문과 다른 점은 독자들의 특수성에 따라 아카데미즘을 추구한다는 것이다. 그러므로 대학신문은 '대학'의 아카데미즘과 '신문'의 저널리즘을 조화시킬 수 있어야 한다. 학술논문이나 첨단에 관한 기획기사들을 많이 싣는다고 학구적 신문이 되는 것은 아니다. 모든 면, 기사 하나하나에 진지하고 탐구적인 태도가 있어야 한다. 독자를 확보하기 위한 흥미주의나 어떤 도구적 목적을 위한 선동주의에 빠질 때 대학신문은 존재가치를 상실하게 될 것이다.

과거 수십 년간 한국의 대학신문들은 대학공동체의 울타리를 넘어 바깥 사회를 지향하였다. 권위주의적 정권하에서 일반 언론이 제 기능을 다하지 못할 때 대학신문이 그 역할을 자임하고 나섰던 것이다. 민주화 과정에서 대학신문이 수행한 역할은 결코 과소평가될 수 없다. 그러나 대학신문을 학생들의 자치 신문으로 인식해서는 안 된다. 현재 한국의 모든 대학신문 발행인은 조직의 공식적 책임자인 총장으로 되어 있기 때문이다.

신문 제작의 법적 의무와 책임이 발행인에게 있다는 점에 합의한다면, 대학신문의 성격 논쟁은 쉽게 끝난다. 그럼에도 불구하고 많은 대학에서 학보 제작의 자율성 문제가 쟁점이 되고 있다. 학보의 자율성이란 문화부나 경찰청, 사회단체 등 외부로부터의 간섭을 받지 않는 것을 의미한다. 학보사 사장인 총장이나 그 명을 받아 학보사를 총괄하는 주간교수는 외부인이 아니라 학보사 조직의 일부이다. 학칙과 사칙에 명시된 각자의 임무와 규정을 무시한 채 각 구성원들이 자율성을 주장한다면, 조직은 원래의 목적을 달성할 수 없을 뿐 아니라 운영조차 어려워진다.

대학신문의 성격에 관한 문제는 최근 대학생들의 활동영역이 확대되고 자치 능력이 향상됨에 따라 학생자치 신문을 만들고자 하는 요구가 높아진 데서 비롯되었다. 이것은 나름대로 긍정적인 측면이 있다. 이제는 학생들의 주장을 발전적으로 수용하여 대학신문에 대한 과감한 인식의 전환을 시도해 볼 때가 되었다고 생각한다. 많은 외국의 대학신문 조직을 참고하여 학생들의 자율성을 보장하는 학생들의 자치신문을 만들 수 있을 것이다.

현재의 조직과 입장에서 합의될 수 없는 것을 서로 옳다고 우길 것이 아니라, 발상을 과감히 전환하여 모두가 만족할 수 있는 새로운 제도를 모색하는 데 지혜를 모아야 할 것이다.

대학 정체성의 회복

새해 아침이면 누구나 어떤 희망과 기대를 가져 보기도 하고 새로운 다짐을 하기도 한다. 미래에 대한 희망을 갖는 것은 좋지만, 지나친 낙관과 기대는 금물이다. 그보다는 오히려 미래 발전을 위하여 우리가 무엇을 할 수 있을지, 과거를 돌아보며 스스로의 각오를 새롭게 하는 자세가 중요하다.

오늘날 한국의 대학은 '정체성의 위기'에 처해 있다고 해도 과언이 아닐 것이다. 진리를 탐구하는 대학의 행정이 원칙보다 현실적 타협에 의해 이루어질 수밖에 없고, 교수와 학생의 관계조차 불신의 늪에 함몰되어 버린 것이 최근 대학의 현실이기 때문이다. 이것은 과거 강압정치가 대학의 자율성을 유린해 온 결과인 동시에, 여기에 동조하거나 무기력하게 순응해 온 대학인들이 치러야 할 대가이다.

대학을 갈등의 장이 아닌 우리의 공동체로 가꾸기 위하여 우리는 무엇을 해야 하며, 언제 어디서부터 시작해야 할 것인가? 모순이나 부조리를 탓하고 누구를 비난하기보다는 이들을 함께 극복해 나갈 수 있는 공동체 형성의 바탕부터 마련해 나가야 할 것이다. 대학의 혼란은 곧 시대의 아픔이라는 공통인식 아래 대학인들의 신뢰를 회복하는 일부터 시작해 보자.

먼저 교수는 연구 및 강의에 전념하고 양심에 따라 행동하는 참다운 교수의 수범(垂範)을 보임으로써 스승의 권위를 회복해야 할 것이다. 학생들은 아무리 좋은 목적이라 하더라도 공동체의 바탕을 깨뜨리는 무질서와 폭력은 결코 정당화될 수 없음을 명확히 인식해야 한다. 그리하여 학문적 권위와 대학의 질서가 지켜질 수 있을 때, 신뢰에 바탕을 둔 학문적 공통체도 형성될 수 있을 것이다.

대학의 운영을 담당하고 있는 보직자들은 무사안일과 임기응변적 발상에서 벗어나, 책임과 소신을 다하는 적극적 행정으로 새 공동체 건설에 앞장서야 할 것이다. 편법과 대증적(對症的) 차원을 과감히 탈피하여 정도를 앞서 나아가는 전향적 자세를 보일 수 있어야 한다.

오늘날 대학의 위기는 정치적 상황에 의해 발생하였지만, 이를 극복해야 할 책임은 대학인들에게 있다. 대학공동체의 파괴 또한 외부로부터 진행되어 왔지만, 대학을 진정한 학문의 전당으로 가꾸어 나가야 할 책무는 대학인 모두에게 있다. 대학은 우리의 공동체일 뿐 아니라, 이것을 가꾸고 발전시켜 나가는 것이 곧 우리의 시대적 사명을 실천하는 길이기 때문이다. 이제 불신과 무질서의 늪에서 벗어나 대학공동체를 가장 지성적이고 이성이 앞서는 학문연구의 도장으로 가꾸어 나가기 위해 교수와 학생, 직원 모두가 나서야 한다.

갈등 넘어 공동체적 관계로

대학은 이익집단이 아니라, 모든 구성원들이 뜻과 힘을 모아 함께 노력해 나갈 때만 소기의 목적을 이루고 발전할 수 있는 학문적 공동체이다. 정치적 혼란과 급격한 경제성장기를 거쳐 오는 동안, 사회적으로 갈등론적 시각이 팽배하고 대학도 왜곡되어 왔다. 세계는 하루가 다르게 변하고 있다. 이제 대학을 정상화하고 시대적 흐름에 뒤떨어지지 않도록 발전시켜 나가야 할 사명은 바로 대학인 모두에게 있다.

사회조직은 유기체와 같다. 환경이 변하면 적응할 수 있도록 바뀌어야 하며, 적응하지 못하는 조직은 소멸될 수밖에 없다. 사회주의권의 몰락이 이것을 웅변으로 입증하고 있다. 산업사회는 이념대립과 계급갈등으로 특징지어졌으며, 대부분 사회운동도 계급적 기반을 바탕으로 이루어졌다. 그러나 20세기 후반에 들어서면서 세계는 다원화된 연결망 조직의 정보사회로 나아가고 있다.

인간성을 존중하고 개인적 삶의 질을 중시하는 정보사회에서 전개되는 이른바 '신사회운동'은 대립과 갈등 대신 공생적 관계와 협력을 바탕으로 한다. 이제 학생운동도 경직된 교조주의적 이념에서 벗어나야 한다. 공허한 추상적 구호는 과감히 버리고, 보다 구체적인 교육환경개선과 개인의 복지 향상에 기여하며 공동체적 발전을 지향해 나가야만 한다.

사람마다 관심이 다르듯이 시각도 다를 수 있다. 대학발전에 대해서도 구성원들 수만큼이나 다양한 제안이 나올 수 있다. 기관 운영을 책임지고 있는 대학 본부는 이들 하나하나를 소중히 생각하고 성의 있게 수용해 나감으로써 다양성 속의 조화를 이룰 수 있어야 한다. 대학 본부를 점거하고 행정을 마비시키는 투쟁은 무엇을 위한 것이며, 누구를 위한 것인가? 소모적 성격의 투쟁은 상처와 불신을 남길 뿐, 자칫하면 공동체적 기반을 파괴하고 쇠락의 길을 재촉할 수도 있다.

지금 인류는 문명사적 전환기를 겪고 있다. 생산방식이나 생활방식이 변하고 있을 뿐 아니라 존재양식까지 바뀌고 있다. 앞서 적응하는 조직은 발전하고, 구각을 벗지 못하는 조직은 낙오될 수밖에 없다. 사회는 끊임없이 변화해 왔지만, 진리는 아직도 변하지 않았다. 뿌리는 대로 거둘 것이다. 지금 우리가 어떤 선택을 하고 어떻게 행동하느냐에 따라 우리의 미래는 달라질 것이다.

대학공동체 회복에 나서자

'교수와 학생' 관계는 사랑과 존경을 바탕으로 한다. 전혀 이해타산적이지 않은 전인적 관계이며, 한시적으로 끝날 수 없는 영원한 가연(佳緣)이다. 다른 어떤 사회관계보다 귀중한 이 관계에 이상이 있다고 우려하는 소리가 높다. "교수는 많으나 스승은 찾아보기 어렵다."는 탄식이 있는가 하면, "학생은 많으나 제자는 드물다."는 한탄도 있다. 서글픈 현실이 아닐 수 없다.

오늘의 대학을 누가 이토록 황폐화시켰나? 이 깊은 불신의 늪과 갈등의 소용돌이를 만든 사람은 누구인가? 대학인이면 누구나 이 질문에 한두 마디 할 말이 있을 것이다. 그러나 우리가 지금 응답해야 할 보다 긴급한 질문이 있다. "죽어가는 대학공동체를 누가 되살릴 것인가?" 대학인들 자신이다. 결코 '파괴한 자'가 자유와 진리, 그리고 사랑과 존경의 동산을 복원시켜 주지는 않을 것이며, 또 그럴 능력도 없다. 대학인들이 스스로 나서야 한다.

대학인들이 진지한 대화를 나눌 수 있어야 한다. 강의실은 물론이거니와, 연구실에서, 캠퍼스에서, 카페에서까지 격의 없는 토론이 오고 갈 때 대학은 소생할 수 있다. 오늘의 대학은 죽어 있다. 대화가 없다. 학생들은 질문을 하지 않는다. 대답도 꺼려한다. 교수의 연구실을 찾지 않는다. 생소하게 느끼기 때문이다. 바로 자신들의 교수를 스스로 멀리 두고자 한다면, 누가 스승이 될 수 있겠는가?

교수는 학생들에게 강의 외에도 하고 싶은 말이 많다. 그러나 입을 다물고 만다. 반응이 없기 때문이다. 엉뚱하게도 악의에 찬 반론이 소문으로, 대자보로 돌아오기도 한다. 그럼에도 불구하고 교수가 가슴으로 가르치기를 포기할 때, 누가 제자 되어 따를 것인가? '교수와 학생'은 제도에 따라 우연히 만나게 된 사이이다. '스승과 제자'는 이 만남의 인연을 서로가 소중히 가꾸며 함께 꽃피우고 열매 맺도록 해야 한다.

오늘의 대학에 과연 공동체가 있는가? 회의적인 대답이 있을 뿐이다. 대학공동체는 교수, 학생, 직원, 그리고 대학의 정신으로 이루어진다. 모든 구성원들이 대학의 전통과 정신을 체득하고 그 기상을 실천하는 가운데 집단정체감을 지닐 수 있어야 한다.

이제 모두 대학사랑의 간단한 자기진단을 해보자. 교훈을 알고 있는가? 가끔씩 교가를 흥얼거려 부르는가? 교표의 모양과 의미를 알고 있는가? 자기 대학의 설립배경과 약사를 알고 있는가? 대학 시설물의 훼손을 가슴 아파하고 항의해 본 적이 있는가? 학보와 영자신문, 대자보까지 눈여겨보고, 교내 방송에 귀 기울이며 학교의 움직임을 끊임없이 호흡하는가? 대학공동체의 현실과 비전을 두고 진지하게 고민해 본 적이 있는가? 캠퍼스의 사계절을 아름다운 영상으로 기억하는가? 교정을 오르내리는 모습들에 정겨움을 느끼는가? 이른 새벽, 밤늦은 시간 텅 빈 교정을 거닐며 잔잔한 감동을 느껴 본 적이 있는가?

열 가지 질문에 대부분 "그렇다."고 대답한 당신은 진정 대학인이다. "그렇게 되도록 노력하겠다."고 생각한 사람도 대학인의 자격이 충분하다. 이제는 혼자 생각만 하고 있을 때가 아니다. 잃어버린 대학공동체를 찾아 나서야 한다. 그리고 지혜를 모아 우리의 공동체를 함께 가꾸어야 한다.

CHAPTER 9

미래는 다른 세상이다

미래에 대한 관심과 미래학의 특성

미래에 대한 인간의 관심은 동서양을 막론하고 옛날부터 있었다. 수정구슬, 점성술, 수상술, 골상학, 사주, 주역 등 전통적 방법에 따른 예언들은 대개 비과학적이거나 상반된 해석이 가능한 것들이었다. 미래에 대한 관심과 소망은 플라톤과 같은 고대 철학자들에게서도 찾아볼 수 있다. 그러나 체계적인 미래학으로 발전할 수도 있었을 고대의 사상들은 로마제국의 몰락과 함께 꺾이고 말았다.

미래에 대한 관심은 14세기 르네상스 이후 서구에서 되살아나게 된다. 18세기 이후 서구사회를 휩쓴 진보와 진화의 사상은 미래에 대한 관심과 연구를 더욱 증폭시키는 계기가 되었다. 그러나 미래에 대한 체계적 연구의 중요성이 인식되기 시작한 것은 20세기에 들어와서이다.

최초로 미래연구를 하나의 독립된 학문영역으로 명명하고자 했던 사람은 사회학자인 길필란(S. C. Gilfillan)이었다. 그는 1907년에 미래를 연구하는 학문을 '미래의 사건들'이라는 그리스어에 어원을 둔 'mellontology'라는 이름으로 부를 것을 제안하였다. 그는 "선사시대 문화의 다양한 측면을 연구하는 고고학자들이 있는 것처럼, 미래에 맞이하게 될 문명에 대해서도 전반적으로 연구하는 사람들이 있어야 한다."고 하였다. 그의 주장은 당시에는 큰 호응을 얻지 못하였다.

'미래학'이란 용어가 비교적 널리 쓰이기 시작한 것은 미국으로 망명한 독일의 정치학자 플레히트하임(Ossip K. Flechtheim)이 대학에 미래의 사회와 문화에 대한 강의를 개설할 것을 주창한 1943년부터이다. 그는 미래학을 특별히 새로운 지식의 세계라기보다는 다양한 지식들이 새롭게 종합되는 영역으로 보았다.

미래연구가 사회적으로 널리 주목받게 된 계기는 제2차 세계대전 중 미국이 추진한 맨해튼 프로젝트의 성공이었다. 이것은 아인슈타인의 상대성이론에 입각하여 원자탄을 개발하기 위한 연구였는데, 연구와 개발을 통하여 단기간에 큰 성과를 이룰 수 있음을 입증하였던 것이다. 여기서 이른바 연구개발(R&D) 개념이 나타나게 되었다. R&D는 미래를 바꿀 수 있는 개념으로 알려졌으며, 미래학의 시작이 되었다.

학자들은 미래에 대하여 연구할수록 미래 영역이 다양한 분야들 간에 상호연관되어 있음을 알게 되었고, 각 학문 영역 간의 협조가 중요함을 깨닫게 되었다. 1966년에 결성된 세계미래학회(World Future Society)는 미래학을 "인간생활과 세계에서 가능한 변동들을 찾아내어, 비교 · 분석하고 평가하려는 활동의 한 분야"라고 정의하였다. 1968년에 세계의 과학자, 사업가, 정치인 등 1백 명이 결성한 로마클럽은 '성장의 한계' (1972)라는 보고서를 출간함으로써 미래연구를 본격적인 궤도에 올려놓았다.

미래가 과학적 분석의 대상이 될 수 있느냐 하는 데는 이견이 있을 수 있다. 미래란 아직 오지 않은 시간의 상태로서, 확정되지 않은 영역이기 때문이다. 그리고 미래 연구가 학문이 될 수 있는지에 대해서도 학자들마다 견해가 다르다. 독립적인 학문이 될 수 없다는 주장은 주로 연구대상 자체가 확정되어 있지 않다는 것과, 미래연구란 여러 학문분야가 중복되는 영역이라는 점에 근거를 두고 있다.

미래가 실재현상이 아니라고 하여 미래연구가 무의미한 것은 결코 아니다. 역설적으로 들릴지 모르겠지만, 미래연구는 확정되지 않은 가능성의 세계이기 때문에 오히려 중요하다. 미래란 불확정의 다양한 대안이 존재하기 때문에 더욱 연구할 가치가 있는 것이다.

연구방법에 관해 미래학자들은 독특하거나 신비로운 방법이 아닌 합리적이고 과학적인 방법을 사용한다. 미래연구를 학문적 차원으로 보는 것은 대상의 구체성에 있는 것이 아니라, 바로 방법의 과학성에 있다. 즉 미래에 대한 '과학적 연구'란 신의 이름을 차용하거나 직관적 또는 신비한 능력에 의존하여 미래를 예언하는 것이 아니라, 경험적 자료나 구체적 관찰에 의하여 미래를 전망하는 것을 뜻한다.

미래학자들이 예언가나 복술가들과 다른 점은 미래를 결정되어 있는 것으로 보지 않는다는 점이다. 그리고 예언가나 복술가들이 주로 개인이나 특정 사안의 장래예측에 초점을 맞추는 반면, 미래학자들은 전반적인 문명의 미래에 관심을 가진다.

미래를 연구한다는 것은 사회적 또는 세계적 차원에서 가능한 '미래들'을 예측하여 그 중 가장 바람직한 미래를 선택하고, 그러한 미래가 전개될 수 있도록 자원 동원 및 성원들의 노력을 극대화해 나가기 위한 것이다.

미래연구의 원리와 방법

미래학의 연구영역은 자연현상과 사회현상의 전 분야라고 볼 수 있다. 실제로 미래학의 영역은 기존의 학문들을 나누던 개념으로는 구분하기 어렵다. 미래학은 고유한 학문 영역이라기보다는 각 영역에서 모두 그 분야의 미래연구를 가능하게 하는 하나의 방법론 내지는 관심이라고 할 수 있다. 또한 미래연구는 학문적 차원에서뿐 아니라 미래에 관심을 가지는 사람이면 누구든지 자기 분야에서 실용적으로 할 수 있는 것이다.

미래연구의 첫 번째 기본원리는 과거, 현재, 미래를 하나의 시간 축 위에 연속되어 나타나는 현상이라고 보는 데 있다. 그러나 이러한 '연속성의 원리'가 모든 것은 변하지 않고 그대로 남아 있다거나 반복된다는 정태적 시각을 의미하는 것은 아니다. 오히려 변하는 것이 더 많지만, 그 변화는 과거의 어떤 추세에 따라 이루어질 것으로 가정하는 것이다. 이러한 원리에 입각하여 미래를 예측하는 방법을 외삽적 예측이라고 한다. 외삽적 예측을 사용한 대표적인 연구로는 네이스비트(John Naisbitt)의 '메가트렌드 2000'을 들 수 있다.

미래를 연구하는 기본적인 두 번째 원리는 '유추의 원리'이다. 즉, 모든 현상에는 발생의 인과적 연관성과 순서가 있으며, 제반 현상 간의 인과관계와 발생 순서를 관찰하면 미래에 일어날 사상을 예측할 수 있다고 보는 것이다. 예컨대, '갑'이라는 현상이 일어나고 이어서 '을'이라는 현상이 나타났는데 이 두 가지 현상 간에 인과관계가 있었던 것으로 밝혀졌다면, 미래에도 '갑'이라는 현상이 일어날 때는 곧 '을'이라는 현상이 뒤따를 것으로 예측할 수 있다는 것이다. 유추의 원리를 이용한 방법이 바로 이론적 미래예측이다. 이것은 실증 가능한 어떤 법칙이나 일반화된 이론에 근거하여, 유사한 상황에서 인과법칙을 적용함으로써 미래를 예측하는 방법이다.

미래를 예측하는 세 번째 원리는 인간의 직관력에 의존하는 것이다. 외삽적, 이론적 예측방법이 경험적 자료나 이론에 의존하는 반면, 직관적 예측은 주관적 판단에 따라 미래를 추측하는 방법이다. 이것은 귀납법이나 연역법에 의한 추론이 아니라, 인간에게도 어떤 본능적 지각능력과 창조적 분석력이 있음을 전제로 하는 것이다. 직관적 예측에 의한 대표적 연구로서는 토플러(Alvin Toffler)의 역저인 '권력이동'을 들 수 있다.

미래를 연구하는 구체적 기법들은 연구목적이나 범위 또는 연구자의 취향에 따라 대단히 다양하다. 가장 보편적으로 사용되는 미래연구 기법들을 몇 가지만 소개하면 다음과 같다. 대개는 어느 한 가지 기법에만 의존하기보다 몇 가지 기법들을 복합적으로 사용하게 된다.

자유토론(Brain Storming)은 각 분야의 전문가들이 한자리에 모여 자유롭게 토론을 주고받는 가운데 새로운 아이디어를 얻거나 미래에 관한 전망을 종합해 내는 기법으로서, 기본적으로 직관적 예측방법에 따른 것이다.

전문가의견조사(Delphi Technique)는 직관적 예측방법의 하나로서, 해당 분야 전문가들의 의견이나 판단을 종합하여 미래를 예측하는 기법이다.

추세외삽법(Trend Extrapolation)은 과거의 모습과 형태 및 그때 작용하던 힘들이 미래에도 다시 나타나고 작용할 것이라는 가정하에,

과거부터 현재까지의 추세를 분석하고 이 추세를 연장시켜 봄으로써 미래의 변화를 예측하는 방법이다.

시나리오법(Scenarios)은 가능한 미래상황의 전개과정을 작성하고, 중요변수들과 이들의 상호관계, 발생순서, 의사결정과정 등을 분석해 보는 방법을 말한다.

모의실험법(Simulation)은 실제 체계와 근사한 모형을 만들어 구성 요소들 간의 변화를 역동적으로 살펴보는 기법이다. 모델이 정태적인 상태를 가상한 것이라면, 시뮬레이션은 여기에 시간에 따른 변화의 개념을 추가한 것이다.

게임기법(Gaming)은 상호경쟁적인 상황을 모형화 하여 주요행위자들의 목표나 행동전략에 따라 승패가 어떻게 나타날지 연구하는 기법이다.

미래연구의 중요성과 한계

인간이 가장 관심을 가져야 할 중요한 시간은 바로 미래다. 과거는 이미 지나갔고 현재는 찰나에 불과하기 때문이다. 미래에 대한 연구는 오늘의 결정이 내일 어떤 결과를 초래하게 될지 체계적, 이성적으로 탐색할 수 있게 해준다. 뿐만 아니라 미래의 구조와 형성과정에 대하여 깊은 이해와 관심을 가지게 되면, 역사창조의 주체로서 자율성을 강조하는 인간주의적 신념을 지니게 된다. 그러므로 오늘날과 같이 변동의 속도가 빠르고 변화의 폭이 클수록 미래연구는 더욱 중요하다.

모든 과학의 목적은 현상적으로 나타나는 어떤 법칙들을 발견함으로써 예측력을 높이는 데 있으며, 이러한 목적은 현재의 행위를 합리화함으로써 보다 나은 미래를 창조하고자 하는 실용적 목적으로 귀결된다. 그러므로 미래연구는 모든 과학적 연구의 본질적 목적이라고 해도 과언이 아니다.

미래를 예견하는 것은 단순히 미래의 어떤 모습을 제시하기 위한 것만이 아니다. 여러 가지 대안적 미래들을 보여줌으로써, 현재의 선택을 위한 지침을 제공하기 위한 것이다. 다시 말하면, 어떤 정책을 선택하며 자원배분을 어떻게 하느냐에 따라 사회 환경이 어떻게 달라지고, 행위양식과 제도를 어떻게 바꾸느냐에 따라 성원들의 삶의 모습은 어떻게 변할 것인지 다양하게 보여 줌으로써, 현재 취해야 할 최선의 선택이 무엇일지 보여주고자 하는 것이다.

미래연구가 이처럼 중요함에도 불구하고 미래를 연구한다는 것이 쉬운 일은 아니다. 무엇보다도 미래는 불확정의 영역이기 때문에 구체적 사실보다는 주로 판단에 의지할 수밖에 없으며, 확실하게 알 수 없는 부분이 더 많기 때문이다. 시간적 연속선 위에서 있을 법한 미래를 연구한다고 하지만, 전혀 기대치 않았던 사건이나 불연속적 변화가 얼마든지 있을 수 있다.

미래연구에는 간과된 중요한 변수나 현상 또는 변수 간의 상관관계가 무수히 많기 때문에, 가능한 모든 대안적 미래를 연구한다는 것은 사실상 불가능하다. 그리고 미래학 자체가 아직 학문적으로 초보단계에 있기 때문에 충분한 이론체계를 지니고 있지 못하며, 방법론적으로도 미숙하고 세련되지 못한 면이 많다.

미래연구에서 또 한 가지 현실적인 어려움은 '바람직한 미래'를 그리는 연구가 현실을 호도하기 위한 장밋빛 미래 제시라고 비난받기 쉽다는 점이다. 물론 미래연구가 선동이나 현실호도 등 정치적 목적이나 특정 집단의 이해관계에 이용될 수도 있고, 실제로 그러한 경우가 없지 않다. 경우에 따라서는 본의 아니게 연구자의 가치판단이 개입되어 주관적, 편파적 연구라는 비난을 받기도 한다.

자원고갈 및 환경오염 문제를 들어 서기 2010년경을 인류의 위기로 예측한 로마클럽 보고서는 비관론적 시각의 대표적인 예라고 할 수 있다. 그리고 마르크스주의적 시각에서는 산업사회의 자본주의적 모순이 미래의 새로운 사회문제를 야기할 것으로 보았다. 즉 자본가 계급의 끝없는 이윤추구는 계속적인 수요의 창출을 필요로 하기 때문에 자본주의사회 특유의 쓸데없는 욕망과 소비를 부채질하고, 이것이 환경오염과 같은 여러 가지 문제를 야기하게 된다는 것이다.

미래연구는 현재 길잡이

미래연구에 관한 농담 중에 "10년 후의 예측은 걱정할 필요 없다."는 말이 있다. 어차피 맞지도 않을 것이고 그때까지 기억할 사람도 없기 때문이라고 한다. 그렇다면 미래연구는 아무 쓸모없는 지적 유희에 불과한 것인가?

미래를 정확히 예측할 수 없다고 해서 미래연구가 필요 없는 것은 아니다. 미래를 연구한다는 것은 점술가처럼 미래 어느 시점의 일을 정확히 예언하는 것이 아니라 사회변동의 저변에 깔린 논리를 분석함으로써 변동의 전반적 흐름을 전망하는 것이다. 예컨대 학령인구 및 과학기술의 변화를 추정함으로써 새로운 교육제도의 기본방향을 제시할 수도 있고, 직업구조의 변화나 사회제도의 변화 등을 통해 미래의 새로운 문명사회를 전망할 수도 있다. 생활양식의 흐름을 제시함으로써 개인적 차원에서의 미래적응에 도움을 줄 수도 있다.

사회변동의 전체적 흐름을 지각하고 있느냐, 모르고 있느냐 하는 것은 자신이 가는 길의 방향을 알고 가느냐, 모르고 가느냐 하는 것과 같다. 20세기 중반 이후 특히 미래연구에 대한 관심이 고조되고, 대다수 선진국들이 미래연구에 대한 국가적 차원의 지원을 아끼지 않고 있는 것은 바로 미래연구의 중요성을 잘 보여주고 있다. 우리나라에서도 1989년부터 5년간 대통령자문 21세기위원회를 구성해 국가장기발전 전략을 연구하게 한 바 있다.

미래전망이 단순히 미래의 어떤 모습을 보여주기 위한 것만은 아니다. 오히려 여러 대안적 미래들을 보여줌으로써 현재의 선택을 위한 지침을 제공하는 데 더 큰 의의가 있다. 미래전망은 건축의 설계도와 같다. 아무리 훌륭한 설계도라 하더라도 건축이 뒤따르지 않으면 종잇조각에 불과하다. 어떤 뛰어난 미래연구도 정책적으로 채택되지 않거나 사회적 합의가 이뤄지지 않으면 소용이 없다. 미래연구의 결과는 그 자체로서 정책방향을 제시해주고 구체적 정책과제들을 도출할 수 있게 하는 바탕이 될 뿐 아니라, 의사결정권자를 움직이거나 여론을 형성하며 다양한 이익집단들을 설득할 수 있는 근거가 되기도 한다.

최근 한국에서 끊임없이 이어지는 가치관의 혼돈, 도덕성의 붕괴 등에 관련된 개인범죄나 공직자 비리 등을 보면서, 국가 지도자들은 사회변동의 흐름을 어떻게 읽고 있으며, 어떤 제도적 장치들을 마련해 가고 있는지 궁금하다. 국가의 장기적 미래전망보다 개인적으로 눈앞의 정치적 이해득실만 생각하고 있지는 않는지? 지속적으로 일어나는 사회적 문제들을 단순한 일회성의 개별적 사건으로 간주하여 대증적 처방만 내놓는다면, 한국의 미래는 없다.

상반된 미래사회 전망

미래에 대한 연구가 활발해지기 시작한 1960년대 이후 세계적으로 수많은 미래학자들이 다양한 시각과 연구방법으로 미래사회를 탐구하거나 조망하여 왔다. 사회현상은 어떤 시각으로 보느냐에 따라 다르게 보인다. 미래사회 전망도 어떠한 시각으로 접근하느냐에 따라 다양하게 제시되고 있는데, 크게 보면 낙관론과 비관론으로 나누어진다.

낙관론은 주로 과학기술의 발달을 긍정적으로 보면서, 현대사회의 제반 문제들을 과학기술의 발달에 따라 대개 해결할 수 있을 것으로 보는 시각이다. 비관론은 주로 자본주의의 근원적 모순이나 환경파괴 및 자원제약론에 근거를 두고 있다.

대표적 낙관론이라고 볼 수 있는 정보사회론은 과학기술을 사회변동의 결정적 요인으로 본다. 과학기술의 발달은 노동방식의 변화 및 생산성의 증대를 가져오며, 이것이 소득증대와 소비수준의 향상을 낳고, 결과적으로 삶의 양식과 제도까지 변화시킬 것이라고 보는 것이다.

이러한 시각은 과학기술을 둘러싼 사회 제 집단 간의 변증법적 상호작용은 고려하지 않고, 기술이 사회에 미치는 영향을 강조하면서도 지나치게 긍정적인 측면만을 보고 있다. 또한 기술과 정보가 제약 없이 골고루 확산될 것으로 가정하고 있다. 즉, 특정 집단이나 권력이 거대한 정보개발 및 처리 비용을 배경으로 정보를 독점할 수도 있음을 간과하고 있다. 정보에 대한 기회와 통제력이 계층적 지위에 따라 달라질 경우, 정보에서 소외되는 노동자의 지위는 더욱 격하될 것이며, 사회에 미치는 과학기술의 부정적 효과가 극대화 될 수도 있다.

정보사회론이 장밋빛 테크노피아만 그리고 있다면, 대표적 비관론인 마르크스주의적 관점은 노동자의 소외, 인간의 기계화, 지배계급의 대중조작 등 기술사회의 부정적 측면만을 강조한다.

미래사회는 여전히 자본주의사회일 것인가? 산업사회 문명에 대한 마르크스주의적 비판이 미래사회에까지 적용될 수 있을 것인가? 고도로 복잡한 과학기술이 과연 특정 집단의 의도에 따라 발전해 나갈 수 있으며, 과거 어느 때보다 큰 능력과 자율성을 갖게 된 개인들을 통제하면서, 또 한 번 계급적 이해관계를 반영하는 제도를 형성해 나갈 수 있을까? 정보사회론을 그대로 믿기 어려운 것과 마찬가지로, 이러한 질문에 대한 해답도 불확실하기만 하다.

미래를 낙관적으로 보든지, 비관적으로 보든지 인식의 기본적 바탕은 새로운 차원의 기술발전 또는 그 결과가 미래사회에 미치게 될 영향에 관한 것이다. 역사의 어느 한 시기에 농경사회나 산업사회가 형성되기 시작한 것처럼, 20세기 말부터 세계는 또 한 번 사회적 패러다임을 근본적으로 바꾸게 될 사회변동의 징후들을 나타냈다. 어느 미래시각이 옳은가 하는 논쟁은 무의미한 소모전에 불과하다. 어느 쪽이 옳든지 중요한 것은 현재 세계가 문명사적 전환기를 맞이하고 있다는 사실이며, 여기에 대비해 나갈 수 있는 관리 체제를 구축하고 제도화의 방향을 모색하는 일이다.

새로운 사회적 패러다임과 미래 사회문제

20세기 후반 사회변동의 근저를 관류하는 물결의 특징은 무엇이며, 새롭게 형성되고 있는 사회인식의 틀과 구조는 무엇인가?

앞으로 맞이하게 될 새로운 사회를 이야기할 때 가장 널리 사용되는 이름은 정보사회(information society)이다. 정보화는 컴퓨터, 멀티미디어, 통신망 등에 의한 정보통신혁명을 통하여 이루어진다. 전화, 팩시밀리, 텔레비전, 컴퓨터 등 통신하부구조는 광섬유의 발달과 더불어 벌써 자리를 잡아가고 있다. 인터넷, 전자통신, World web 등의 이용자가 급격히 증가하면서 정보하부구조도 급속히 발전하고 있다.

사회조직의 형태에 관심을 가진 사람들은 새로운 사회를 그물망사회(network society)로 전망한다. 장차 세계는 각종 전산망, 커뮤니케이션망, 운송망 등으로 밀접하게 연결된 거대한 그물망 형태를 띠게 될 것이며, 사회조직 측면에서도 위계질서보다는 상호 긴밀히 협조하는 수평적, 기능적 연결형태의 새로운 조직이 보편화될 것이라고 한다.

사회성원들의 상호작용 양식에 주목하는 많은 사람들은 미래사회를 다원사회(pluralistic society)라 부르고 있다. 정보기술이 발달하면서 생활양식이 보다 다양해지고 개인적 선택의 폭은 더욱 넓어지며, 종전에 누릴 수 없었던 새로운 삶의 기회를 갖게 될 것이라고 한다. 다원사회에서는 서로가 다양성을 인정하고 조화를 모색할 때 새로운 질서를 형성해 나갈 수 있다.

생활공간의 확대에 주목하는 사람들은 미래사회의 특징을 지구촌 사회(global village)라는 개념으로 표현한다. 교통 및 통신의 발달로 활동무대가 세계로 확장되면서, 생활공간과 경제적 시장이 하나의 공간으로 통합되고, 생활양식이 세계적으로 보편화되어 나간다는 것이다. 세계사회에서 살아남는 길은 외국 또는 이민족들과 함께 살아가면서도 자신의 문화적 정체성(identity)을 뚜렷하게 유지하며, 고유한 문화적 향기를 담은 독자적 상품을 생산해 냄으로써 국제 경쟁력을 높이는 것이다.

21세기를 앞두고 과학기술의 발전뿐 아니라, 인간의 의식과 가치관에도 중요한 변화가 일어나고 있다. 사회 환경이 바뀌면 새로운 차원의 '사회문제'가 대두된다. 여기서 '사회'라는 말은 자연현상과 구분되는 의미를 지니기도 하고, 개인적 차원과 구분되는 뜻이기도 하다. 그리고 '문제'란 어떤 현상이나 사람들의 행위가 일정한 가치나 기준에서 보았을 때 기대에 어긋나거나 정상적이지 못하다는 의미의 표현이다. 따라서 '문제'는 객관적 상황에 의해서만 발생하는 것이 아니라, 어느 면에서는 주관적 판단에 의하여 규정되는 것이다. 그러므로 사회문제란 시대와 사회에 따라 그 내용이 달라지는 상대적 개념이다.

어떤 사회문제든지 갑자기 나타나는 것은 아니다. 사회 환경의 변화에 따라 구조적으로 깊숙히 도사리고 있다가, 정도가 심해져 많은 사람들이 그 해결에 고심하게 되면 사회문제가 되는 것이다. 미래사회는 인간 삶의 물리적 환경 뿐 아니라 생활환경과 가치관까지 크게 바꾸어 놓을 것이며, 새로운 사회문제를 야기하게 될 것이다. 그러므로 미래를 설계하기 위해서는 사회 환경의 변화를 예측하고 장차 부딪히게 될 사회문제에 미리 대처해 나가는 노력이 중요하다.

사회 환경의 변화추세를 고려한다면, 21세기에 심각해질 사회문제는 어떠한 것들일까? 우선 사회가 복잡해지고 다원화되면서 다양한 집단 간의 이해갈등이 증가할 것이다. 그리고 각 집단은 공권력에 의존하기보다는 스스로 나서서 해결하고자 노력할 것이다. 중첩적으로 나타나게 될 다양한 이해갈등을 조정하고 해결해 나가기 위해서는 산업사회의 관료제적, 경제적 사회통제 원리와는 다른 새로운 체제와 원리를 찾아내어야 한다. 이것은 다원사회에 적합한 새로운 정치체제와 문화적 차원의 규범적 통제력을 의미한다.

최근의 조사연구 결과들을 보면, 거의 모든 분야에서 연령층에 따라 뚜렷한 의식의 차이가 나타나고 있다. 이는 급격한 사회변동에 따른 경험의 차이가 그만큼 크기 때문이며, 머지않아 세대차이가 보다 심각한 사회문제로 대두될 것임을 예견케 한다. 또한 인구규모가 안정되면서 인구의 노령화 현상이 나타나게 되어 노인의 소외 및 복지문제가 중요한 사회문제로 대두하게 될 것이다.

산업사회는 물질적 풍요를 가져다 주었지만, 동시에 삶의 질을 제약하는 제반 문제들을 야기했다. 개인적 자유가 확대되고 문화적 욕구가 증대하면서, 장차 인류사회가 지향하게 될 가장 주요한 발전방향은 복지사회이다. 문화적 자유를 추구해 가는 과정에서 부각될 중요한 사회적 쟁점은 무엇보다도 소비자 보호 및 환경보전 문제 등이 될 것이다. 산업화에 이은 고도정보화 시대의 전개는 가족, 친지 등 전통적 사회지원 체제를 와해시키게 될 것이며, 개인의 정신적 긴장과 심리적 불안을 더욱 가중시킬 것이다. 따라서 정신건강 문제가 새로운 사회문제로 부각될 것으로 전망된다.

전자화폐시대 '성큼'

인간은 무엇으로 만물의 영장이 되는가? 여러 가지 꼽을 수 있겠지만 가장 중요한 것 중의 하나는 서로 의미 있는 상호작용을 주고받을 수 있도록 해주는 상징의 능력이다. 인간이 사용하는 대표적 상징은 언어와 문자다. 언어를 통해 문화가 형성될 수 있고, 문자를 통해 문화가 축적될 수 있기 때문이다.

현대문명을 이룩하는 데 크게 기여한 또 다른 상징체계로서 화폐를 들 수 있다. 화폐는 인간의 상호작용과 교환능력에 획기적인 변화를 가져다 주었다. 이런 능력은 화폐의 형태가 변하면서 더욱 증대된다.

물물교환 시대에는 옷감과 같은 특정한 상품이 교환의 매개역할을 했다. 다음에는 쇠붙이나 귀금속이 교환 기능을 담당했다. 이런 농경사회의 화폐는 눈으로 확인할 수 있는 형태를 지닌다. 그 가액은 겉면에 표시된 숫자가 아니라 중량에 따라 결정된다. 산업사회에서 화폐는 인쇄된 종이로 바뀌었다. 여기서 중요한 것은 종이의 질이나 형태가 아니라 종이에 인쇄된 내용이다. 그러나 지폐는 과거의 금화나 은화에 비해 상징성이 훨씬 더 크긴 하지만 여전히 유형적이다.

20세기 후반 이후 신용카드가 주된 화폐 역할을 담당하게 됐다. 정상적인 경제활동을 하는 성인남녀라면 누구나 지갑 속에 지폐 이외에 신용카드를 몇 개씩 갖고 있다. 카드가 대금결제의 주요한 수단이 되는 이른바 '플라스틱 머니' 시대가 도래한 것이다. 카드가 생활의 많은 부분을 지배하면서 그 기능도 다양하게 확장되고 있다. 신용카드뿐 아니라 운전면허증, 고객 할인증, 주차증 등도 모두 플라스틱 카드로 만들어진다.

신용카드 전면에 소지자의 얼굴을 컬러로 인쇄해 신분증 역할을 겸하게 하기도 한다. 은행마다 경쟁적으로 단체신분증을 겸한 신용카드를 발급하고 있고, 많은 대학들은 은행과 협력해 학생증 겸용 현금카드를 사용하고 있다. 이것은 학생증과 대금결제의 기능뿐 아니라 전산실 출입 및 도서관 열람과 대출 등의 기능까지 겸하기도 한다.

갈수록 신용카드의 기능은 더욱 확대되고 있다. 신용카드 가맹점이 크게 늘어나 웬만한 가게나 거래처면 어디서나 카드 사용이 가능하다. 신용카드로 고속버스나 비행기에서 공중전화를 걸기도 하고 버스 요금이나 지하철 요금을 낼 수도 있다. 고객이 사용한 금액에 따라 사은품이나 해외여행 등의 보너스를 주는 각종 프리미엄 카드도 늘어나고 있다. 심지어는 주유소나 패스트푸드 가게들도 고객확보를 위한 카드를 발행하고 있다. 경우에 따라서는 카드가 열쇠 기능을 겸하기도 한다.

플라스틱 머니는 정보화의 산물이다. 정보처리 능력이 획기적으로 커지면서 가능해진 화폐다. 앞으로 통화는 더욱 전자펄스로 이뤄지게 될 것이다. 21세기 통화는 카드라는 매개체조차 없이 휴대용 전자

수첩을 통해 무형적으로 이뤄질 것이다. 이 통화는 덧없이 사라지고 순간적으로 송금되며, 스크린에서 모니터되는 비디오 현상 그 자체다. 아무 형태도 없이 지구를 가로질러 깜빡거리고 번쩍이고 윙윙거리며 유통된다. 통화 그 자체가 바로 정보로 이뤄지는 전자화폐가 보편화되면서 인류는 또 다른 차원의 문명을 향해 나아가고 있다.

문명사적 전환기의 새로운 의식구조

한국의 사회문화는 어떻게 달라질 것인가? 현재 한국사회를 살아가고 있는 구성원이 이러한 질문을 하는 것은 적합하지 못하다. 미래란 다가오는 것이 아니고, 사회성원들이 함께 만들어 나가는 것이기 때문이다. 그러므로 "미래 한국의 사회문화는 어떠해야 할 것인가?"라고 자문하는 것이 옳을 것이다. 현재 한국사회가 당면한 사회변동의 환경을 전망함으로써, 우리가 함께 형성해 나가야 할 가치관과 사회문화적 모습을 그려 보면 다음과 같다.

지난 반세기 한국사회는 어느 시대, 어떤 사회보다 빠른 성장을 이룩하였다. 다가올 반세기 한국은 더욱 급격하고 획기적인 변화를 겪게 될 것이다. 이것은 부분적으로는 한국의 경제수준이 도약하였기 때문이기도 하지만, 보다 근본적으로는 인류사회가 문명사적으로 질적인 전환기에 접어 들었기 때문이다.

사회가 변하는 데는 수많은 요인들이 작용하지만, 주된 원인은 테크놀로지와 인간의 의식으로 대별될 수 있다. 그런데 최근에는 이 두 가지가 모두 빠르게 변하고 있다. 그러므로 21세기는 산업사회와는 질적으로 다른 새로운 문명시대가 될 것이다. 앞으로 맞이하게 될 새로운 사회의 가장 큰 특징은 정보화와 네트워크화일 것이다.

정보화와 네트워크화는 모든 생산과정의 능률을 더욱 향상시킬 뿐 아니라, 일상적인 일들의 편의성을 크게 증대시킴으로써 생활의 틀을 바꾸어 가고 있다. 교통 및 통신의 발달이 활동공간을 획기적으로 확장함으로써, 무역거래는 물론 생활의 단위가 국경을 넘어 세계로 확대되고 있다. 국가나 국경이라는 개념의 의미가 점점 약해지면서 세계적 생활양식이 보편화되어 가는 반면에, 다른 한편으로는 문화적 민족주의가 대두하고 있다. 이러한 제반 변화에 적응해 가는 과정에서 성원들의 의식은 필연적으로 변하게 된다.

산업사회는 경제성장의 시대였다. 공장제도에 의한 대량생산은 물질적 풍요와 함께 물질주의적 가치관을 만연시켰다. 대부분의 사회관계가 철저한 물질적 이해타산에 근거하는 상황에서 인간관계도 결국 화폐를 매개로 한 물질적 관계로 전락하였다. 그러나 물질적으로 풍요해지면서 현대인들은 의·식·주 등의 생리적 욕구를 넘어, 보다 고차원의 사회적 자아실현을 원하고 있다. 통신매체가 발달하고 일의 성격이 바뀌면서 직장이나 일에 얽매이는 시간이 줄어들고, 가사노동으로부터 보다 자유로워지게 되었기 때문이다.

산업화시대의 목표가 '풍요한 사회' 의 성취였다면, 정보사회에서 사람들은 복지 및 여가를 보다 귀중한 덕목으로 여기게 될 것이다. 산업사회에서와는 달리 직장이나 일보다 가정이나 여가생활을 더 중시하게 될 것이며, 탈경제적 가치체계로의 이행과 더불어 개인적 관심이나 사회 전체의 관심도 경제중심에서 심리적, 미학적 목표로 전환될 것이다. 따라서 예술에 대한 관심이 높아지고 문화산업이 번창하게 될 것이다.

수천 년간 인간사회는 자연환경의 파괴를 전제로 발전하여 왔다. 그러나 이제 개발의 방식과 발전의 개념, 그리고 근본적인 삶의 방식을 바꾸지 않는다면, 지구환경은 더 이상 유지될 수 없는 상황에 이르렀다. 최근의 국제적 환경규제 움직임이나 국내 환경의식의 변화 추세로 볼 때, 앞으로는 자연생태학적 휴머니즘을 강조하는 새로운 신념과 가치관이 보편화될 것이다.

새로운 사회에 적응하려면 지금보다 훨씬 더 진취적이고 다원주의적인 태도를 가져야 한다. 빠른 사회변동의 소용돌이에서 과거나 현재에 안주하는 자는 살아남을 수 없다. 그리고 개인의 자의식이 높아지고 다양성이 증대된 사회에서 경직된 정형적, 획일적 태도는 결코 사회성을 지닐 수 없다. 앞으로는 자율성과 다양성의 원리가 더욱 강조될 것이므로 다원주의적 자세가 불가피할 것이다.

미래 사회제도의 방향

21세기는 새로운 삶의 양식과 제도를 요구하는, 산업사회와는 질적으로 전혀 다른 새로운 문명시대가 될 것이다. 그렇다면 21세기에 적합한 사회제도는 어떠해야 할 것인가? 21세기에 우리가 '적응해 나가야 할' 또는 '만들어 나가야 할' 제도들을 하나하나 언급할 수는 없지만, 전체적으로 미래 사회제도가 갖추어야 할 기본적 특성들을 요약해 보면 다음과 같다.

첫째, 미래에는 지리적 국경의 의미가 감소되고 민족 개념이 더욱 중요해질 것이므로, 미래의 사회제도는 국경을 초월하여 해외에 거주하는 민족성원들까지 포용할 수 있는 통합적 속성을 지녀야 한다. 어떻게든지 공통적인 가치관과 생활양식을 바탕으로 하는 민족이 하나의 공동체의식을 느끼도록 제도화해 나갈 수 있어야 한다.

둘째, 미래의 사회제도는 보다 평등한 인간관계에 바탕을 두어야 한다. 사회가 고부가가치의 고도 기술산업 또는 정보산업 중심으로 변해가면서, 계급 간의 차이나 성별 차이는 더 이상 사회적으로 받아들여지지 않을 것이다. 그러므로 불평등에 기초한 사회제도는 그 기능을 제대로 수행할 수 없을 뿐더러 유지되기도 어려울 것이다.

셋째, 미래의 사회제도는 자연을 정복하는 것이 아니라, 자연과의 조화를 추구하는 방향이어야 한다. 산업문명이 낳은 환경오염과 생태계 파괴가 인류의 존립을 위협할 만큼 심각한 상황에 이르렀다. 따라서 앞으로는 자연생태학적 휴머니즘을 강조하는 환경주의가 새로운 신념과 가치관으로 등장하게 될 것이다.

끝으로, 미래의 사회제도는 서로가 더불어 함께 살아가는 방식에 바탕을 두어야 한다. 산업사회는 기본적으로 자유 경쟁을 통한 효율성의 제고를 발전의 원동력으로 삼았지만, 그물망 사회에서는 서로 존중하고 협조하는 가운데서만 창의력을 발휘하거나 효율성을 높일 수 있기 때문이다.

새로운 생활양식과 사회제도

소득수준의 향상은 무엇보다 소비생활에 뚜렷한 변화를 가져온다. 가계지출에서 '식료품비'가 차지하는 비율은 크게 줄어드는 반면, '교육 · 오락', '교통 · 통신' 등에 대한 비율이 더욱 늘어난다. 식료품에 대한 지출 내역에서도 곡류 구성비는 감소하고, 대신 육류, 과일, 밀가루음식 등의 구성비가 늘어나며, 외식 지출이 증가한다. 이러한 추이는 국민의 소비생활 유형이 생존 위주에서 생활 위주로, 양에서 질로, 자작(自作)보다는 서비스에 의존하는 방향으로 변함을 의미하는 것이다.

생산성 증대와 소득향상 및 국민의식의 변화에 따라 여가생활에 대한 욕구가 커지면서, 주당 근로시간은 선진국 수준에 이를 때까지 계속 줄어 들 것이다. 건전한 여가활동을 위하여 스포츠 및 레저시설이 확충되고, 시민의 정서와 교양을 동시에 높일 수 있는 문화유적 답사, 박물관 방문 등의 관광 상품이 늘어날 것이다.

사회 환경의 변화는 여러 가지 제도의 틀을 변화시킨다. 우선 언론은 대중적 모습에서 보다 전문화된 다양한 형태로 바뀔 것이다. 농경사회의 언론이 엘리트 언론, 산업사회의 언론이 대중 언론이었다면, 정보사회에서는 전문 언론이 등장할 것이다. 인간정신의 탈대중화에 따라 매체도 탈대중화 되어 가는 것이다. 예컨대, 신문과 방송의 장점을 함께 갖춘 전자신문 같은 새로운 형태의 매체가 더욱 번창하게 될 것이다.

컴퓨터와 로봇에 의한 정보혁명은 산업구조를 지식집약형, 고부가가치형으로 바꾸어 놓을 것이며, 일의 의미와 성격까지 변화시킬 것이다. 일하는 시간과 장소까지 선택할 수 있게 됨으로써, 직장을 결정할 때 거리 개념이 줄어들고, 일처리의 자율성은 더욱 높아질 것이다. 산업사회의 노동자와는 다른 자율적 종업원의 비율이 증가하고, 종래의 수동적 소비자상은 생산과정에 자신의 취향을 직접 반영할 수 있는 생산소비자(prosumer)의 모습으로 바뀌게 될 것이다.

정보화는 교육제도의 물리적 환경을 변화시킬 뿐 아니라, 교육방법에까지 큰 영향을 미칠 것이다. 교육현장에 각종 정보기기가 도입됨은 물론, 다수 학생들을 대상으로 하는 일방향 집단교육 방식은 교사와 학생 간의 상호작용에 의한 양방향의 개별교육 방식으로 바뀌게 될 것이다. 교육형태 또한 학교교육 위주에서 벗어나 사회교육, 평생교육을 중시하게 된다.

정보화는 미래의 정치제도에도 큰 영향을 미칠 것이다. 행정업무의 전산화는 서비스 및 행정의 효율성을 향상시킬 것이며, 새로운 정보기기와 서비스는 정부 및 정치인과 국민들 간의 상호작용 또는 양방향 의사소통의 수준을 크게 높일 수 있다. 예컨대, 종합정보통신망의 확대를 통하여 전자사서함 제도를 보편화함으로써 정치인들은 시간과 장소에 구애됨이 없이 메시지를 보내거나 받을 수 있다.

국가의 정책결정과정에 국민들이 직접 참여할 수 있게 됨으로써, 보다 직접적인 참여민주주의가 가능해질 것이다. 예컨대, 전자투표를 시행할 수 있으며, 정치인들의 의정활동을 국민들에게 바로 알리고, 유권자들의 반응 또한 즉각 수렴할 수 있으므로 선거유세, 정치적 조직화, 로비활동, 투표행위 등 정치문화의 양상도 크게 변할 것이다.

소득수준의 향상이 가져올 부정적 효과도 적지 않다. 과소비와 향락풍조의 만연으로 도덕성이 타락하고 계층 간 위화감이 더욱 커질 수 있으며, 마약 사용자가 증가하고 강력 범죄 집단이 등장할 가능성도 높아진다. 또한 인간성 상실과 소속감의 약화는 방황하는 심령들을 오도할 근본주의적 사이비 종파의 발흥을 가져올 수 있다. 사회가 복잡해지고 다원화되면서 '사회갈등'은 산업사회에서와는 다른 보다 중첩적이고 복잡한 양상을 띠게 될 것이다.

사회변동의 속도가 빠를수록 세대 간 경험의 차이도 그만큼 크기 때문에, '세대차이'가 보다 심각해진다. 또한 가족, 친지 등 전통적 사회지원 체제가 와해되면서, 개인의 정신적 긴장과 심리적 불안이 커질 것이다.

요컨대, 앞으로 전개될 새로운 시대가 반드시 풍요와 복지를 보장해 주지는 않는다. 새로운 환경은 새로운 사회문제를 야기한다. 세계의 역사를 보면 후진국에서 선진국으로 올라선 사례를 찾기 어렵다. 특히 20세기 이후 새롭게 선진국으로 진입하는 데 성공한 나라가 없다. 모두 선진국의 문턱에서 좌절되었다. 선진국에 이르는 문은 그만큼 좁다. 그러므로 누구나 인간성을 존중받고 개인적 삶의 질이 보장되는 선진한국을 이룩하기 위해서는 치밀한 분석과 풍부한 상상력으로 새로운 환경을 전망하고, 여기에 대비해 나가는 지혜가 중요하다.

CHAPTER **10**

미래준비, 어떻게 할 것인가?

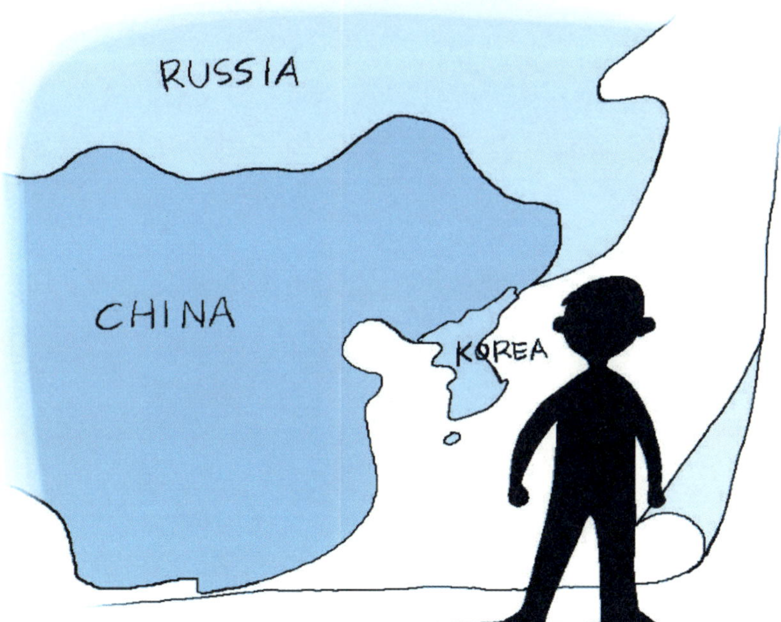

미래준비

인간은 어떤 동물보다도 나약하다. 세상에 태어나 독립하기 위해서는 최소한 14~5년의 보호기간을 필요로 한다. 그러나 이러한 사회화 과정을 거치고 나면, 그 어느 동물보다 강한 만물의 영장이 된다. 앞으로 살아가는 데 필요한 모든 것을 배울 뿐 아니라 어떤 환경에 어떻게 적응해야 할지 미리 다 배우기 때문이다. 인간은 미래를 준비할 줄 아는 동물이다.

환경의 변화가 빠를수록, 그 폭이 넓고 깊을수록, 준비의 중요성은 커진다. 18세기 이후 사회변동의 속도는 가속화되었다. 20세기 후반 이후 변동의 속도는 걷잡을 수 없이 빨라지고 있다. 그만큼 환경의 변화에 민감하게 대응할 수 있어야만 한다. 적응해야 할 환경의 범위도 더욱 확대되어 간다. 생활환경이나 시장 여건에서 국제관계 또는 지구적 환경으로 외연의 폭은 커져만 간다.

최근 취업시험에 나타난 새로운 특징은 입사하면 직면하게 될 그 기업의 환경에 대한 질문들이다. 예컨대, 주 거래 지역이 중동지역인 기업은 중동환경에 대한 질문을, 베트남 관련 기업은 베트남에 관한 질문을 많이 한다는 것이다. 기업이 환경을 얼마나 중시하고 있는지 보여주는 동시에, 취업지망자들은 자신이 목표로 하는 기업의 현실과 미래에 대해 그만큼 알아야 한다는 것을 보여준다.

지구촌의 거리는 더욱 가까워지고 접촉도 늘어만 간다. 머지않아 미래의 세계, 미래의 삶에 대한 문제들이 취업시험에서 큰 비중을 차지하게 될 것이다. 미래사회에 대한 적응문제가 그만큼 중요해지고 있기 때문이다. 취업시험 때문이 아니라 사회생활에 적응하기 위해서도 미래에 대한 인식은 필수적 조건이 되어가고 있다. 선진국에서는 대학교과과정은 물론이고 중·고등학교에도 미래강좌 개설이 보편화되어 있다. 서점에는 미래학 코너가 따로 있을 정도이다. 한국에는 아직도 미래연구 보다 과거에 대한 연구와 논의가 지배적이다.

학교는 미래를 준비하는 곳이다. 변화에 가장 민감하고 앞서 가야만 제 기능을 다할 수 있다. 그러나 한국의 교육은 어떤 분야보다 경직되어 있고 변화에 둔감하다. 천연자원도 없고, 축적된 자본도 없고, 기초과학도 부족하고, 가진 것은 높은 교육수준의 인적 자원밖에 없는 한국의 장래가 걱정이다. 국가적 차원에서의 교육개혁이 절실히 필요하다. 급한 대로 개인적 차원에서라도 미래강좌를 찾아다니고 미래서적을 탐독하며, 급변하는 환경에 적응할 수 있도록 준비해 나가는 지혜를 가져야 할 때이다.

의식의 미래화 절실

인간은 옛날부터 미래를 알 수 있는 방법을 찾으려 노력했다. 그리스 시대에는 오라클을 통해 미래를 알 수 있다고 믿었다. 오라클이란 신이 미래를 나타내 보여주는 장소 또는 이것을 알려주는 사람(예언가)을 뜻한다. 마법사는 수정 구슬을 통해 미래를 들여다 보았고 심령술사나 무당은 신을 불러 미래를 듣고자 했다. '미래란 이미 결정돼 있으며 시간이 지나면 자연히 우리에게 다가오는 것' 으로 가정했던 셈이다.

18세기 이후 진보 및 진화사상이 확산되면서 미래란 결정돼 있는 것이 아니라 현재에 의해 만들어지는 것임을 알게 됐다. 그래서 머셔는 1770년에 출간한 『서기 2440년』에서 이미 '현재는 미래를 잉태하고 있다'는 명언을 남겼던 것이다. 이후 사회학자들은 미래를 점치기보다는 미래를 만들어가는 요인이 무엇인지 탐구했다. 문화적 특성이나 사회제도, 테크놀로지, 사회구조, 근대성, 국제관계 등 수많은 사회변동 요인들이 제시됐지만 크게 보면 과학기술과 인간의 의식 두 가지로 구분될 수 있다.

미래가 저절로 다가오는 것이 아니라 현재에 의해 창조되는 것이라면 한국의 미래는 어떠할까? 흔히들 한국의 미래는 과학기술의 발전에 달려 있다고 한다. 과학기술의 획기적 발전으로 21세기에는 새로운 문명이 전개될 것이라고도 한다. 우리나라에서는 '산업화는 늦었지만 정보화는 앞서 가자.'는 구호 아래 첨단기술의 개발과 확산에 주력하였다. 그러나 아무리 유용한 기술이라도 새로운 의식이 수반되지 않으면 그 가치를 발휘하지 못한다.

21세기 한국의 미래는 기술혁명보다 의식혁명에 의해 좌우될 것이다. 과학기술은 그런대로 세계적 추세를 좇아가고 있으나 의식은 여전히 완고하여 쉽사리 변하지 않을 것이기 때문이다. 성수대교와 삼풍백화점의 붕괴, 두 전직 대통령의 수감, 끊임없이 터지는 금융사고와 고위층의 뇌물사건 등은 모두 당대의 의식이 잉태했던 사건들이다.

현재가 미래를 잉태하고, 오늘 한 사람 한 사람의 생각과 행동이 바로 자신과 후손들의 미래를 결정한다는 사실을 깨닫고 나면, 일상생활의 엄숙함을 느끼게 된다. 첨단과학은 인간생활을 획기적으로 개선할 수도 있지만, 더욱 지능적인 범죄와 대형사고를 불러올 수도 있다. 통신시설에 대한 부실공사나 전산망 교란행위는 국가행정을 마비시킬 수도 있다.

오늘 내가 켜는 조그만 불꽃이 한국의 미래를 밝히는 거대한 봉화로 타오를 수도 있고, 후손들이 누리고 살아야 할 생활의 터전을 불살라 버리는 나쁜 불씨가 될 수도 있다.

진지한 정보화 논의 바람직

정보사회는 피할 수 없는 현실이다. 미국, 일본, 유럽 연합(EU)에서도 사회 각 부문의 정보화가 급속히 진행 중이다. 어떤 나라의 대통령이나 총리가 인터넷으로 국민과 대화한다는 신문 보도는 정보사회가 눈앞에 왔다는 예일 뿐이다. 우리나라도 정부 및 사회단체에서 정보화에 박차를 가하고 있다. 중 · 고등학생을 대상으로 컴퓨터와 인터넷을 보급하는 학교정보화운동이 전개되는가 하면 학부모도 각급 전산교육장을 찾고 있다. 젊은이들은 인터넷의 가상공간을 통해 각종 정보교환, 상호소통, 물품구매 등 일상 활동을 해 나가고 있다.

정보화는 기업과 여러 조직을 새로운 형태로 변모시키고 있으며 개인 단위에서도 지금까지와 다른 네트워크를 만들어 가고 있다. 통신망 내 시민을 뜻하는 '네티즌(Networking Citizen)'이란 용어에서 우리는 산업사회적 개별 시민이 사라지고, 정보를 공유하고 상호소통을 강조하는 공동체적 시민이 늘어가고 있음을 알 수 있다. 즉 21세기 사회의 기본단위는 사회집단이나 개인이 아니라 정보공동체가 될 것임을 시사하는 것이다.

조직구성에서도 상위계층과 하위계층은 전문가, 비전문가의 수직적 관계가 아닌 수평구조로 전환된다. 전통적인 관료체제(Bureaucracy)도 팀제(Adhocracy)로 바뀌고 있다. 위계와 직급으로 통제당하며 생산성 향상을 위한 조직의 부품으로서 존재해오던 관료사회 구성원들의 비인간화는 사라지고, 전문성과 개성을 갖춘 공동체적 시민의 출현이라는 새로운 정보사회의 조직문화가 도래하고 있는 것이다. 시간 연동제, 재택근무, 통신민주주의 등은 이 같은 정보문화를 반영한다.

이 과정에서 정보사회의 사회문화적 파장이 한국적인 것과 맥을 같이 하는 것은 다행이다. 개인보다 공동체를 강조해왔던 한국적 전통은 네티즌십(netizenship)을 '두레'처럼 저항 없이 받아들이고 있다. 계층 간 수직관계에 익숙지 않은 우리에게 역동적 수평구조로의 전환은 반가운 현상이다. 그래서 세계적 추세인 정보화를 외면하지 말고 긍·부정적인 측면에 대해 보다 진지한 논의를 하는 지혜가 더없이 소중하다.

정보사회의 구조적 특징

사회란 흔히 많은 사람들이 함께 모여 사는 '공간'을 의미하지만, 일정한 공간에 사는 사람들의 '관계'를 의미하기도 한다. 어떤 의미로 사용하든지 사회에는 비교적 안정된 일정한 구조가 있다. 사회구조란 공간적 배열이나 제도적 모습이기도 하고, 그 사회의 지배적 가치관이나 행동양식일 수도 있다. 사회구성원들은 이러한 사회구조라는 안정된 틀 속에서 살아간다. 이처럼 어느 한 시대, 어느 사회 구성원들이 공통적으로 따르는 또는 그 구성원들을 지배하는 가치관이나 인식의 틀, 행동양식 등을 '사회적 패러다임'이라고 한다.

장기적으로 보면 어떤 사회든지 끊임없이 변한다. 그러나 변화의 속도나 범위, 폭과 깊이는 사회마다 또는 시대에 따라 다르다. 유난히 사회변화의 속도가 빠르고 광범위하며, 그 폭과 깊이가 큰 시대를 '문명사적 전환기' 또는 '사회적 패러다임이 바뀌는 시기'라고 한다. 인류역사를 보면, 첫 번째 문명사적 전환기는 밭 갈기, 파종, 관개, 시비 등 새로운 농경기술이 축적되기 시작한 B. C. 10세기경이었다. 두 번째 전환기는 누구나 아는 18세기 중엽의 산업혁명 시기였다. 산업기술의 발달은 이전 사회와 전혀 다른 '산업사회'라는 새로운 사회를 형성하게 되었다.

20세기 후반 이후, 인류는 다시 한번 문명사적 전환기를 맞이하였다. 정보통신기술의 발달은 인간의 지적(知的) 능력을 획기적으로 향상시켰을 뿐 아니라, 사회적 패러다임을 완전히 다른 모습으로 바꾸어 나가고 있다. 사회변동을 가져오는 요인으로 인구나 자연환경, 제도적 특성, 문화접촉, 리더십 등 다양한 요인들이 있지만, 최근에는 정보통신기술이 사회변동을 주도하고 있다. 정보통신기술의 발달은 사회의 형성이나 유지에 가장 중요한 기능을 하는 커뮤니케이션 형태를 근본적으로 변화시킨다. 간단한 통신도구나 일방적 대량전달의 매스미디어 시대를 넘어, 다양한 형태의 양방향 또는 다자간 의사소통을 가능하게 했다. 이른바 뉴미디어 확산에 따른 새로운 커뮤니케이션 방식은 모든 개인들 간의 상호작용성(interactivity)과 상호연결성(interconnectivity)을 획기적으로 향상시켰다.

정보기술은 단순히 커뮤니케이션 방식만 변화시킨 것이 아니라,

사회적 상호작용과 활동을 위한 새로운 공간을 창출해 내었다. 어느 사이에 언제 어디서나 접근 가능할 정도로 보편화된 '사이버공간'은 인간이 창조해 낸 새로운 활동공간이다. 이 공간에는 '실제공간'에 존재하는 거의 모든 것이 다 들어가 있으며, 따라서 실제공간에서 이루어지는 대부분 활동을 이 안에서 할 수 있다. 그 공간을 채우는 내용물들은 오히려 실제공간의 문화적 내용보다 더 많고 풍성하다.

정보화는 정보기기를 보급하는 것으로 시작되었지만, 이후 네트워크화가 진행되면서 다양한 소프트웨어 개발에 박차가 가해졌고, 생활에서의 활용도가 커지기 시작했다. 초기에는 산업현장에서 생산양식이나 경영방식에 획기적인 변화를 가져왔고, 이어서 금융, 행정 분야가 바뀌더니, 이제는 여가생활이나 교육방식에까지 정보화가 변화의 물결을 휘몰아가고 있다.

한국에서도 1980년대 후반부터 '정보화', '정보사회'라는 개념이 사용되기 시작했지만, '정보사회'라는 개념은 전문 학자들이나 사용하는 먼 미래의 일로만 여겨졌다. 그런데 어느 사이에 정보사회는 우리 앞에 성큼 다가와 있다. 점차 모습을 드러내고 있는 정보사회는 구조적으로 다음과 같은 주요한 특징을 보여준다.

첫째, 실재적 현실 중심의 구조가 무실재적 현실 위주로 서서히 대체되면서, 생활공간의 특성이 '발산적' 모습에서 '수렴적' 특징으로 바뀌고 있다. 얼마 전까지만 해도 사회활동 공간이라고 하면 당연히 물리적 공간을 의미하는 것이었지만, 이제 새로운 세대의 활동 공간은 사이버공간으로 급격히 이동하고 있다. 과거의 공간은 학교든 백화점이든 놀이터든 곳곳에 흩어져 있고, 당연히 행위자가 찾아가야 하는 발산적 공간이었다. 그러나 사이버공간은 행위자가 단순히 '클릭' 함으로써 스스로 다가와 열리는 수렴적 공간이다.

둘째, 국가와 국경의 의미는 갈수록 퇴색되고, 관심이나 활동영역에 따른 세계시민사회가 현실화되어가고 있다. 근대국가 성립 이후 대부분 사람들의 생활은 '국가'의 이름으로 또는 그 범위 안에서 이루어졌다. 그러나 정보화가 진행되면서 국내는 물론 인터넷으로 대표되는 세계적 수준의 네트워크가 형성되었다. 이러한 글로벌화 현상과 동시에 지역화 현상도 나타난다. 글로벌화와 지역화는 일견 상반되는 것 같지만, 사실은 정보화, 네트워크화의 결과로 나타나는 현상의 다른 모습일 뿐이다.

셋째, 민족주의에 바탕을 둔 국가적 모습이 다민족주의 또는 초민족주의, 다문화주의로 급속히 바뀌어 가고 있다. 지역에 바탕을 둔 부족국가들이 영토 전쟁을 통하여 근대국가의 모습을 갖추어 오는 동안, 국가라고 하면 의례히 민족중심의 집단으로 인식되었다. 그러나 정보화와 더불어 공간 개념이 바뀌면서 동일한 인종이나 문화관습에 근거한 국가형성의 방식에 일대 변화가 일어나고 있다. 동질성보다 다양성이 강조되면서 단일민족이나 단일문화보다 다민족이나 다문화 국가들이 오히려 정보사회에 더 적합한 것으로 보인다.

넷째, 세계질서에도 뚜렷한 변화의 양상이 나타난다. 산업사회의 세계는 물질적으로 우세하던 서구중심의 강대국들이 지배했으나, 정보사회에서는 다양한 국가들이 공존하는 시대가 열리고 있다. 그리고 정보사회에서는 국토나 물질적 우위보다 도덕성이나 비물질적 요소들이 오히려 국력의 중요한 요소가 될 것이다.

산업인간과 디지털 현실

1960년, 커(Clark Kerr)와 그의 동료들은 『산업주의와 산업인간』이라는 책을 출간했다. 그들이 제시한 '산업인간 가설'은 그 후 수렴이론에 관한 수많은 논쟁을 불러일으켰다. 산업인간 가설이란 한마디로 "사람들이 근대적 산업기술에 접하게 되면 그 기간이 길어질수록 문화적 배경에 관계없이 사회적 행위나 의식, 태도 등에서 유사하게 변해 간다."는 것이다.

산업화가 세계적으로 확산되면서 산업기술은 실제로 노동방식이나 직업구조뿐 아니라 사람들의 행동양식과 사고방식, 그리고 가치관까지 바꾸어 놓았다. 또한 다양한 모습의 전통적인 사회들이 산업화되면서 정도의 차이는 있지만 여러 측면에서 유사한 모습으로 수렴되었다.

1980년, 토플러(Alvin Toffler)는 『제3의 물결』이라는 책을 출간했다. 그는 인류문명을 획기적으로 변화시킨 농업화, 산업화에 이어 세 번째 물결인 '정보화'가 가져올 미래사회의 새로운 모습들을 보여주었다. 1990년대 들어서면서 커와 토플러의 미래전망은 더 이상 미래가 아닌 현실로 나타났다. 공산주의의 몰락으로 냉전체제가 붕괴되면서 세계가 하나의 생활권으로 통합되기 시작한 것이다. 또한 정보기술의 놀라운 발달과 확산은 생산양식이나 산업구조뿐 아니라 일상생활의 틀까지 바꾸어 가고 있다.

정보기술은 산업기술과 많은 차이를 보인다. 산업기술은 대부분 물질의 생산과 변형에 관한 것인데 비해, 정보기술은 주로 비물질에 관련된 것이며 신체보다는 정신에 필요한 내용들을 다룬다. 산업사회에서는 기계를 중심으로 모여서 일하지만, 정보사회에서는 각자 편한 곳에서 네트워크를 통해 일한다. 산업기술은 배타적이지만 정보기술은 공유성이 크다. 또한 정보기술은 산업기술에 비해 상대적으로 쓰레기나 오염물질을 적게 배출하며 환경파괴의 정도도 낮다.

기술의 특성이 상이한 만큼 산업인과 정보인은 다르다. 산업인은 이분법적 논리로 무장하고 통일성을 추구한다. 그러나 정보인은 다원주의적 가치관을 중시하며 다양성을 지향한다. 산업인은 경쟁을 당연시하며 승리를 구하지만, 정보인은 다른 사람과의 조화를 귀히 여기며 공생을 추구한다. 정보사회에서는 누구나 자신의 주장을 강력히 펼 수 있으므로 다른 사람을 지배하기보다는 다른 사람의 도움을 얻는 것이 중요하다.

이러한 기준에서 보면 한국의 정치인들은 아직도 산업인의 범주에서 벗어나지 못한 것 같다. 냉전시대의 유물이 된 이념갈등과 산업사회의 계급갈등이 아직도 한국의 정치를 뒤덮고 있으며, 새로운 정치실험은 번번이 과거의 덫에 걸려 좌초되고 만다. 지식으로는 정보사회의 특성을 이해하고 미래지향적으로 부응해야 한다고 생각하면서도 가치관이나 행동양식은 여전히 산업사회의 틀을 깨뜨리지 못하고 있는 것이다.

머지않아 디지털 시대에 부응하여 변하는 정치인은 살아남고, 구시대적 틀을 깨지 못한 채 그 속에 갇혀 있는 정치인은 몰락할 것이다. 해마다 2월이면 북쪽의 찬 기운과 남쪽의 따뜻한 기운이 부딪치며 한동안 흙먼지를 일으키지만, 결국 찬 기운은 물러가고 따뜻한 기운이 천지를 뒤덮는다. 머지않아 산업정치인들은 밀려날 수밖에 없을 것이다.

아톰에서 비트로 나아가자

정보기술이 세상을 바꾸고 있다. 먼 미래로만 생각하던 일들이 어느새 하나하나 현실화되고 있는 것이다. 인간의 지능으로는 할 수 없는 복잡한 계산을 해주던 컴퓨터가 디지털기술의 발달로 이제는 전화기, 팩시밀리, 텔레비전, 오디오, 비디오, 카메라, 캠코더 기능까지 다 할 수 있는 멀티미디어로 변했다. 불과 10여 년 전까지만 해도 공장 자동화가 첨단기술의 상징이었는데, 이제는 금융, 행정 전산화는 물론 홈오토메이션 기능까지 현실화되고 있다.

가장 놀라운 변화는 단연 인터넷의 눈부신 발달이다. 인터넷은 1969년 미국 국방성에서 개설한 아르파넷(ARPANET)을 시작으로 생겨난 수많은 컴퓨터 네트워크들이 연결되어 자생적으로 만들어진 것이다. 컴퓨터 네트워크는 컴퓨터와 커뮤니케이션이 결합된 새로운 만남의 장으로서 커뮤니케이션 역사의 신기원을 열었다. 이제 인터넷은 전 세계의 대학, 연구기관뿐 아니라, 기업이나 공공기관, 다양한 사회단체 등 거의 모든 분야의 수많은 정보를 교환할 수 있는 복합 통신망인 동시에 거대한 전자도서관으로 자리 잡았다.

인터넷이 대중화되면서 사람들의 활동영역은 현실세계를 넘어 새로운 상호작용 공간, 즉 컴퓨터 네트워크에 의해 창출되고 유지되는 '사이버공간'으로 확장되었다. 대기업이나 항공사는 물론, 백화점, 병원, 은행, 영화관, 서점, 음식점, 꽃집까지 사이버공간에 사무실을 열었고, 국회, 법원, 정부, 학교 등 모든 공공기관들도 사이버공간 안에 들어가 있다. 어느 사이엔가 큰 회사나 기관은 모두 사이버공간에 홈페이지를 개설하였고, 웬만한 사람들은 개인 홈페이지나 블로그를 개설·운영하고 있다.

인터넷은 이제 단순한 정보통신망 수준을 넘어 사람과 사람을 연결해 줌으로써 기존에 존재하지 않았던 새로운 공동체의 기반이 되고 있다. 사이버공간은 현실세계에서 속박되고 소외된 사람들에게 '작고 포근한 세계'로 친근하게 다가온다. 힘 없고 왜소한 무명의 사람들일지라도 그곳에서는 물질적 결핍이나 비인간적 대우로부터 벗어날 수 있으며, 현실세계에서는 불가능한 꿈을 꾸어 볼 수도 있다. 그곳에서는 누구나 하나의 주체적 존재로 따뜻하게 대접받으며, 자유와 창의성을 마음껏 즐길 수 있는 것이다.

사이버공간은 누구든지 ID만 가지면 접속할 수 있다는 점에서 고도의 익명성을 보장해 준다. 신분이 노출되지 않는 상태에서 필요한 모든 일을 할 수 있는 것이다. 익명성은 참여자에게 한없는 자유로움을 줌으로써 활발한 상호작용을 가능하게 하지만, 동시에 공동체적 질서를 파괴하는 역기능을 하기도 한다. 최근 인터넷의 부작용에 대한 논란이 끊이지 않으며, 사이버범죄가 계속 증가하고 있는 것도 바로 이러한 익명성 때문이다.

크래킹(cracking), 개인정보 유출, 저작권 침해, 명예훼손, 절도, 사기, 도박, 테러, 음란메일, 성매매, 성폭력, 원조교제, 독극물 판매, 범죄 모의, 폭탄제조법, 대입수능 부정 모의에 이르기까지 인터넷의 역기능은 수없이 많다. 더욱 심각한 문제는 온라인과 오프라인을 넘나들며 범죄가 이어질 뿐 아니라, 새로운 유형의 범죄가 계속 발생하고 있다는 점이다.

인터넷에 공동체적 질서가 정착되고 사이버범죄가 줄어들기 위해서는 무엇보다도 사회 전반에 걸쳐 새로운 가치관이 확산되고 정보문화가 형성되어야 한다. 산업사회 초기에도 많은 혼란과 부작용이 있었지만, 이후 자본주의의 발달, 대의민주주의의 정착, 대중문화의 보급 등 사회 전반의 변화와 더불어 산업사회의 새로운 질서가 구축되었던 것이다. 마찬가지로 정보사회도 과학기술 및 경제 분야에서 시작되었지만 장차 사회 모든 분야에서 새로운 정보문화 체계를 형성해 나가야 할 것이다.

바람직한 정보문화를 만들어 나가기 위해 가장 시급한 것은 우리들의 가치관을 물질 중심에서 비물질 중심으로 바꾸는 일이다. 과거에는 사람들 간 상호작용이 주로 구체적 사물이나 육체적 교감을 통해 이루어졌다. 신체적 욕구 충족을 위해 귀중하게 여기는 가치도 대부분 물질에 있었다. 물질의 최소단위는 바로 원자(atom)였고, 세계 최고의 부자 또한 물질적 제품을 생산해 내는 강철 왕 카네기나 자동차 왕 포드였다. 그러나 사이버 시대 상호작용의 주요 내용을 보면 물질적인 것보다 오히려 비물질적인 것의 비율이 갈수록 커지고 있다.

사이버 상호작용은 정신적인 공통의 이해와 관심, 정보나 지식, 문화적 상품 등 주로 비물질적인 내용으로 이루어진다. 사이버공간에서 상호작용의 최소단위는 비트(bit)이다. 정보사회에서는 비트가 바로 상호작용의 매개체인 동시에 재산의 최소단위이다. 지금 세계 최고의 부자는 제조업자가 아니라, 비트로 구성되는 소프트웨어를 생산하는 빌게이츠나 문화 콘텐츠를 제공하는 연예인 같은 사람이다. 산업사회는 원자를 바탕으로 이루어졌지만, 정보사회는 비트로 구성된다.

정보사회를 인간이 창조해 낸 유토피아로 만들어 나가려면 새로운 정보문화를 형성해야 하며, 그러기 위해서는 무엇보다 먼저 사회적

인식의 틀을 아톰에서 비트로 바꾸어야 한다. 산업사회에서 물질을 귀하게 여기던 것처럼 비트를 귀중한 가치로 생각할 수 있어야 한다. 사회화 과정에서도 비트를 바탕으로 하는 규범이나 질서를 내면화할 수 있어야 한다. 인식의 틀이 비트 중심으로 바뀌게 되면, 남의 집에 침입하거나 물건을 훔치고 폭행을 가하는 것이 범죄인 것처럼, 남의 홈페이지에 들어가 어지럽히거나 정보를 가져가고 폭언을 하는 것 또한 심각한 반사회적 범죄임을 깨닫게 될 것이다. 비트에 대한 가치를 올바로 인식하고 비트를 귀하게 여기는 행동양식이 보편화될 때, 사이버공간은 범죄의 공간이 아니라 진정한 인간해방의 공간으로서 새로운 공동체의 터전이 될 수 있을 것이다.

21세기의 세 가지 도전

나이스비트(John Naisbitt)는 20세기 후반 세계적 사회변동의 근저에 흐르는 거대한 물결의 줄기들을 정리해 보여 줌으로써 미래학자로서 큰 명성을 얻었다. 베스트셀러가 된 『메가트렌드』에 이어 아시아 지역의 독자층을 위한 보다 대중적인 책, 『메가챌린지』를 출간하였다. 이 책은 『메가트렌드』의 내용을 압축하여 세계적 변동 추세를 요약하고, 이러한 변화가 어떠한 도전적 환경을 제공할 것인지 전망한 다음, 낙관적이고 강력한 비전으로 여기에 대응할 지침을 제시하고 있다.

먼저 나이스비트는 지난 20여 년간 세계적으로 정치, 경제, 사회를 형성해 온 거대한 원동력 가운데 충격의 파장이 가장 큰 두 가지 메가트렌드를 '세계경제의 글로벌화'와 '아시아의 근대화'라고 전제하였다. 경제의 글로벌화를 추진해 온 힘은 통신기술의 발달에 따른 네트워킹이며, 경제가 거대화, 네트워크화될수록 개인 또는 소수 행위자의 힘이 커진다고 한다. 그리고 앞으로 하나의 국가나 지역이 세계를 지배하는 일은 없으며, 경제활동의 중심이 아시아로 이동하는 것은 틀림없는 사실이라고 전망한다. 경제통합이 진전됨에 따라 아시아는 세계 최대 시장이 되며, 서양이 독점해 온 문화세계를 보다 풍요롭게 만들 것이라고 주장한다.

나이스비트의 분석에 따르면, 지금 세계는 일견 모순인 것처럼 보이는 현상들로 가득 차 있으며, 글로벌 패러독스가 당연한 사실이 되고 있다. 이러한 세계는 변화의 속도에 뒤진 사람에게는 위험과 술책이 가득한 것으로 보일지 모른다. 그러나 나이스비트는 오히려 새로운 가능성이 눈앞에 펼쳐진 기회의 시대로 보며, 21세기의 명암은 급격한 변동과 글로벌 패러독스의 결과로 나타날 거대한 도전적 환경에 인류가 어떻게 대응하느냐에 달려 있다고 주장한다. 그는 이러한 메가 챌린지를 세 가지로 전망하고 있다.

첫 번째는 새로운 경제제도의 구축 및 새로운 유형의 비즈니스 모색이다. 1980년대 말 사회주의권의 몰락은 경제적 중요성이 증대된 세계의 움직임을 반영한 일대 사건이었다. 자본주의는 사회주의와의 경쟁에서 승리한 것 같지만, 사실은 자본주의 시스템도 급변하는 환경에 적응하는 데 큰 어려움을 겪고 있다. 이전까지의 경제를 이해하는 데 유용했던 전통적 경제이론이나 시스템은 더 이상 글로벌 경제에 적용되지 않는다. 그러나 아직까지 사람들은 정보의 가치를 어떻게 계산해야 할지 알지 못한다. 지식, 정보, 창의성과 같은 무형의 재산을 정확히 고려할 수 있는 경제모델을 만들지 못했기 때문이다.

산업시대에는 물리학적 모델이나 기계론적 세계관이 통용되었다. 예컨대, 에너지 집약적, 직선적, 거시적, 기계적, 결정론 등의 개념이 경제이론에서 널리 사용되었다. 그러나 글로벌 경제는 거대한 생물체와 같이 자기조직화에 의해 생존하고 진보한다. 새로운 경제는 생물학적 모델로서, 정보 집약성, 미시성, 자기조직성, 내적 균형, 적응성, 포괄성 등의 개념으로 이해되어야 하며, 여기에 적합한 이론과 제도적 틀을 만들어 나가야 한다.

새로운 경제에서 비즈니스의 성공을 확보하는 유일한 방법은 네트워킹이다. 네트워크 경제는 지금까지의 경제와 마찬가지로 '실재' 일 뿐 아니라, 이전보다 훨씬 강력하다. 국가 또는 국경의 개념이 퇴색되면서 네트워크는 더욱 중요해질 것이다. 어떻게 네트워크 경제를 만들어 갈 것인가? 새로운 경제의 주역은 바로 개개인이다. 누구나 새로운 경제에서 어떻게 생각하고 활동해야 할지 배우지 않으면 안 된다. 새로운 아이디어에 대한 수용의지, 배우고자 하는 호기심, 새로운 비즈니스 방식에 친숙해지려는 적극성이 중요하다.

두 번째 메가챌린지는 새로운 민주주의 제도의 확립이다. 세계는 정부에 의해 운영되는 체제에서 시장에 의해 운영되는 체제로 바뀌고 있다. 산업시대 국가의 틀 속에서 만들어진 통치구조가 정보경제의 글로벌화된 세계에서 적합성을 상실했기 때문이다. 중앙집권이나 상명하달 식의 리더십은 더 이상 효과적이지 못하며, 기존의 대의제는 그 기능을 다하지 못하고 있다.

컴퓨터와 통신기술에 의해 국가권력이 약화되면서 개인의 힘이 대폭 강화되었다. 개인은 휴대용 텔레컴퓨터를 이용해 실시간으로 새로운 정보를 입수할 수 있으며, 중요 사안에 대해 어느 곳에서나 투표하는 것이 가능하게 되었다. 기술의 진보는 개인이 지닌 힘과 가능성을 최대한 활용할 수 있도록 하는 새로운 민주제도의 등장을 예고하고 있다. 로컬한 것과 글로벌한 것 양 측면을 모두 포괄할 수 있는 적절한 정치시스템은 어떠한 것일까?

새로운 정치제도를 만들어 내기 위해서는 새로운 리더십이 필요하다. 그것은 인덕, 신뢰, 인간의 도량에 기초한 '하이터치 리더십' 이 될 것이다. 과거의 경직된 기계적 리더십 스타일과 비교하면 인간적이고 유기적인 리더십이다. 새로운 리더십은 직무나 지위에 의해 주어지는 것이 아니라, 덕으로 사람들의 양심에 호소하게 될 것이다. 경제도 사람도 이미 통제할 수 있는 시대가 아니다. 그러므로 조직을 소규모 단위의 네트워크로 긴밀하게 연결하여 사람들에게 자기관리의 폭을 넓혀 주어야 한다. 리더는 모든 사람이 자신의 능력을 최대한 발휘할 수 있도록 최적의 환경을 만들어 주는 촉진자가 되어야 한다.

세 번째 메가챌린지는 문화적 정체성의 제고이다. 지금까지 대부분 사람들은 문화적 정체성, 가치관, 전통 등을 국가의 틀 속에서만 생각해 왔다. 글로벌한 세계에서 국가는 더 이상 문화적 정체성을 확정짓는 틀이 아니다. 국가 중심의 세계에서 전통과 정체성은 분명히 양자택일적인 것이었다. 그러나 글로벌한 세계에서는 양자택일이 아니라 다종선택으로 바뀌고 있으며, 중요한 경제단위도 국가가 아니라 네트워크로 옮겨가고 있다. 국가의 울타리가 무너지고 문화가 융합될수록 사람들은 더욱 자신의 고유한 정체성을 인정받고 싶어할 것이다.

정보통신기술의 발달에 따라 컴퓨터 네트워크가 보편화되면서 사이버공간이 새로운 활동공간으로 등장하고 있다. 사이버공간은 가상의 공간이 아니며 새로운 현실 그 자체이다. 이처럼 테크놀로지에 둘러싸여 생활하게 될수록 인간은 정신적인 것을 추구하게 된다. 과학의 세계가 생활의 모든 면에 침투하여 일상생활이 하이테크화될수록 심오한 의미를 추구하는 마음도 강렬해지기 때문이다. 그 욕구는 기술이나 과학에 의해 충족될 수 있는 것이 아니므로, 사이버공간에서의 활동이 일상화될수록 문화적 정체성에 대한 탐구와 주장은 더욱 강화될 것이다.

나이스비트는 역설이 가득하고 선택의 폭이 넓어진 세계에서 위기를 기회로 바꾸기 위해서는 모험정신과 적극적 학습의지를 가져야 한다고 강조한다. 미지의 바다를 헤쳐 나가는 개인은 단순한 선원이 아니라 자신이 바로 선장이며, 정해진 항로를 따라가는 것이 아니라 스스로 결정해 나가야 한다는 것이다. 개개인에게 최대의 메가챌린지는 자신을 재발견하고 재창조하며 재확인하는 것이다.

국책硏, 중복기능 정비 시급하다

2008년, 정부는 '작고 효율적인 정부'를 운영하고 '미래국가발전의 동력'을 창출하겠다고 밝혔다. 이를 위해서는 무엇보다 국가 차원에서 통합적으로 미래를 구상하고, 실천할 수 있는 다양한 정책을 체계화하는 것이 중요하다.

미래는 다가오는 것이 아니라 창조되는 것이다. 1980년대 이후 대부분 선진국은 국가 차원에서 미래를 기획하고, 그 틀 속에서 장·단기 정책을 개발해 집행하고 있다. 우리도 1989년에 '21세기위원회' 라는 이름으로 국가 차원의 장기 미래 연구를 한 적이 있지만 불과 5년 만에 명칭이 '정책기획위원회' 로 바뀌면서 그 기능까지 변했다.

국가의 미래를 장기적으로, 거시적으로 연구 기획하기 위해 새 연구기관을 설립하거나 예산을 추가로 투입할 필요는 없다. 지금 20여 개의 대통령자문위원회와 42개의 국책 연구기관이 있고, 각 부처에 소속된 자문 및 연구기관도 400여 개에 이른다. 이런 연구기관들을 다음과 같이 체계적이고 효율적으로 정비하면 될 것이다.

우선 연구기관 간의 중복과 비효율성을 대폭 개선할 필요가 있다. 유사 기관들은 통폐합하고, 국책 연구기관은 정책을 집행하는 관련 행정기관과 긴밀히 연계해야 한다. 현행 3개 연구회(경제인문사회, 기초기술, 산업기술연구회) 체계는 연구의 자율성을 높인다는 애초 의도와는 달리 정책연구의 효율성을 저하시키고 있다.

둘째, 연구기관 간의 상호보완성과 협력을 강화해야 한다. 예컨대 미래기획위원회가 모든 분야의 정책을 연구할 필요는 없다. 그 규모를 줄이고 국책 연구기관들을 연계해 거시적 정책연구의 효율성과 체계성을 확보해야 한다.

셋째, 국책 연구기관에 대한 과도한 평가의 굴레를 풀어주어야 한다. 국책 연구기관들은 매년 연구회의 기관종합평가, 기획재정부의 고객만족도평가, 국민권익위원회의 청렴도 평가 등을 받는다. 2011년도에는 기획재정부의 국민체감도 평가가 또 추가되었다. 그 외에도 국회의 예 · 결산 심의와 국정감사, 필요하면 감사원 감사까지 받는다. 평가를 줄여야 한다.

넷째, 연구의 수준은 연구원의 능력에 따라 결정되므로 연구원의 처우개선이 중요하다. 국책 연구기관 연구원의 연봉은 대학교수의 80% 수준이며, 정년은 5년 빠르고, 연금은 국민연금이다. 이러니 우수 연구원을 뽑기 어렵다. 연구원들은 기회만 되면 대학으로 옮겨간다. 연구원과 연구과제의 수를 줄이더라도 연봉을 대폭 늘려서 최고 수준의 연구원을 확보해야 한다.

정부가 선포한 '선진화'는 산업화나 민주화보다 더 정교한 정책을 요구한다. 세계 변동 추세를 전망하며 국가의 미래를 구상하고 기획하면서 체계적이고 일관된 정책을 수립하고 집행할 수 있어야 한다. 그래야 첨단 과학기술 개발이나 미래발전동력 창출, 능동적 복지제도 형성도 가능하다. 이는 연구행정 개혁을 통해 가능할 것이다.

지적(知的) 엔진 창조

한국의 대표적 연구지원 기관인 한국과학재단, 한국학술진흥재단, 국제과학기술협력재단이 2009년 6월 한국연구재단으로 통합되었다. 3개 기관 통합의 목적은 단순히 연구지원 체제를 일원화함으로써 효율성을 높이는 데만 있는 것이 아니다. 사회 변동 추세와 시대적 요구에 부응하여 한국의 연구와 과학기술을 세계적 수준으로 끌어올릴 수 있는 토대를 구축하는 데 있다.

19세기 산업화의 견인차가 증기엔진이었고 20세기 산업사회 성장의 동력이 전기엔진이었다면, 21세기 정보사회를 이끌어 갈 힘은 사람의 지적(知的) 능력에서 나온다. 따라서 한국연구재단은 선진일류국가를 향한 상상과 창조의 지적 동력(intellectual engine)을 창출해 낼 수 있어야 한다. 이러한 비전을 달성하기 위해 재단은 특히 다음 여섯 가지 사항에 유의해야 한다.

첫째, 미래사회 변동의 추세와 연구환경 변화를 깊이 이해함으로써 시대적 요구에 부응하는 연구지원의 방향을 정립해야 한다. 기초학문 분야나 원천기술 연구는 시대를 넘어 언제나 중요하지만 특히 신생 연구 분야의 의미와 중요성도 간과하지 말아야 한다.

둘째, 21세기는 글로벌화와 통합의 시대이며 첨단기술이나 새로운 제도의 대부분이 상이한 지식 또는 영역의 융합에서 창출된다. 융합 또는 복합 분야에 대한 연구지원은 물론이고 상이한 영역이나 지역의 연구자를 네트워킹하는 데 기여할 수 있어야 한다.

셋째, 지적 동력 창출의 핵심적 변수가 무엇인지 진지하게 검토함으로써 균형 있는 연구지원을 해야 한다. 전기엔진은 수천 개의 부품으로 이뤄지지만 지적 동력은 수천만 명의 생각과 상호작용으로 형성된다. 기발한 상상, 삶의 가치와 역사의식, 생활양식에 대한 공통인식이 과학기술과 어우러질 때 사회적 동력으로 응집될 수 있다.

넷째, 연구지원 과제를 선정할 때 기계적 기준에 따른 양적 평가의 함정에서 벗어나야 한다. 기존 연구의 '양'이 새로운 연구의 '질'을 결정하지 못하며, 미래연구는 과거의 기준에 반드시 부합하지 않을 수도 있다. 관행에서 벗어난 엉뚱한 발상이나 과학적 논리로 설명하기 어려운 직관적 연구가 새로운 세계로 나아가는 열쇠를 만들어 낼 수 있음을 유념해야 한다.

다섯째, 미래지향적 연구지원의 사명을 다하기 위해서는 연구자 고객은 물론이고 전체 사회구성원의 깊은 신뢰를 받을 수 있어야 한다. 대외 신인도를 높이고 사회적으로 신뢰받는 기관이 되기 위해서는 모든 행정과 의사결정에서 공익 · 공정 · 공평 · 공개의 4원칙을 일관되게 견지해 나가야 한다.

여섯째, 기관통합 과정에는 으레 고객 불편 및 기관 간 차이와 구성원의 이해 상충에 따른 갈등이 있기 마련이다. 3개 기관 구성원은 과도기의 고객서비스에 차질이 없도록 모든 일을 치밀하게 처리해야 하며, 개인적 이해관계를 떠나 국가미래 창조에 동참한다는 사명감을 가져야 한다.

새로 출범한 한국연구재단이 21세기 정보사회에 부응하는 선진 연구지원 시스템으로 거듭나길 국민 모두가 기대한다. 미래는 생각의 연장이며 상상의 실현이다. 재단이 대담한 생각과 기발한 상상까지 실용화할 수 있는 연구지원 기관의 신기원을 열어가길 기원한다.

글의 출처

1장

1. 박쥐와 철새 [동아일보 2003.1.20]
2. 절망과 희망 [동아일보 2003.3.3]
3. 망각의 위험 [동아일보 2002.12.9]
4. 4.19의 의미를 되새기자. [국민대학보 1988.4.18]
5. 스승의 길 [교육마당 21. 2004.4]
6. 5월을 보내며 [국민대학보 1987.6.1]
7. 6월 단상 [종로신문 1989.6.5]
8. 역사 속의 7월을 생각하며 [교육월보 1998.7]
9. 새 천년 새 가치체계의 정립 [교육마당 21. 2000.1]
10. 새 천년 새 가치체계의 정립 [교육마당 21. 2000.1]
11. 풍요와 절제 [교육소식 1997.11.10]
12. 신뢰재건의 길 [미래의 세계 1998.8]
13. 통일로 가는 길 [우리길 1996.10.7]

2장

14. 인간이란 무엇인가? [사보 삼진 1986.5]
15. 인간이란 무엇인가? [사보 삼진 1986.5]
16. 대화의 사회적 의미 [사보 삼진 1988.9]
17. '내 편' 아니면 '네 편' 굴절된 토론문화 [기아 사보 수레바퀴 1994.11/12]
18. 차별주의와 인간존중 [비전@한국 2001. 12.6]
19. 학벌 타파되어야 지식기반사회 가능 [교육마당 21 2001.7]
20. 가정의 의미와 중요성 [사보 삼진 1989.5]
21. 남녀 간의 윤리 [성문화 1996.11]
22. 성차별을 파괴하자 [한겨레21 1996.7.4]
23. 성매매방지, 법과 사회화 [동아일보 2005.9.22]

3장

24. 국가적 의제는 무엇인가? [매일신문 2004.7.20]
25. 개혁, 어디로 가고 있나? [국민대학보 1999.5.17]
26. 검찰 위기, 사회 위기 [중앙일보 2001.9.25]
27. 민주화 길목에서 [국민대학보 1987.9.7]
28. 민주화 운동 평가의 형평성 [중앙일보 2002.4.30]
29. 한국사회, 균형을 잡아라. [동아일보 2003.2.7]
30. 경제 위기, 논쟁 말고 실상부터 파악을 [위클리 조선 2004.6.24]
31. '노사관계'에서 '직무관계'로 [비전@한국 2001.9.20]
32. 흔들리는 한국사회 [매일신문 2004.9.15]
33. 사회갈등, 누가 관리하나? [매일신문 2004.10.20]
34. 불안 없애줄 리더십 절실 [동아일보 2003.3.21]

4장

35. 국가적 지도자는 없는가? [주간조선 2001.10.25]
36. 대선정국, 리더의 조건 [국민대신문 2007. 11. 26]
37. 임오년 대선, 21세기 한국의 리더십 [비전@한국 2002.1.3]
38. 새 대통령의 三不三爲 [동아일보 2002.12.27]
39. 대통령 선거, 누굴 뽑을 것인가? [미래의 세계 1997.12]
40. 심판받아야 할 엘리트들 [동아일보 2002.11.15]
41. 선거와 국민주권 [국민대학보 1988.4.25]
42. 지방선거, 어떻게 할 것인가? [비전@한국 2002.5.24]
43. 언론의 자유와 책임 [국민대학보 1985.11.18]
44. 한국 언론의 현실과 이상 [국민대학보 1988.1.1]
45. 정보사회의 언론 [국민대학보 1986.10.6]
46. 정론지의 품격과 향기 지녀야 [중앙일보 2001.8.6]

5장

47. 월드컵 성공, 발전의 동력 [KBS뉴스해설 2002.7.2]
48. 눈부신 'W세대' [교육소식 2002.7.5]
49. W세대의 열정과 자신감 [미래한국 2002.7.13]
50. 청소년을 가꾸자 [매일신문 2004.8.17]
51. 청소년이 미래다 [중앙일보 2005.1.4]
52. 청소년委, 시대에 맞는 비전 제시를 [동아일보 2005.4.12]
53. 국가발전을 위한 청소년정책 지향 [오늘의 청소년 2005.9]
54. 미래 겨냥한 청소년정책 세워라. [중앙일보 2006.3.21]
55. 정보사회와 4-H 운동 [한국 4-H신문 1999.8.15]

6장

56. 놀라운 10대, 무서운 10대 [세계일보 2007.4.2]
57. 역사 모르는 청소년, 어른 탓이오. [동아일보 2007.7.7]
58. 21세기, 무엇으로 살아갈 것인가? [청소년소식 2004.10]
59. 성장환경에 따른 청소년 가치관과 행동의 변화 [한국청소년정책연구원 2006.3.9]
60. 자녀교육의 오해와 지혜 [매일신문 2001.11.16]
61. 교육개혁구호의 덫 [미래의 세계 1999.4]
62. 고교평준화정책은 보완되어야 한다 [한국일보 2000.5.19]
63. 공립은 평준화...특목고-사립교부터 '고급교육' 확대 [조선일보 2001.4.7]
64. 지식정보사회 교육제도의 방향 [교육소식 2001.2.5]

7장

65. 대학인의 역할과 사명 [국민대학보 1987.3.9]
66. 신입생에게 바람 [국민대학보 1988.3.7]
67. 대학생활 치밀하게 준비해야 [국민대학보 1997.2.17]
68. 정보화 시대, 대학문화도 변해야 [국민대학보 1988.4.13]
69. 개혁시대의 대학 [국민대학보 1993.11.1]
70. 대학문화는 변하고 있는가? [교육월보 1997.4]
71. 학부제와 다전공제, 진정한 교육개혁인가? [숙대신문 2003.5.26]
72. 대학평가 기준의 타당성 [조선일보 2009.5.13]
73. 교육개혁, 헛발질 16년 [조선일보 2011.11.5]

8장

74. "강철서신"의 교훈 [국민대학교 1999.10.25]
75. 대학생의 도덕성 [국민대학교 1987.1.1]
76. 급진, 향락 넘어 새로운 청년상 [미래의 세계 1997.8-9]
77. 학생운동의 미래는 [1996.12.9]
78. 학생운동이 나아갈 길 [세계일보 1997.6.7]
79. 대학신문의 성격과 진로 [국민대학보 1994.11.14]
80. 대학 정체성의 회복 [국민대학보 1989.1.1]
81. 갈등 넘어 공동체적 관계로 [국민대학보 1995.4.17]
82. 북악공동체 회복에 나서자. [국민대학보 1991.5.29]

9장

83. 미래사회와 미래학에 대하여 [국민대학보 1995.9.4]
84. 미래사회와 미래학에 대하여 [국민대학보 1995.9.4]
85. 미래사회와 미래학에 대하여 [국민대학보 1995.9.4]
86. 미래연구는 현재 길잡이 [한겨레신문 1996.11.18]
87. 미래사회 전망 [국민대학보 1995.10.9]
88. 새로운 사회적 패러다임과 사회문제 [국민대학보 1995.10.9]
89. 전자화폐시대 '성큼' [한겨레신문 1996.12.9]
90. 10,000불 시대, 한국의 사회문화 [MBC사보 1995.7.20]
91. 미래 사회제도의 방향 [국민대학보 1995.10.9]
92. 10,000불 시대, 한국의 사회문화 [MBC사보 1995.7.20]

10장

93. 미래준비 [국민대학보 1993.11.22]
94. 의식의 미래화 절실 [한겨레신문 1996.10.28]
95. 진지한 정보화 논의 바람직 [중앙일보 1996.5.2]
96. 정보사회의 구조적 특징 [한국청소년정책연구원 2006.3.7]
97. 산업인간과 디지털 현실 [매일신문 2004.12.15]
98. 아톰에서 비트로 나아가자 [한국정보문화진흥원 2004.11.29]
99. 메가챌린지 - 새 밀레니엄 전망 및 항해를 위한 지침 [서평문화 1999.12.2]
100. 국책 硏, 중복기능 정비 - 협력체제 구축 급하다 [동아일보 2008.3.20]
101. 한국연구재단, 지식 창조의 엔진 되길 [동아일보 2009.5.27]

인터뷰 기사

교육소식

제8호 ('97. 6. 25)

격주간 · 비매품

발행처 교육부

발행인 안병영

인터뷰 | 배규한 전국대학교 학생처장협의회 회장

한총련의 실상과 바람직한 대학 문화

지난해의 연세대 사태 및 최근 한양대 사태를 보면서 많은 사람들이 학생 운동을 걱정하고 있다. 전국대학교 학생처장협의회 회장을 맡고 있는 배규한 국민대 학생처장 (사회학과 교수)을 만나, '한총련의 실상과 바람직한 대학 문화'에 대해 의견을 들었다. 교정에는 한총련 사태의 아픔을 잊은 듯 시원한 물보라가 청량한 여름을 맞고 있었다.

안녕하십니까? 흔히들 학생처장이라면 약간 권위적일 것으로 생각하기 쉬운데, 배처장님은 학생처장협의회 회장이신데도 전혀 그렇지 않군요 (웃음).

학생들의 문제 해결을 도와주고, 다양한 학생 자치 활동을 지원해 주는 학생처의 역할로 보면, 오히려 자상하고 인자한 모습이 학생처장에게 어울리겠죠. 저는 아직 그렇지 못합니다만……

■ 지난 주 강원도 용평에서 전국대학교 학생처장협의회 하계세미나 및 총회가 열렸더군요. 배 처장님께서 회장으로 재선되셨다는데, 우선 축하드립니다.

고맙습니다. 미력하나마 바람직한 학생 자치 활동을 돕기 위해 노력하겠습니다.

■ 이번 하계 세미나에서 한총련 학생 활동에 대한 학생처장들의 입장 표명이 있었는데, 과거에도 세미나를 하면 이런 성명서 같은 것을 내었나요?

제가 알기로는 처음인 것 같습니다. 그만큼 학생처장들이 최근 한총련 중심의 학생 활동 양상을 심각하게 인식하고, 적극적으로 나설 필요가 있다는 판단을 했기 때문입니다.

■ 한총련의 폭력성과 친북 이적성이 그 한계를 넘어섰다는 여론이 비등한데, 한총련의 조직 현황은 어떠하며, 가장 큰 문제점은 무엇이라고 보십니까?

한총련은 '한국 대학 총학생회 연합회'의 약칭입니다. 지금은 많이 약화되었지만, 얼마 전까지만 해도 198개 대학이 회원교로 가입되어 있었으며, 이른 바 NL(민족해방) 주사파가 주류를 형성하고 있습니다. 한총련 조직의 문제점은 잘 아시는대로, 친북 급진 이념과 폭력적 과격성에 있습니다. 그리고 대표성의 문제를 지적할 수 있습니다. 스스로 '100만 학도의 자주적 학생 조직'이라고 밝히고 있습니다만, 사실은 한총련의 이념과 행동 노선을 추종하는 학생수는 전체 대학생의 3~4%에 불과합니다. 문제는 이 소수의 '운동권' 학생들이 각 대학 총학생회를 장악하고 있기 때문에, 총학생회 활동 전체가 대다수 학생들의 뜻과는 아무 상관없이 한총련의 계획과 시간표에 따라 이루어진다는 것입니다. 더구나 진리를 추구하는 대학의 자율성과 사상의 자유를 최대한 보호하고자 공안 당국이 이들에게 철퇴를 가하지 못했었는데 이제는 북한 찬양, 폭행 치사, 은폐, 조작극에까지 이르렀으니 허용의 정도를 크게 넘었습니다.

■ 바람직한 학생 운동의 방향과 대학 당국의 학생 지도 대책에 대해 말씀해 주시면 감사하겠습니다.

학생 운동은 뜻을 함께 하는 학생들이 현실의 개선을 촉구하는 조직적 활동입니다. 학생회는 다수 학생들의 자기 관심 분야 탐구와 자아 발달을 도와주어야 합니다. 자치 활동이 사회 운동에 매몰되어 다수를 외면한 소수의 횡포가 지배하지 않도록 해야 합니다. 오늘의 대학생 문제가 대학 내부에서 생겨난 것만은 아닙니다. 정치적 모순과 사회적 토양에서 배태된 것이므로, 대학 차원의 구체적 대책도 중요하지만 전체 사회적 차원에서 개선 방안이 모색되어야 합니다.

■ 끝으로, 대학 문화의 발전을 위한 좋은 말씀을 부탁드립니다.

대학교 학생회가 21세기 다원 사회에 부응하는 자치 활동 조직으로 성숙하고 미래지향적 문화를 형성하기 위해서는, 교수들은 물론 학부모와 지식인, 그리고 언론 및 정부 당국 모두가 대학생 자치 활동에 대해 깊이 성찰하고 폭넓은 지도와 지원을 해 주어야 합니다. 교

교육소식 7

1. 한총련의 실상과 바람직한 대학문화

[교육소식 제8호 1997. 6. 25]

연세대 사태 및 최근 한양대 사태를 보면서 많은 사람들이 학생 운동을 걱정하고 있다. 전국대학교 학생처장협의회 회장을 맡고 있는 배규한 국민대 학생처장(사회학 교수)을 만나, '한총련의 실상과 바람직한 대학문화'에 대해 의견을 들었다. 교정에는 한총련 사태의 아픔을 잊은 듯 시원한 물보라가 청량한 여름을 맞고 있었다.

– 안녕하십니까? 흔히들 학생처장이라면 약간 권위적일 것으로 생각하기 쉬운데, 배 처장님은 학생처장협의회 회장이신데도 전혀 그렇지 않군요 (웃음).

학생들의 문제 해결을 도와주고, 다양한 학생자치활동을 지원해주는 학생처의 역할로 보면, 오히려 자상하고 인자한 모습이 학생처장에게 어울리겠죠. 저는 아직 그렇지 못합니다만…

– 지난 주 강원도 용평에서 전국대학교학생처장협의회 하계 세미나 및 총회가 열렸더군요. 배 처장님께서 회장으로 재선되셨다는데, 우선 축하드립니다.

고맙습니다. 미력이나마 바람직한 학생자치활동을 돕기 위해 노력하겠습니다.

– 이번 하계 세미나에서 한총련 학생활동에 대한 학생처장들의 입장 표명이 있었는데, 과거에도 세미나를 하면 이런 성명서 같은 것을 내었나요?

제가 알기로는 처음인 것 같습니다. 그만큼 학생처장들이 최근 한총련 중심의 학생활동 양상을 심각하게 인식하고, 적극적으로 나설 필요가 있다는 판단을 했기 때문입니다.

– 한총련의 폭력성과 친북 이적성이 그 한계를 넘어섰다는 여론이 비등한데, 한총련의 조직현황은 어떠하며, 가장 큰 문제점은 무엇이라고 보십니까?

한총련은 '한국대학 총학생회 연합회' 의 약칭입니다. 지금은 많이 약화되었지만, 얼마 전까지만 해도 198개 대학이 회원교로 가입되어 있었으며, 이른바 NL(민족해방) 주사파가 주류를 형성하고 있습니다. 한총련 조직의 문제점은 잘 아시는 대로, 친북 급진 이념과 폭력적 과격성에 있습니다.

그리고 대표성의 문제를 지적할 수 있습니다. 스스로 '100만 학도의 자주적 학생 조직' 이라고 밝히고 있습니다만, 사실은 한총련의 이념과 행동 노선을 추종하는 학생 수는 전체 대학생의 3~4%에 불과합니다. 문제는 이 소수의 '운동권' 학생들이 각 대학 총학생회를 장악하고 있기 때문에, 총학생회 활동 전체가 대다수 학생들의 뜻과는 아무 상관없이 한총련의 계획과 시간표에 따라 이루어진다는 것입니다.

더구나 진리를 추구하는 대학의 자율성과 사상의 자유를 최대한 보호하고자 공안 당국이 이들에게 철퇴를 가하지 못했는데 이제는 북한 찬양, 폭행 치사, 은폐, 조작극에까지 이르렀으니 허용의 정도를 크게 넘었습니다.

– 바람직한 학생운동의 방향과 대학 당국의 학생지도 대책에 대해 말씀해 주시면 감사하겠습니다.

학생운동은 뜻을 함께 하는 학생들이 현실의 개선을 촉구하는 조직적 활동입니다. 학생회는 다수 학생들의 자기 관심분야 탐구와 자아 발달을 도와주어야 합니다. 자치활동은 사회운동에 매몰되어 다수를 외면한 소수의 횡포가 지배하지 않도록 해야 합니다. 오늘의 대학생 문제가 대학 내부에서 생겨난 것만은 아닙니다. 정치적 모순과 사회적 토양에서 배태된 것이므로, 대학 차원의 구체적 대책도 중요하지만 전체 사회적 차원에서 개선 방안이 모색되어야 합니다.

– 끝으로, 대학문화의 발전을 위한 좋은 말씀을 부탁드립니다.

대학교 학생회가 21세기 다원사회에 부응하는 자치활동 조직으로 성숙하고 미래지향적 문화를 형성하기 위해서는, 교수들은 물론 학부모와 지식인, 그리고 언론 및 정부 당국 모두가 대학생 자치활동에 대해 깊이 성찰하고 폭넓은 지도와 지원을 해 주어야 합니다.

초·대·석 배규한 한국청소년개발원 원장

"청소년의 사회화과정 추적 데이터베이스화"

지난해 9월 한국청소년개발원 제7대 원장에 취임한 배규한 교수(국민대)는 정책기초연구실을 신설하는 등 조직개편을 단행하고, 장기적이고 기초적인 청소년연구에 착수했다. 그는 청소년은 미래의 주역이자 현재의 주역이라며 이들을 무한한 가능성을 품은 인격체로 바라볼 것을 당부했다. 〈편집실〉

일반인들에게 청소년은 보호관리의 대상이자 가르쳐야 할 '학생'으로만 인식되는 수준입니다. 청소년에 대한 바른 인식을 제안하신다면.

보호와 관리 차원에서만 청소년을 대하는 것은 우리 청소년정책의 태동기에서 나타난 문제와 무관하지 않습니다. 국가차원에서 청소년정책에 관심을 가진 것은 청소년들이 학교를 통해 사회화되는 과정에서 학교교육이 못하는 부분을 학교 밖에서 보완하자는 취지에서였습니다. 그러다보니 학교와 분리된 측면에서 청소년정책을 다루게 됐고, 유해시설로부터 '보호'하거나 놀이프로그램 등을 통해 '육성'하는 차원에 머물게 됐습니다.

청소년정책을 보호·육성·선도로 나누어 다루다보니, 청소년들을 스스로 잠재역량을 키워나갈 대상으로 보지 못했습니다. 예를 들어 조그만 씨앗 속에는 커다란 나무의 모습이 다 들어있지 않습니까. 우리는 씨앗을 심고 물을 주고 햇볕을 쪼이게 할 뿐이지, 실제로 나무로 자라는 것은 나무 스스로의 힘에 의해서입니다. 우리 청소년도 무한한 가능성을 품고 스스로 자라나는 인격체로 바라봐야 합니다.

각종 청소년문제가 발생하면서 청소년들의 건강한 성장을 우려하는 목소리도 있는데, 어떻게 생각하십니까.

청소년을 문제집단으로 인식하는 시각의 근원은 청소년을 대등한 인격체로 보지 않기 때문입니다. 누구나 청소년기에 많은 시행착오와 오류를 겪으면서 성장합니다. 청소년기에 더러 일탈행동을 하고 나쁜 습관을 보이더라도 대다수는 독립적이고 자율적인 존재로 스스로 정화하면서 잘 성장할 수 있습니다. 단

| 배규한 원장 |

배규한 원장은…

배규한 원장은 1951년 출생으로 서울대 사회학과를 졸업하고 동대학원과 미국 일리노이대학에서 석·박사학위를 받았다. 대통령자문 21세기위원회 위원, 대통령자문 새교육공동체위원회 연구위원, 교육인적자원부 정책자문위원, 국무총리 교육정보화위원회 위원, 국무총리 비상기획위원회 위원 등으로 일했다. 교육인적자원부 '교육소식' 편집자문위원장을 역임했으며, 현재 국민대학교 교수를 맡고 있다. 주요저서로는 《21세기 한국의 사회발전전략》, 《통계조사론》, 《미래사회학》 등 다수가 있다.

26

2. 초대석-배규한 한국청소년개발원 원장

[교육마당 2005. 3]

지난해 9월 한국청소년개발원 제7대 원장에 취임한 배규한 교수(국민대)는 정책기초연구실을 신설하는 등 조직개편을 단행하고, 장기적이고 기초적인 청소년정책연구에 착수했다. 그는 청소년은 미래의 주역이자 현재의 주역이라며 이들을 무한한 가능성을 품은 인격체로 바라볼 것을 당부했다.

〈편집실〉 (www.madang21.or.kr 초대석란에 있음)

배규한 원장은 1951년 출생으로 서울대 사회학과를 졸업하고 동 대학원과 미국 일리노이대학에서 석 · 박사학위를 받았다. 대통령자문 21세기위원회 위원, 대통령자문 새교육공동체위원회 연구위원, 교육인적자원부 정책자문위원, 국무총리 교육정보화위원회 위원, 국무총리 비상기획위원회 위원 등으로 일했다. 교육인적자원부 '교육소식' 편집자문위원장을 역임했으며, 현재 국민대학교 교수를 맡고 있다. 주요저서로는 『21세기 한국의 사회발전전략』, 『통계조사론』, 『미래 사회학』 등 다수가 있다.

– 일반인들에게 청소년은 보호 관리의 대상이자 가르쳐야 할 '학생'으로만 인식되는 수준입니다. 청소년에 대한 바른 인식을 제안하신다면.

보호와 관리 차원에서만 청소년을 대하는 것은 우리 청소년정책의 태동기에서 나타난 문제와 무관하지 않습니다. 국가차원에서 청소년정책에 관심을 가진 것은 청소년들이 학교를 통해 사회화되는 과정에서 학교교육이 못하는 부분을 학교 밖에서 보완하자는 취지에서였습니다. 그러다 보니 학교와 분리된 측면에서 청소년정책을 다루게 됐고, 유해시설로부터 '보호' 하거나 놀이프로그램 등을 통해 '육성' 하는 차원에 머물게 됐습니다.

청소년정책을 보호 · 육성 · 선도로 나누어 다루다 보니, 청소년들을 스스로 잠재역량을 키워나갈 대상으로 보지 못했습니다. 예를 들어 조그만 씨앗 속에는 커다란 나무의 모습이 다 들어있지 않습니까. 우리는 씨앗을 심고 물을 주고 햇볕을 쪼이게 할 뿐이지,

실제로 나무로 자라는 것은 나무 스스로의 힘에 의해서입니다. 우리 청소년도 무한한 가능성을 품고 스스로 자라나는 인격체로 바라봐야 합니다.

– 각종 청소년문제가 발생하면서 청소년들의 건강한 성장을 우려하는 목소리도 있는데, 어떻게 생각하십니까.

청소년을 문제 집단으로 인식하는 시각의 근원은 청소년을 대등한 인격체로 보지 않기 때문입니다. 누구나 청소년기에 많은 시행착오와 오류를 겪으면서 성장합니다. 청소년기에 더러 일탈행동을 하고 나쁜 습관을 보이더라도 대다수는 독립적이고 자율적인 존재로 스스로 정화하면서 잘 성장할 수 있습니다. 단점을 채근하고 윽박지르다 보면, 작은 부스럼을 자꾸 만져서 상처를 덧나게 하는 것처럼 오히려 역효과를 낼 수 있습니다.

– 탈학교 청소년은 국가인적자원개발의 사각지대에 있다는 지적이 있는데요.

'탈학교' 보다 더 심각한 것이 '탈사회화' 문제입니다. 지금과 같은 정보사회에서는 학교에 다니지 않아도 가정과 지역에서 인성을 배우고 정보통신기술을 이용해 지식을 쌓을 수 있습니다. 그런데도 우리는 여전히 학교가 사회화의 전담기구인 것처럼 인식하고, 무조건 공부 잘하고 학교에 잘 다녀야 훌륭한 사람이 되는 것처럼 생각합니다. 따라서 대안학교 등 교육시설을 마련해 어떻게든 '학교 안' 으로 수용하려는 노력도 중요하지만, 사회화 트랙을 바로잡아 주는 일이 더 필요합니다.

– 과연 우리에게 '청소년정책이 있는가' 라는 회의적인 목소리도 있습니다.

올해는 청소년정책에 있어 매우 의미 깊은 해입니다. 무엇보다 청소년기본법, 청소년활동진흥법, 청소년복지지원법 등 청소년관련 주요법령이 새롭게 정비돼 시행되면, 청소년의 사회참여와 다양한 활동을 위한 여건이 조성되고 청소년복지도 크게 증진될 것입니다. 특히 그동안 청소년 분야의 숙원과제였던 행정조직이 통합됩니다. 국무총리실 산하 청소년보호위원회와 문화관광부의 청소년국이 국무총리실 산하의 국가청소년위원회로 통합 · 출범하게 됩니다.

이렇게 되면 앞서 말씀드린 청소년정책의 문제점이 크게 해소되고, 행정적 요구와 정책적 수요를 보다 효과적으로 조정하며 세부사업들도 활성화될 전망입니다. 또한 전국의 다양한 청소년들이 스스로 의제를 설정해 토론하고 그 결과를 대통령에게 직접 보고하는 '청소년특별회의' 가 작년에 이어 매년 개최됩니다.

지금까지 청소년정책이 학교와 분리된 육성과 보호 중심이었다면, 이제는 학교를 포함해 하나의 사회화 과정이라는 큰 틀 속에서 청소년 스스로 잠재력을 꽃피울 수 있는 '계발' 의 차원으로 나아가야 합니다.

– 원장 취임 후 청소년개발원의 조직개편을 단행했는데, 취지를 설명해 주십시오.

'정책기초연구실' 을 신설한 것은 국책연구기관으로서 보다 장기적이고 기초적인 연구를 하기 위해서입니다. 가령 작년부터 초등학교 4학년과 중학교 1학년생들을 각 3천 명씩 선정해서 향후 7~8년 동안 이들의 성장과정을 추적 조사하는 사업을 시작했습니다. 이들의 변화를 데이터베이스화하면 우리나라 청소년의 성장과정을 그대로 보여주는 귀중한 자료로 쓰이게 될 것입니다.

– 마지막으로 청소년정책의 기본방향에 대해 간략히 말씀해 주십시요.

우리는 흔히 '청소년은 미래의 주역' 이라고 말합니다. 하지만 청소년은 미래의 주역일 뿐 아니라 '현재의 주역' 입니다. 지난 몇 년 동안 우리사회의 가장 큰 이슈였던 월드컵열풍과 대통령선거 등을 주도한 세대가 청소년들이었습니다. 청소년들이야말로 미래사회에 대한 방향을 가장 정확히 예측하고 나아갈 수 있습니다. 그런데도 기성세대가 청소년의 미래를 미리 결정지으려고 하면 오히려 새로운 발전방향을 방해하는 결과를 초래할 수 있습니다. 자기 스스로 잠재능력을 키워서 올바르게 발현해 나가도록 돕는 것이 청소년정책의 기본이 돼야 합니다.

인터뷰를 마치고…

기자가 배규한 원장을 처음 만난 것은 지금으로부터 꼭 4년 전의 일이다. 당시 본지에서 '교육열과 학력병의 사회문화적 진단과 처방' 을 주제로 좌담을 개최했는데, 패널로 참석한 배규한 원장(당시 국민대 교수)은 사회학자이면서도 교육문제에 상당한 관심과 탁월한 식견을 갖추고 있었다. 그는 좌담 내내 평준화정책의 보완을 강조하며 학생과 학부모에게 선택권을 줘야 한다고 역설했는데, 4년이 지난 지금 보편성과 수월성의 조화를 지향하는 교육정책이 나오고 있어 반갑다고 전했다.

하지만 아쉬움도 빼놓지 않았다. 학교교육이 잘되려면 가정이 바로 서야 하고 지역공동체가 형성돼야 하고 미디어환경이 좋아야 하는 등 사회와 유기적인 관계를 맺고 있어야 하는데, 교육정책은 마치 학교를 '고립된 섬'처럼 다루고 있다는 것이다. 그는 인간의 성장과정 · 사회구조 · 장기 변동 추세 등을 연구하는 사회학자로서 우리나라 청소년정책을 근거리에서 살필 수 있게 된 것이 개인적으로 행운이라며, 개발원으로서도 큰 변화의 계기가 되도록 하겠다는 강한 의지를 나타냈다.

대담 정리: 황자경 / 본지 기자 myway@madang21.or.kr

대학가사람들

인터뷰_ 배규한 한국학술진흥재단 신임 사무총장

"공익, 공정, 공평, 공개 … 4公으로 신뢰 얻겠습니다"

3. 인터뷰 – 배규한 한국학술진흥재단 신임 사무총장

"공익, 공정, 공평, 공개 … 4公으로 신뢰 얻겠습니다"

[교수신문 2009. 4. 6.]

"교수사회가 삭막해졌어요. 논문도 잘 쓰려면 취미생활도 하고 공연도 보고 '푸근한' 생활도 필요한데 말이죠. 요즘은 논문 쓰느라 바빠서 학회 일도 잘 안하려고 한답니다."

오는 6월 말 한국연구재단 출범을 앞두고, 한국학술진흥재단의 신임 사무총장에 배규한 국민대 교수(58세, 사회학과 · 사진)가

지난달 30일 취임했다. 배 사무총장은 연구자와 연구환경을 '이해' 하는 일을 첫손에 꼽았다. 그의 취임 일성도 "연구자의 입장과 생각, 연구여건과 심리상태까지도 잘 파악할 수 있어야 한다"는 것이다.

배 사무총장은 유솜(USOM)과 4公의 원칙으로 학진을 이끌 계획이다. '이해' 하는 행정과 적극적인 '지원', 상호 관련 연구자들의 '조직화', 기초분야 연구의욕을 고취할 수 있는 '동기화' 를 강조했다.

"연구자가 미처 생각하지 못한 것도 지원해야 감동을 줄 수 있고, 다양한 학문분야 간에 공동연구를 할 수 있도록 네트워킹 해주는 노력도 강화할 것입니다. 특히 '시대적으로는 필요한데 인기는 없는 연구' 를 하고 싶어지도록 동기를 부여해 줘야 합니다."

공익, 공정, 공평, 공개 등 4公의 원칙은 사회적 신뢰를 얻기 위한 방침이다.

"최우선의 의사결정 기준은 공익입니다. 국민 전체와 공공의 이익에 부합하는 것이 무엇인가에 따라 결정할 겁니다. 모든 의사결정과 행정은 디지털 시대에 맞게 투명하게 이뤄지도록 '공개' 하겠습니다."

그는 과학기술을 이해하는 미래 사회학자다. 지난 1991년부터는 '미래사회론' 강의를 해 왔다.

"일을 잘하려면 장기 미래 전망을 잘 해야 합니다. 사회제도와 생각이 어떻게 변해야 하는지, 몇백 년 뒤에 무엇이 필요한가도 전망할 수 있어야죠. 정권의 차원을 넘어서서 '미래학자' 가 필요합니다."

역시 가장 큰 관심사는 오는 6월 말까지 숨 가쁘게 이뤄질 과학재단과의 통합작업이다. 인문사회계와 이공계는 서로 홀대를 받지 않을까, 독립적인 지원체계가 통합으로 희석되지 않을까 우려하고 있다.

"융합으로 가는 세상에서 미래사회에 기여하는 학문을 창출하려면 균형 잡힌 연구를 하는 것이 더 중요하지 않을까요? 저는 그동안 미래사회를 전망하는 강의를 많이 해 왔습니다. 과학기술의 중요성도 잘 인식하고 있고요. 과학기술을 홀대한다는 우려는 접어 두셔도 좋을 듯합니다."

배 사무총장은 미래 장기적인 전망 속에서 연구재단을 출범시키는 일이 어려운 일이라는 것을 안다. 서로 다른 조직문화와 시각, 가치관, 이해관계가 다른 3개 기관을 통합하는 일이 쉽지는 않을 것이다.

"어려움을 잘 극복하고, 과도기니까 고객서비스에도 차질이 없도록 신경을 쓰겠습니다. 연구재단이 학문연구에 중심적인 역할을 할 수 있도록 노력하겠습니다."

지금도 학진 연구비 선정 여부를 둘러싸고 공정성 시비가 여전하다.

"교수들은 학진이 교수나 학문을 잘 모르고 권위적이라는 비판을 많이 합니다. 저도 학진 지원도 받아 봤고 심사도 해봤지만 직원들이 공정하게 하려고 노력하고 있습니다. 그래도 문제가 생기는 것은 시간과 예산의 제약, 혹은 인간적인 한계로 이해해 주시면 좋겠습니다."

배 사무총장의 당부다.

[약력소개] 배규한 사무총장은 서울대 사회학과를 졸업하고, 미국 일리노이대에서 산업사회학전공으로 박사학위를 받았다. 1985년부터 국민대 교수로 재직하고 있으며 대통령자문 21세기위원회 위원, 국민대사회과학대학 학장, 한국청소년정책연구원 원장, 대통령직속 미래기획위원회 제1분과 간사위원 등을 역임했다.

대담 : 최영진 교수신문 주간(중앙대 정치외교학과)
정리 : 김봉억 기자 bong@kyosu.net

중앙일보 2009년 6월 2일 화요일

"인문·과학 R&D 통합, 폭발적 성과 기대"

'한국연구재단'으로 재탄생 하는 '학술진흥재단' 배규한 사무총장

4. '한국연구재단' 으로 재탄생하는 '한국학술진흥재단' 배규한 사무총장 - 인문, 과학 R&D 통합 폭발적 성과 기대-

[중앙일보 2009. 6. 2]

2006년 당시 영국의 토니 블레어 총리는 연구개발(R&D) 투자의 중요성을 언급하면서 ▶한국 ▶중국 ▶인도, 세 나라의 사례를 들었다. 2007년 영국의 민간 싱크탱크인 데모스(DEMOS)는 이들 3개국의 R&D 투자와 기술혁신이 어떻게 경제 발전에 영향을 미쳤는지를 분석한 보고서를 내기도 했다. DEMOS는 이들의 성공 사

례를 바탕으로 영국의 분발을 촉구할 정도였다.

배규한 한국학술진흥재단 사무총장은 "인문 · 과학을 아우르는 통합 연구지원 기구인 '한국연구재단' 이 26일 출범하면 '규모의 경제' 가 가능하게 학술지원을 늘릴 것"이라고 말했다.

26일 국가 R&D 지원의 중추를 맡아 온 3개 기관이 통합한다. ▶한국학술진흥재단 ▶한국과학재단 ▶국제과학기술협력재단이 '한국연구재단' 으로 통합한다. 3개 기관의 2007년 예산만 합쳐도 2조 7000억 원대다. 예산 3조 원에 달하는 거대 R&D지원 기관이 탄생하는 것이다.

학술진흥재단의 배규한(58) 사무총장(국민대 사회학과 교수)을 만났다. 배 사무총장은 "인문학적 상상력과 과학기술계의 창의력이 융합돼 새로운 성장 동력의 발판이 될 것"이라고 말했다. 그는 미국 일리노이대에서 '산업사회학' 으로 박사학위를 받은 학자다.

– 재단 통합의 의미는

2007년 한국의 총 R&D 투자액(33조 3014억 원)은 국내총생산(GDP)의 3.47%로 세계 7위다. 정부는 2012년까지 투자액을 5%로 늘려 세계 최고의 R&D 투자 환경을 만든다는 계획이다. 1980년대까지만 해도 R&D는 주로 과학기술분야 투자를 말했다. 앞으로는 과학기술만으론 안 된다. 컴퓨터의 발전만 봐도 처음에는 하드웨어적 발전이었으나 이젠 인문학적 감성이 담긴 '정보 마인드' 가 더 중요해지고 있다. 감성 · 상상력 · 창의력 개발에 대한 투자가 늘어나야 한다. 그래야 과학도 더 발전할 수 있다.

– 인문 · 과학 R&D 통합의 효과는

세분화된 지원체계에선 연구비 중복 현상도 나타난다. 이를 줄이고 효율성을 극대화해야 한다. 현재 시스템에선 학제 간 융합 연구가 어렵다. 역사적으로 지금의 분과학문 체계가 만들어지는 데 200여 년 걸렸다. 하지만 이 경계가 없어지는 건 40~50년도 안 걸릴 것이다. 어느 순간 임계치에 도달하면 학문 간 융 · 복합 연구가 폭발한다. 그때 가면 이미 늦는다. 지금부터 학문 간 경계를 허물어야 한다. 그러면 연구비의 규모가 커지고 규모의 경제도 가능해진다.

– 인문 · 사회 쪽에선 과학 분야에 밀려 지원이 줄어들 거라는 우려가 있다.

과학계도 마찬가지로 인문 · 사회에 밀려 지원이 위축되지 않을까 염려한다. 양쪽 다 실현되지 않을 걱정이다. 2007년 학술진흥재단의 예산 1조여 원 중 BK21 등 국책 사업을 제외하고 순수 연구비로 인문 · 사회 연구자들에게 지원된 금액은 1400억 원 정도다. 통합재단에선 인문 · 사회 연구본부가 따로 생기고, 이 분야에 대한 연구비 지원 규모도 더 커질 것으로 본다.

– 통합 연구재단에선 '연구관리전문가(Program Manager: PM)' 제도를 강화한다는데.

교수급 상근직 PM을 늘리고 이들이 연구 과제를 선정하는 데 자율성을 확대할 것이다. 뛰어난 학자들이 PM에 참여할 수 있게 상근기간 중에 생기는 연구공백까지 보상해 줄 수 있는 시스템을 고민 중이다.

– 학계에 하고 싶은 말은.

정부의 연구지원 기관에 대해 학계에선 '관료적', '권위적' 이라는 비판이 많다. 비판에 모두 동의하진 않지만, 학계는 우리의 '고객' 이다. 고객이 그렇게 판단하면 그런 거다. 기존 관행을 깨면서 연구자 친화적 환경을 만들겠다.

〈배노필 기자 penbae@joongang.co.kr〉

People | Special Interview

배규한 한국연구재단 사무총장

'연구 지원 관리의 전문성 높일 겁니다'

5. 배규한 한국연구재단 사무총장 '연구 지원 관리의 전문성 높일 겁니다.'

[한경비즈니스 744호 2010. 3. 8]

한국사회는 아직도 실패에 대한 아량이 부족한 편이다. 이러한 전반적인 사회 분위기 속에서 지난해 6월 출범한 한국연구재단은 성실실패용인(honorable failure) 제도를 도입하는 한편, 창의 · 도전 · 모험적인 고위험 과제(high-risk, high-return) 연구 지원을 확대할 계획이다. 미래는 도전적 '청년 정신' 을 지닌 인재를 요구하고 있기 때문이다. 한국연구재단은 '가능성 사고(Possibility

Thinking)' 를 지닌 끊임없는 창조적 도전을 기다리고 있다.

– 올해 한국연구재단의 주요 업무 추진 방향은 어떻습니까.

우리나라는 지난해 6월 학술진흥 및 연구 · 개발을 선진화하기 위해 기존의 3개 연구지원 관리재단(한국과학재단 · 한국학술진흥재단 · 국제과학기술협력재단)을 '한국연구재단' 으로 통합했습니다. 한국연구재단은 올해 연구지원관리의 글로벌 리더를 향한 도전과 혁신을 구체적으로 추진해 나갈 계획입니다.

첫째, 선진형 PM(Program Manager: 연구사업관리전문가) 제도를 성공적으로 정착시킬 겁니다. 이를 위해 PM의 권한과 책임을 명확히 함으로써 연구 지원 · 관리의 전문성과 공정성을 제고하고 연구자 중심의 연구 지원사업을 위한 PM의 기획 기능과 역할을 강화할 겁니다.

둘째, 연구사업의 전 주기적 지원 관리 체계를 과학적 · 합리적으로 확립, 연구자 중심의 창의적인 연구 환경을 조성할 계획입니다.

셋째, 상이한 학문분야 간의 소통과 융합이라는 시대적 흐름에 부응하기 위해 노력할 겁니다. 21세기 새로운 창조의 근원은 융합입니다. 인문학과 자연과학을 연계해 융 · 복합 신(新)지식 창조를 지원할 계획입니다. 지금까지 정보기술(IT) · 생명공학기술(BT) · 나노기술(NT) 간의 융합 연구를 중요시했다면, 앞으로는 보다 폭넓은 학문영역 간의 융합 연구를 강조할 겁니다.

넷째, 연구 · 개발 성과물의 보호와 확산 체계를 강화해 나갈 예정입니다. 연구재단은 우수 성과를 창출 · 보호 · 활용 · 확산할 수 있는 체계적인 시스템을 마련하기 위해 지난 1월 'R&D 혁신센터'

를 신설했습니다. 또한 교육과학기술부는 물론 유관 정부 부처와의 협력을 확대 · 강화해 국가적인 학술 연구 성과를 체계적으로 관리할 계획입니다.

다섯째, 경영 효율화와 선진화를 촉진, 재단의 지속 가능한 발전을 이루어 나가도록 노력할 겁니다. 현재 진행 중인 국제자문위원회 구성을 완료해 재단의 선진화와 관련된 전반적인 내용에 대해 글로벌 차원의 자문과 협력을 구할 예정입니다.

– 연구재단은 전 학문 분야에 대한 총괄적인 책임을 지니고 있다고 생각합니다. 일각에선 정부의 R&D 및 관련 지원 사업에 산업계와의 연계성이 부족하다고 지적합니다. 해법이 있다면 무엇인지요.

정부의 R&D와 산업계의 연계성 부족은 다음과 같은 3가지 측면에서 살펴볼 수 있습니다. 첫째, 정부는 R&D 투자를 지속적으로 확대하고 있지만 아직은 성과물을 산업계로 확산시키기 위한 지원이 부족합니다.

2008년 정부의 기술이전 · 사업화 예산은 778억 원으로 정부 전체 R&D 예산(11조 784억 원)의 0.7%에 불과합니다. 이는 미국의 2.8%와 중국의 4.4%에 비하면 매우 적은 편입니다. 특히 기초 연구 성과물의 사업화와 산(産) · 학(學) · 연(研) 연계 촉진을 위한 정부 지원 사업이 취약합니다.

둘째, 이른바 '특허괴물(외국특허관리회사)'의 국내 활동 강화에 대한 대책이 시급합니다. 특히 이들이 국내 대학의 아이디어를 공격적으로 매입하고 있어 향후 국내 기업에 대한 특허 소송이 증가될 것으로 예상됩니다. 이에 따라 적극적인 대책 마련이 시급합니다.

셋째, 정부 R&D 사업의 산업계 연계를 강화하기 위해서는 R&D 전 주기에 걸친 사업화 전략을 마련할 필요가 있습니다. 정부의 대다수 R&D 성과 활용 프로그램은 사후적(事後的) 사업화에 초점을 맞추고 있어 실제 사업화 성공률이 매우 낮다는 문제점을 안고 있습니다. 국가 R&D를 통한 대형 성과물 창출과 산업계 확산을 촉진하기 위해서는 사전적(事前的) 개념의 사업화 전략이 중요합니다.

따라서 우리 재단은 연구지원 관리전문 기관으로서, R&D의 전 주기를 통하여 단계별로 필요한 동향정보 등을 분석하고 그 결과를 체계적으로 제공할 수 있는 인프라를 구축해 나갈 것입니다.

– 인프라 구축을 위한 구체적인 사업은 어떻게 추진할 예정입니까.

첫째, 올해 신규 사업(예산 30억 원)으로 기초연구 성과 활용 지원 사업을 추진하고 있습니다. 사장될 우려가 있는 대학과 정부 출연 연구기관들의 기초연구 성과를 효과적으로 발굴하고 산 · 학 · 연 간의 협력을 통해 정부의 R&D 성과를 확산해 나가기 위한 것입니다.

둘째, 특허청과 공동으로 'R&D IP 협의회'를 운영함으로써 국가 연구 · 개발 사업과 연계된 지식재산권의 창출 · 보호 · 활용 능력을 배양 · 제고하는 등 국가 경쟁력 강화에 기여할 것입니다.

셋째, 지난 1월 설치된 'R&D 혁신센터'를 효과적으로 운영, 우수성과를 창출 · 보호 · 활용 · 확산할 수 있도록 R&D 관리의 전 주기 단계[연구 기획(Plan) → 사업 관리(Do) → 성과 관리(See)]에 필요한 종합적이고 체계적인 시스템을 구축해 나갈 계획입니다.

– 올해 국가적인 화두는 일자리 창출입니다. 연구재단도 관련 사업을 추진하는 것으로 알고 있습니다.

최근 글로벌 경제 위기가 닥치면서 청년 실업률이 일반 실업률의 두 배 이상인 8.1%(지난해 기준)에 달해 사실상 100만 명을 넘어섰다고 합니다. 우수한 청년 인재들이 대학을 졸업한 후 취업하거나 또는 경력을 쌓을 기회마저 갖지 못한 채 사회에서 낙오하거나 도태될 수 있다는 것은 참으로 안타까운 일이 아닐 수 없습니다.

한국연구재단은 교육과학기술부 지원 및 대학교와 협력을 통해 대졸 미취업자들에게 인턴 기회를 부여해 관련 경력을 쌓고, 이를 통해 취업 능력을 제고하는 '미취업 대졸생 지원 사업' 을 기획, 지난해 8월부터 적극 추진하고 있습니다.

이 사업은 대학교에 인턴으로 근무할 수 있는 기회를 제공하는 '미취업 대졸생 인턴 조교 등 채용 지원 사업' 과 각 대학 취업 지원 업무와 관련된 프로그램을 제공하는 '미취업 대졸생 교육훈련 프로그램 지원 사업' 으로 구분됩니다.

지난해에는 373억 원의 예산으로, 미취업 대졸생 3356명(10개월 지원 기준)을 124개 대학의 인턴 조교로 채용, 매월 100만 원씩 지원하고 99개 대학의 각종 교육훈련 프로그램을 지원했습니다. 올해에는 79억 원의 예산으로, 미취업 대졸생 1500명을 7월부터 12월까지 6개월간 지원할 계획입니다.

그러나 이러한 사업이 일자리 창출의 근본적인 해결책이 될 수는 없습니다. 결국 국내 경제가 정상 궤도에 진입해 양질의 정규 일자리를 창출해야만 근본적인 일자리 문제, 청년 실업 문제가 해결될 것입니다. 이를 위해서는 연구재단을 포함한 정부 · 대학 · 기업 간의 긴밀한 협조와 청년 실업자 개개인의 적극적인 참여와 노력이 필요합니다.

– 마지막으로 우리나라 연구자들에게 당부하고 싶은 말씀이 있을 것 같습니다.

연구자들은 흔히 연구지원기관을 평가할 때 대부분 '관료적 · 권위적' 이라는 불만을 토로합니다. 이는 곧 '실질 존중' 과 '절차 준수' 에서 나오는 차이입니다.

저는 무엇보다 연구자들이 연구를 통해 우리나라 학문발전은 물론 보다 직접적인 삶의 질 향상에도 기여할 수 있기를 바랍니다. 미국 정부는 아무리 좋은 아이디어와 연구라고 하더라도 그 연구가 인류 복지에 조금이라도 해가 될 수 있다면 절대로 지원하지 않는다고 합니다.

연구자도 학술연구 및 연구 · 개발을 통해 '국가 발전' 에 공헌할 수 있어야 한다고 생각합니다. 이를 위해 연구자 스스로 연구 과정에서 윤리에 대한 생각을 조금 더 진지하게 해 주셨으면 합니다.

한국연구재단은 연구자들이 창의적 · 도전적 연구를 통해 우리나라 미래 신성장 동력 창출과 일류 선진 국가 도약에 이바지할 수 있도록 적극 지원하겠습니다.

〈박병표 기자 tiki2000@kbizweek.com〉

저·자·소·개

배규한 교수는 …

1974년 서울대 사회학과 졸업. 1979년 서울대 대학원 사회학 석사.
1985년 미국 일리노이대 사회학 박사.

1985년 국민대 사회학과 교수(現). 1988년 국민대학보사 주간.
1995년 국민대 학생처장. 1996년 전국대학교학생처장협의회 회장.
2000년 국민대 사회과학대 학장.

1989년 대통령자문 21세기위원회 위원. 2003년 국무총리 교육정보화위원회 위원.
2003년 서울특별시정자문단 위원. 2004년 한국청소년정책연구원 원장.
2008년 대통령직속 미래기획위원회 위원.
2008년 교육과학기술부 자체평가위원회 위원장.

2009년 한국학술진흥재단 사무총장/이사장 직무대행.
2009년 한국연구재단 초대 사무총장(現).

사회학적 통찰과 상상
- 한국사회 논술

2011년 12월 15일 초판 1쇄 인쇄
2011년 12월 20일 초판 1쇄 발행

저 자 • 배 규 한
발행자 • 김 동 규
발행처 • 교육과학사

경기도 파주시 교하읍 문발리
파주출판문화정보산업단지 514-5
전화 • 031)955-6956~8 / 팩스 031)955-6037
Home-page • http://www.kyoyookbook.co.kr
E-mail • kyoyook@chol.com
등록 • 1970년 5월 18일 제2-73호

정가 12,000원
ISBN 978-89-254-0539-1